中国城市规划学会学术成果

听大师讲规划

曲长虹 李兆汝 著

中国建筑工业出版社

序

我是怀着一种崇敬的心情重读这些文稿的。

2006 年，中国城市规划学会成立 50 周年，为了纪念学会的诞辰，我们策划了一项活动，由学会秘书处与《中国建设报》合作，陆续采访一批学会的老专家，请他们回忆从新中国成立以来，我国城市规划事业发展的方方面面。从中既可以看到新中国城市规划事业发展的轨迹，也可以看到学会是如何伴随着规划事业的发展而成长起来的。我们先后选择了五六十位专家，他们大部分是学会的资深会员，属于受人景仰的老一辈，他们就像一部部活字典，对于历史上发生的一个个故事娓娓道来，曾经引发不少晚辈对于过去五六十年城市规划的兴趣。

这项采访活动事实上一直在延续，渐渐地累积了厚厚一摞采访素材。于是，学会决定在成立 60 周年之际，将这些素材结集出版，并得到中国建筑工业出版社的大力支持，有了这本《听大师讲规划》。

我差不多先后读过所有的原始素材，其中一些精彩的片段曾经被精选出来，发表在报纸上，对这些短文我更是印象深刻。为了编辑本书的缘故，今天回过头来重新看这些稿子，又有了一些新的感触。

这些老专家的回忆、当事人的亲历，为我们重构了新中国规划历史的框架。虽然每位专家只对于他们规划生涯中的一个片段，甚至只是某一个具体事件进行回忆，但是，将这 43 位专家的回忆汇集在一起，活生生的新中国城市规划史跃然纸上。这对于目前规划界的主体力量——一批改革开放后参加工作的中青年来说，是十分遥远和陌生的故事，对于国际规划同行而言，更是一幅充满神秘色彩的东方画卷。

中国是一个有着五千多年文明史的大国，古代就有很多朴素的城市和城市规划理念，即使放在当下，这些理念也可谓充满哲理，也曾有过唐长安这样经过周密规划、全球规模最大、声名显赫的"世界城市"。因而，中国的城市和城市规划从来就是国际城市研究和城市规划学者关注的话题，著名城市设计专家埃德蒙·培根就曾经赞誉北京城是"人类在地球上建造的最伟大的单体作品"，诺贝尔经济奖获得者斯蒂尔格里茨也曾将中国的城市化比作影响世界进程的两大主要因素之一。因为悠久恢弘的历史，也由于波澜壮阔的当代城市发展过程，中国的城市和城市规划自然而然地成为国际学术界非常热衷的话题。

尤其是中国30年多年来的改革开放，国民经济的飞速发展令各国瞩目，作为经济最主要的载体，中国的城市呈现出戏剧性的蜕变，出现了一批具有国际水准的大城市和城市地区。很明显，城市规划在这个过程中发挥了十分积极的作用，引导和调控城市建设沿着健康有序的路径发展，确保城市的各项功能得以统筹协调，城市规划保驾护航的角色逐渐为人们所认可。中国城市规划的学术价值和实际参考意义，已经超越了国界，成为一件具有世界意义的事情。近年来，一批国际学术机构和学者，纷纷以中国研究作为专门的领域，诞生了一批重要的学术著作，甚至还出现了专门研究中国城市规划的国际学术组织。特别是在各种南南合作平台上，中国经验的吸引力，甚至超过欧美发达国家，成为拉美、非洲和亚洲国家追随的目标。

然而，这些研究更多地采用了西方规划理论的范式，对于中国进行解剖和分析，他们更多地认为中国的成功来源于西方规划理论的指导，而对于中国规划实践的特殊性、唯一性和原创性没有给予足够充分的评价。这自然促使中国自己的规划学者重新从一个国际视野来考量自己的工作，寻求中国规划实践中的文化基因以及科学价值。这当然是十分有价值的系统工作，对于丰富全世界的城市规划理论也会很有意义。

新中国经历了计划经济和市场经济两种经济体制，与此相适应，新中国的城市规划也经历了两个主要发展阶段。第一阶段，从新中国成立到改革开放前夕。在此之前，一方面是中国传统规划理念占据主导地位，另一方面，近代西方的规划理论也影响了中国的规划实践。新中国成立后，由于在意识形态领域对于苏联老大哥的迷信，我们几乎全面引进了苏联的城市规划理论与模式。在传统的营建理念和西方市政规划的基础上，苏联专家带来了区域规划、生产力布局、总体规划、居住小区等重要概念，诞生了城市规划与国民经济计划的组合，成为新中国进行经济社会和城市建设管理的主要制度。

第二阶段，改革开放后，特别是在实行城市土地有偿使用制度后，伴随着西方市场经济理念的输入，前苏联那套计划经济思维的城市规划理论和方法显然难以适应。于是，人们再一次将目光转向西方发达国家，向欧美发达国家学习，成为最为流行的风尚。来自德国、美国的区划理论，英国、新加坡等国家的开发控制，来自意大利、法国的遗产保护，以及城市设计、战略规划、公众参与、规划督察、精明增长、生态规划、全球城市等众多新鲜理念层出不穷，规划界像时装设计领域一样，一个新的理念刚在西方出现，马上就会在我国找到依此制作的成品。我国不仅成为各国规划大师的秀场，也是世界各种规划理论的试验田。

向苏联学习、向欧美发达国家学习，以及向日韩等亚洲国家学习，极大地丰富了我国的城市规划理论。在这些学习、引进与消化的基础上，我们在不知不觉中形成了当代中国城市规划实践的三大基本理论来源：中国传统规划理念、前苏联的规划模式，以及英美规划理论。这些不同时期、不同流派的规划理论与方法，在当代中国都大有用武之地，在客观上形成了当代中国规划理论体系多彩纷呈的局面。从一种理论独霸天下，到各种理论相互交叉，是经济社会多元化在城市规划领域的投影，另一方面，面对纷繁复杂的社会诉求、以及快速城市化过程中的巨大挑战，某一种理论、甚至某一个流派的学说，难以满足解决实际问题的需求。因此，博采众家之长，是一种非常实用的路径，也是不得已的选择。

然而，迄今为止，我们并没有在国际一流的实践经验和市场经营基础上，对于城市规划的理论加以系统的研究，更遑论建立具有中国特色的规划理论或学派。现在到了进行系统总结和梳理的时候了，向历史学习，从历史的实践中吸取学术营养，是理论构建的重要途径与方法。从这个角度来说，本书无疑为此搭建了一个难得的平台，我们期望理论研究和学术工作者能够借助这本书，作为新的起点，彻底改变"一流实践机会、二手规划理论"的现状。

我国的规划史研究还处于起步阶段，与古代史和近代史相比，当代规划史研究几乎尚付阙如，1999年，新中国成立50年时，学会曾经邀请部分老专家撰写回忆录，出版了《五十年回眸》，算是国家层面第一次系统开展这类工作。历史学的研究离不开基本史实，而当事人的亲历是重要的史实来源。这一切需要专门的力量，对于历史资料进行挖掘和整理，才能真实地重现那一段时光。只有在对史实、事件和人物进行了全面的整理后，才有可能重新勾勒出历史脉络。文献研究是重要的途径，而当事人的口述可以更为翔实、生动地补充文献的不足，有助于我们将历史事件栩栩如生地重放。

一个有趣的现象是，在我们整理这些宝贵的历史资料时，发现每位经历者往往会从自己的身份和理解出发，对于当时的情境进行描述，而这些出自多人之口的描述，恰恰提供了一个多角度的立体图景，就像全息摄影一样，每一个碎片可能都携带了画面的全部信息，为今人进行科学研究提供了真实可信的史料。令人遗憾的是，在采访各位前辈、整理相关素材，到编辑出版的这段过程中，已经有几位不幸离去，对他们的访谈，竟然成为他们留给后人的一笔遗产。

从基本史实、事件和人物的回忆，到规划思潮的梳理，是国际规划史界的基本路径，本书可以从史实、人物两个方面为今后的研究提供重要素材，希望这本书能够引发更多的专家学者对于规划历史研究的兴趣与投入。中国城市规划学会将会加大在这一领域的投入，依托学会的城市规划历史与理论学术委员会和其他的专业平台，扎扎实实地推进中国城市规划史的研究工作。中国城市规划的实践正引领着国际最新规划潮流，来自中国的城市规划理论研究也应该成为国际规划学术界的领军者。

国际城市与区域规划师学会副主席
中国城市规划学会副理事长兼秘书长
二〇一三年四月五日初稿
二〇一六年八月二十七日修改

前言

　　做老专家访谈,起源于我们一次午饭的交流,那时正在筹备中国城市规划学会成立50周年学术活动。一个大庆的日子,听老专家讲讲规划50年的故事……,大家一拍即合。这个想法得到中国城市规划学会石楠秘书长和时任中国建设报社总编辑王秋和先生的鼓励和支持,在王总的支持下,《中国建设报》开辟了"规划50年"专栏,刊发我们访谈的精彩片段,王总对版面安排、访谈文稿时常细致过问;石楠秘书长帮助完善采访名单、联系我们当时接触不到的大佬们,还时常对采访提纲进行纠偏,对文稿进行把关。每当聊起或想起这件事情的时候,我们都心存感念、难以言表,在此郑重地表达谢意!

　　成书的想法一开始就在我们的宏伟计划中。采访名单也列得很满,设想采访50~60位大师级的规划专家。采访工作从中国城市规划学会成立50年一直延续到新中国成立60年,并不如我们当初设想得那么顺利。在过程中有专家不幸离世,我们不得不在拟定的采访名单中扼腕抹去他们的名字;有的由于各种客观原因,无法接受采访;也有几位老专家,在病榻上艰难地完成了访谈。而所有这些专家对于规划事业的执着与热爱,一次次涤荡着我们的心灵,我们常常陶醉在他们讲述的波澜起伏的历史故事里,太深的触动、太多的感慨!

　　我们面临过很多艰辛,更多的是挑战。做案头的准备,对于当下仍活跃在专业领域的知名专家并不难;而有些老专家,因为健康或其他缘故,已经很久没有出现在公众视野,找寻他们的资料,即便是信息发达的今天,也常如海底捞针,仅有的中国城市规划学会资深会员表让我们翻了又翻。另外,毕竟我们面对的是大师,只有尽可能深入地了解他们,才有可能深入地倾听他们、理解他们,甚至与他们更近地对话、交流。作为采访者,需要丰厚的自我积累和宽广的心胸。

　　面对这么一个庞大的事业,我们显然有些稚嫩。我们的积累远算不上丰厚,经历和学识还难以承担如此之重,我们的内心世界也还不够那么宽广和沉静。因此,整个过程常常被踌躇与惶恐所困扰。客观的困难是:采访对象毕竟多年逾古稀的长者,他们的思维和表述与当下活跃的中青年专家有着明显的不同,有个别的甚至明确、清晰地表达都有困难。访谈交流的内容并不按照预想的提纲,有时如天女散花、天马行空,写稿的过程也就成了"沙里捡金、往往见宝"。我们将访谈内容全部整理后,再反复重新梳理,在不影响史实准确性的前提下择其要点,可以说是一次艰苦的再创作过程。

　　但我们一直被鼓励着,坚定地前行着。在此过程中,不断听到有人感慨:这件事非常有意义。诚如一位接受采访的规划老专家所说:做老专家回访,其实就是在做一份抢救的工作！我们所抢救的，是一份看不见的历史遗产。是啊，历史对于今天的价值，常常超出我们有限的估量，让那些历史事件的点点滴滴尽可能完整地保留下来，是我们这一代人的历史责任，难怪当年《中国建设报》专栏文章刊出不久，就有读者专门写来评论文章："为五十年听大师讲规划叫好"。

我们相互鼓励，把这事儿定位为我们的事业，一件有意义、富有挑战、值得付出的事业！

然而事业的进展常常一波三折。一方面，我们不可能专职做此项工作，绝大多数工作都是业余时间完成的，另一方面，我们两人的工作越来越忙，甚至抽不出相对完整的时间来思考。当然，最重要的一点是，我们对这一事业始终心存敬畏，总希望追求更加完美的成果，几次雄心壮志，又一再搁浅。越来越忙只能算作借口；感觉这事儿份量重，我们不敢轻易前行，才是主因。

令我们深感遗憾和痛惜的是，几度徘徊、数年蹉跎中，14位访谈过的前辈先后离去。内心的责任感、使命感，加上时间的紧迫感，还是给了我们最大的动力。初心不改，回头读这些当初的文字，访谈情景历历在目，这些大家们，有的是在祖国最需要的时候放弃国外优厚的待遇回国建设，有的不顾个人安危积极投身抗日救亡运动，他们在历史的沧桑与现实的碰撞中传承、坚守，为社会理想倾毕生心血，顾公共利益而仗剑直言。被大师们的学识折服，更被他们淡泊名利、识大体顾大局的宽阔胸怀感染，我们决定重新拾起……

在此，我们诚挚地感谢接受访谈的规划大师，感谢每一位的信任与帮扶！访谈文稿或有错误疏漏、未必尽如人意，皆是由于我们才疏学浅、未能领会真义。感谢给予无私帮助的各位前辈、同仁，罗小未教授、邹德慈院士、张兵总工、赵中枢博士帮助提供旁证，顾朝林教授提供素材，姚胜利、王学斌秘书长给我们引路、找照片，石崧规划师帮助提供照片，李林经理帮助设计栏目图标、提供照片，黄晓丽帮助查找相关档案资料，以及王莉慧、张惠珍副总编辑，戚琳琳主任和率琦编辑的支持与帮助……，感激在心，无法一一列举。

知古可以鉴今，深入地了解昨天，有助于我们更好地着眼今天、面向明天。从国家"一五"计划的实施，我们经历了多少波澜起伏？43位德高望重的规划前辈，以当事人的亲历以及不同的身份和理解，对我国城乡规划工作进行回顾，多视角阐释和展现了新中国城市规划建设事业的蓬勃发展、跌宕起伏。历史的路并不平坦，而我们今天所面临的，同样也不简单，希望能为城市规划科学研究补充真实可信的史料。

艰辛与愉悦并行，有太多东西值得回味，也时有遗憾，有些内容限于篇幅不能一一展现，却深深铭刻于我们的记忆。也以此书，表达对于他们、源于内心深处的一份珍惜。

此时，让我们静下心来，屏气凝神，听大师们讲讲那段波澜起伏、变幻多姿的半个多世纪规划的故事……

笔者

目录

城市规划工作走过了一段极为曲折的路。我没有理论造诣，但作为一个见证人，对这段历史是有责任叙述一下的。

曹洪涛 1916.7~2012.6

河北深泽人。曾任国家基本建设委员会轻化工局局长，国家计委城市建设计划局局长，国家经委城市规划局局长，国家建委城市规划局局长，国家城市建设总局副局长、党组成员，城乡建设环境保护部顾问。中国城市规划学会创始人之一，1978年起任第二届城市规划学术委员会（中国城市规划学会前身）主任，第三、四届城市规划学术委员会顾问，中国城市规划学会顾问，获中国城市规划学会终身成就奖。

曹洪涛先生是我国城市规划和建设事业的开拓者和领路人，为城市规划教育、科研和法制建设作出了杰出贡献。

新中国城市规划半个多世纪，多少波澜起伏、几度春暖秋凉！

1961年初，国家基本建设委员会（简称国家建委）合并到国家计划委员会（简称国家计委），曹洪涛先生由国家建委轻化工局转到国家计委城市建设计划局（简称城市局）工作，从此即与城市规划工作结缘，直到1986年离职休养。作为历史的见证人，对于数十年城市规划的"上坡下坡"、坎坎坷坷，曹老了然于胸。

"大跃进"冒进　城市规划挨板子

1957年，出现了"四过"的问题：规模过大、占地过多、求新过急、标准过高。城市规划的声誉遂受到损失。

追根求源，那时提倡"敢想敢说、大干快上"，谁的脑袋不热呢？板子不应该打在城市规划的身上！

采访者　"一五"计划实施迎来新中国城市规划的第一个春天。而1961年，您担任国家计委城市建设计划局局长时，城市规划工作已经倍受冷落和批判，在走"下坡路"，当时是什么样的背景情况呢？

曹洪涛　新中国成立以后，经过"三年恢复"，于1953年进入了第一个五年计划建设时期，这也是新中国城市规划的第一个"黄金期"。

当时，中共中央非常重视城市规划工作，1953年9月即有指示："重要的工业城市规划工作必须加紧进行，对于工业建设比较重大的城市，更应迅速组织力量，加强城市规划设计工作，争取尽可能迅速地拟定城市总体规划草案，报中央审查。"1954年初，大批新建工业企业完成了厂址选择。到1957年，国家先后批准了包头、太原、西安、兰州等15个城市的总体规划和部分城市的详细规划。1956年，成立了城市规划学术委员会（第一届）。

但是1957年就出现了"四过"的问题：规模过大、占地过多、求新过急和标准过高。城市规划的声誉遂受到损失。以致在1960年年底召开的全国计划会议上，李富春副总理宣布："三年不搞城市规划。"

据我所知，这有两个原因：一是认为1958年和1960年在青岛和桂林召开的两次城市规划会议有错误，因此两个会议向中央的报告均未得到批复；二是不少地方在国家经济困难的情况下大搞"楼堂馆所"，浪费建设资金20多亿元，板子也打在了城市规划上。

在第一个五年计划期间，国家有计划地建设重点城市，城市规划确实发挥了重要作用。当然，城市规划工作也有缺点，比如，没有以区域规划为依托，多是就城市论城市；就城市来说，对经济和社会方面深层次的问题，缺乏分析研究，多是在用地和建筑方面做文章；以"长官意志"为转移，在规划的编制和管理上，有时难以达到科学的标准；特别是在计划经济的体制下，国家建设计划强调"生产性建设"，只重视工业投资，把市政公用等城市基础设施和商业、服务设施一概视为"非生产性建设"，投资得不到保证，所以城市规划就落得个"墙上挂挂"而不能付诸实施，以致形成"骨头和肉"的比例失调，一条腿长、一条腿短，严重影响了城市的正常运转。这是城市建设长期存在的一个问题。

青岛会议和桂林会议，确实也有脱离实际、盲目冒进的问题。1958年7月在青岛召开的城市规划工作座谈会，提出"用城市建设的大跃进来适应工业建设的大跃进"和"快速规划"方法，导致许多地方盲目地追求发展大城市。"快速规划"既背离科学，也更助长"大上项目"，不能说这样的规划"有比没有好"。1960年4月在桂林召开的城市规划座谈会，提出"在10～15年左右时间内，把我国城市基本上建设成为社会主义现代化城市"。会后有的城市提出"苦战三年，基本改变城市面貌"；有的提出"三年改观，五年大变，十年全变"的口号。1960年国家已经进入经济困难时期，这些提法显然是脱离实际、不妥当的，这也是导致城市规划局和城市规划设计院转归国家建委领导的一个重要原因。

采访者　出现冒进倾向，和当时"大跃进"的时代背景不无关系吧？

曹洪涛　追根求源，两次会议出现冒进错误，都是在"大跃进"的大气候下产生的。那时提倡"敢想敢说、大干快上"，谁的脑袋不热呢？

至于大搞"楼堂馆所"，那是地方领导的责任，板子不应该打在城市规划的身上！

机构变更：伤筋动骨的大变动

> 对于城市规划工作，应该实事求是地总结经验教训，因噎废食，一棍子打死，显然是不对的。

采访者　现在也是这样，很多问题出在地方领导身上，城市规划在被动地挨板子。

曹洪涛　对城市规划工作，应该实事求是地总结经验教训，因噎废食，一棍子打死，显然是不对的。

由于国家提出"三年不搞城市规划"，城市规划的境遇每况愈下，甚至有人骂搞城市规划的是问题的"始作俑者"。

1961年1月，国家计委根据中央"调整发展速度的决定"，压缩建设规模，对一些工业项目实行"关、停、并、转"，并指示大力压缩城市规划人员。城市局和城市设计院下放了100多人到地方的城市规划部门，还剩下300多人。

1962年5月，中央发出《进一步精简职工和减少城镇人口的通知》，国家计委主持这项工作的领导同志提出再次精简规划人员时，我建议，为了从长远需要着想，应该保留现有的这支规划力量。后经请示李富春主任，同意"目前不搞规划，可以进行科学研究，将城市规划设计院改为城市规划设计研究院"，强调了城市规划的研究工作。

1964年，中央决定将基本建设工作转由国家经委领导，经委设立了基本建设办公室，城市局就从国家计委转归国家经委基建办公室领导，改称城市规划局。同时撤销了城市规划设计研究院，院领导和一部分技术骨干补充到城市规划局，编制只留100人，其他大部分技术人员分配到有建设任务的其他部门工作。原来局院共400人，一下就被压缩了3/4，这是一次伤筋动骨的变动，城市规划的力量大为削弱。

1965年4月，第三届国家建委成立，城市规划局再次归建委领导，100人的编制又被压缩为30人，这对城市规划来说，更是一次伤筋动骨的大变动。而且建委领导还规定"城市规划局只搞调查研究，不领导规划业务，下边也不长腿（意思是对地方没有业务指导关系）"。1966年"文化大革命"到来，城市规划局也就被"革掉了"，全局人员下放到"五七干校"。

从1960年全国计划会议提出"三年不搞城市规划",直到1973年重新启动、恢复工作,城市规划基本上停滞了13年。

改革开放　迎来城市规划第二春

1978年3月,国务院召开第三次城市工作会议,作出了"认真搞好城市规划工作"的决定。同年8月,在兰州成立了第二届城市规划学术委员会,推动了城市规划领域学术活动的开展。

采访者　13年是一个漫长的时期。城市规划工作又是如何重新开始启动的呢? 改革开放迎来了第二个春天?

曹洪涛　1972年末,国家建委成立了城市建设局(简称城建局),局下设立了城市规划处。1973年6月,在建筑科学研究院设置了一个城市建设研究所,聚集了几位规划人员,后改为城市规划研究所,这为后来建立城市规划设计研究院奠定了基础。

经过调查研究,在总结经验的基础上,1973年9月,国家建委城建局在合肥市召开了部分省市的城市规划座谈会,讨论了《关于加强城市规划工作的意见》以及《关于编制与审批城市规划的暂行规定》、《城市规划居住区用地规划指标》等三个文件。代表们认为,这是自1960年"三年不搞城市规划"以来,对城市规划工作的一次新的启动。

然而,当时留在城市规划岗位上的人员,全国仅有700来人,要想开展工作,人才成了大问题。当时,一面号召"转业"的规划人员"归队",一面同有关的大专院校商量开设城市规划的专业课程。难能可贵的是,同济大学始终没有停办城市规划专业。

1974年底,国家建委城建局在石家庄市召开了培训规划人才的座谈会。会后,南京工学院即恢复了城市规划专业,重庆建筑工程学院则新开设了城市规划专业。北京大学、南京大学、中山大学、杭州大学都在地理系开设了城市规划课程。十年树人,到1986年,城市规划队伍发展到15000多人,城市规划工作出现了新气象。

1976年唐山大地震后,为尽快重建城市,国家建委城建局规划人员全部出动，并请上海规划院和沈阳规划院支援，在清华大学吴良镛先生和中国科学院地理研究所胡序威等同志的协助下，共60多位规划人员吃住在抗震棚内，于当年年底完成了唐山市重建的总体规划，1977年5月，国务院批准实施。这使人们认识到，建设城市没有规划是不行的。

1978年3月，国务院召开第三次城市工作会议，作出了"认真搞好城市规划工作"的决定。同年8月，在兰州成立了第二届城市规划学术委员会，距第一届已22年！当时共有委员87人，代表着当时的城市规划及相关学科，推动了城市规划领域学术活动的开展。

中共十一届三中全会以后，全党工作的重心转移到社会主义现代化的建设上来，城市建设受到了重视。1979年5月成立了国家城市建设总局，总局设置了城市规划局，下设城市规划处和综合处，并将建委建研院城建研究所改为城建总局领导的城市规划设计研究所，编制定为200人。

1980年10月，在国家建委领导下召开了全国城市规划工作会议。经过热烈讨论，形成了《全国城市规划工作会议纪要》。纪要提出了10条意见，第1条就是"正确认识城市规划的地位和作用"，确定了城市规划在城市建设中的"龙头"地位，要求城市规划"合理确定城市发展的方向"，"明确城市发展的指导方针"，"根据城市特点确定城市性质"，"用经济办法管理城市建设"等。并明确提出"尽快建立我国城市规划法制"，"加强对城市规划工作的领导"，"城市市长的主要职责是把城市规划好、建设好、管理好"，要求城市的主要负责人加强对城市规划的科学领导。业界同仁认为："城市规划的第二个春天到来了！"

1985年，第四届城市规划学术委员会改称中国城市规划学会。

1989年，全国人大常委会审议通过了《城市规划法》，这堪称是我国城市规划史上的一件盛事。

第三个春天：百花齐放　前程似锦

城市规划的第三个春天来临了。
正是百花齐放、前程似锦。

采访者　在2004年的中国城市规划学会年会及换届大会上，周干峙理事长作了《为了一个更加美好的春天》的主题报告。新中国城市规划的第三个春天已经来临？

曹洪涛　　正如周干峙在发言中所说，城市规划的第三个春天来临了。2004年中国城市规划学会换届，与会者700余人，多为后起之秀，人才济济，对有中国特色的城市化道路和城乡协调发展，在理论研究上定会有更大的提高和创新。正是百花齐放，前程似锦。

采访后记

老骥伏枥　磨刀带人

在中国城市规划学会组织召开的"学会50年"规划老专家座谈会上，曹洪涛老前辈语重心长，一句"磨刀带人"（意指总结经验、带好新生力量）给我们留下了深刻的印象。

"城市规划工作'上坡下坡'、'坎坎坷坷'，走过了一段极为曲折的路。我没有理论造诣，但作为一个见证人，对这段历史是有责任叙述一下的。"

接受我们采访时，曹老已是90岁高龄，但他依然关注着城市规划事业，关注着规划队伍的成长。几乎在每个星期五的上午，他都会来到住房和城乡建设部办公厅秘书处，阅读近期重要文件，了解最新的政策动向等。

1976年唐山大地震时，曹老任国家建委城建局局长，地震发生后，他曾经亲自带队奔赴现场，负责领导恢复重建的规划工作。2008年汶川大地震发生后，他不但在第一时间踊跃捐款，而且密切关注抗震救灾工作，介绍唐山震后恢复重建的规划和建设工作的经验。

人生的最后一段时光，病榻之上的曹老，一边打着点滴，一边拿着放大镜读报，了解国家大事，关注社会民生。让前去看望的、作为后生晚辈的我们，为之动容、油生敬意！

对待旧城一定要"改建和保护"并提。旧城改建决不是无条件的。最重要的条件就是合理改建，不要割断历史。

郑孝燮 1916.2~

辽宁沈阳人。毕业于重庆中央大学建筑系。曾任国家历史文化名城保护专家委员会副主任、国家文物委员会委员，第二届城市规划学术委员会副主任委员、第三届城市规划学术委员会主任委员，获中国城市规划学会终身成就奖。现为中国城市规划学会顾问。

郑老长期致力于城市规划、建筑设计的实践、教育和科学研究，并潜心于城市历史文化方面的研究，如保护古建筑与历史环境、历史城镇等。在研究探讨中国城市规划的历史和理论、保护城市历史风貌和文化古迹等方面有很高的造诣，对倡导和建立中国历史文化名城制度及其名城保护规划作出了突出的贡献。

这位睿智而执着的老人，从年轻到耄耋，一直不遗余力地为中国历史文化遗产的保护而奔走呼吁，与罗哲文、单士元一起，并称为我国文物保护的"三驾马车"。他就是我国城市规划老专家郑孝燮先生。2006年，全国政协启动京杭大运河保护与申遗工作，组织专家历时10天，沿线考察大运河流经的6省（市）主要市、县。90多岁的郑老对此非常关注、积极参与，原定参加北京、通州、天津和杭州的实地考察。出发的前一天，郑老与罗哲文、朱炳仁一起，接受多家媒体采访、呼吁运河保护，由于工作时间较久、过度疲劳，突然病倒，以致第二天无法成行，留下遗憾。

身体康复后，郑老接受了我们的采访。在一些城市规划工作的重要场合，我们依然看到郑老有些蹒跚却很坚定的身影。

历史是根，文化是魂

我们当然要学习西方，但是，如果连自己的根都不要、魂都不要，那能行吗？一个人的精神，一个民族的凝聚力，靠什么？靠的就是文化传承的活力。

采访者　以90多岁的高龄，您仍然在不遗余力地为中国历史文化遗产的保护而奔走呼吁。曾经为了推动京杭大运河的申遗工作，您甚至忽视了自己的健康，让我们充满了敬意。那么，就让我们从京杭大运河说起。

最近几年重提运河保护，您认为有何现实意义？

郑孝燮　京杭大运河保护与申遗工作的启动和开展都很不容易。据我所知，罗哲文先生很早就着手做了大量工作。

大运河列入世界遗产并非没有先例，法国的南运河就是世界遗产。法国南运河虽然长度短，但沿河保护、整治和绿化等工作都做得非常好，相比之下，我们还有很大的差距。

京杭大运河曾经带来沿岸城市和农村各方面的发展，带来了经济和文化的共同繁荣，其中也包括建筑文化的发展。今天重提运河保护，如果首先想到运河发展对城市经济有没有直接好处、能带来多少旅游收益，这在认识上是远远不够的。保护京杭大运河，申报世界遗产，主要目的在于弘扬中华民族的传统文化，弘扬运河文化。

采访者　为什么直到最近几年才开始保护运河、弘扬中华民族的传统文化？在新中国成立以来半个多世纪的发展中，我们对历史文化的认识一直反反复复，保护与破坏的争论从来就没有停止过。这是否和我们过去的传统有关呢？农民起义，习惯于把旧的东西一把火烧光。

郑孝燮　未必是这个原因。新中国成立之初我们不是学苏联吗？北京的规划就是学苏联的。

　　我想主要还是观念问题，历史观问题。新中国成立以来，城市规划对城市的历史、城市的传统、城市的历史文化问题，认识得很慢。曾经有很长一段时期，特别是在"文化大革命"时期，很多人认为，旧的、传统的就是封建的，而封建的都是不好的。比如北京的古城墙，说它是封建制度的产物，说它束缚了人们的思想，所以硬是要拆光。

　　历史是根，文化是魂。我们当然要学习西方，但是，如果连自己的根都不要、魂都不要，那能行吗？

采访者　当然不行。民族的才是世界的，学习别国，更要立足自我。

郑孝燮　所以，我们怎么能放弃自己民族的、优秀的东西呢？既是民族的，又是世界的。

　　当然我们也要发展，要吸收现在西洋的东西，但是要和而不同，还得有自己的灵魂，有我们自己的根。不管怎样，我们的魂不能丢、根不能断，中华民族五千年文明要继承下来。现在我们建设有中国特色的社会主义，"中国特色"怎么理解？恐怕还需要优秀的传统文化为今天的发展服务，古为今用，决不能割断历史。

　　现在我们常常讲到综合国力的竞争，"综合国力"不仅包括物质、经济，当然还包括文化，文化是很重要的方面。

　　一个人的精神，一个民族的凝聚力，靠什么？靠的就是文化传承的活力。一个人没有灵魂，光有肉体，吃得再好、长得再好，那也只能是"植物人"；扩展到一个国家、一个民族，也一样。

尊重历史，城市规划要有整体的时空观

现在我们的城市规划里面有时间观念，但多是着眼于现在、近期和远景，对过去的历史研究往往不够深入，重视不够，对历史文化往往批判的多，吸取的少。

采访者　历史是根、文化是魂，确实如此，很赞同您的观点。那么，对于城市规划工作者来说，意味着什么呢？

郑孝燮　从事城市规划研究，决不能忽视城市的历史与文化，要在城市规划中体现整体的时空观。城市规划必须在时间和空间两大领域同时深入，时空观念要强，要在时间和空间里做好文章。

中国古老的城市规划是一个独特的体系，历史悠久。中国封建社会"以礼治国"，"礼"的观念贯彻到各个方面，在城市规划中深有体现。文献记载："夏有城郭"。早在商周时期，国家所需的礼法典制已经越来越完备，国都和侯都的城市规划与建筑的等级秩序及布局形制，均一一纳入国家礼法典制，都城的建置规划是钦定的，神圣不可侵犯。所谓"体国经野，都鄙有章"，一直延传了两千多年，被列为国家的正典。规定严格，必须遵守：包括布局形制、用地区划，建筑选址、用途、高度、形式以及用料、装修等，均有严格的等级、秩序，是不允许逾越的。这条"红线"贯穿中国古代都城的规划建设，影响后世达数千年之久。

采访者　在今天的北京，依然有所体现。

郑孝燮　但是北京古城的破坏还是相当严重的，既有过去的破坏，也有现在的破坏。如古城墙、四合院、胡同，等等，我们丢失的东西太多了。

采访者　这又是为什么呢？

郑孝燮　时空观是整体的观念，不能分割。城市规划需要在时间和空间两大领域同时深入。现在我们的城市规划里面有时间观念，但多是着眼于现在、近期和远景，对过去的历史研究往往不够深入，重视不够，对历史文化往往批判的多，吸取的少。甚至有些搞城市规划的人，对历史文化名城的研究也很不够。普遍现象是大家对城市改造很热情，对历史文化保护不热情。甚至有人认为，那是文物部门的职责，与城市规划无关，这种观念是不对的。

旧城改建与保护并提，传统与革新并重

中国文化不是死的，不能停留不发展。

我们要吸收外来的东西，但是要"和而不同"，要保留自己的灵魂、自己的根。不应当在现代化的旗号下，盲目地崇洋媚外。

采访者　　确实是这样。在近些年的旧城改造中，我们不少优秀的传统建筑、历史街区被现代化的高楼大厦所取代。有这样一种观点：在近些年城市的快速发展中，一些地方在"旧城改造"上大做文章，对于古建筑的破坏不亚于"文革"。对此，您又怎么看呢？

郑孝燮　　北京胡同、四合院的过多消失，主要就是旧城改造与开发造成的。从20世纪90年代开始，房地产开发热火朝天，外资引进如潮，因急功近利而破坏文物建筑的情况时有发生。北京曾有2000多家开发商，主要针对旧城改造，在62平方公里的北京老城区，每年拆掉600多条胡同，整个一个"推平头"。

文物保护不能独善其身，一定要和城市规划结合。文物外部环境的保护就属于城市规划的范畴。我曾经给有关部门的领导同志提过建议：任何旧城改建都不等于白纸画画，不可以大刀阔斧，对待旧城一定要改建和保护并提。旧城改建绝不是无条件地推倒重来，最重要的就是要合理，不要割断历史。也就是说，我们要尽可能地不去破坏反映历史、连接历史的、有价值的文物古迹、风景名胜，以及与之相连的环境——保护范围和建设控制地带，历史文化名城的历史保护区等。

作为旧城，一般总有各种不同的文物古迹和风景名胜，即使极少数的旧城没有多少值得保护和保留的文物古迹和风景名胜，也不能盲目或放任开发商乱拆乱建。这样的旧城，应当致力于塑造良好的城市空间布局，处理好与环境的整体关系，在环境保护、环境风貌艺术、环境功能上统一规划。

总之，这种保护至少可以防止出现杂乱无章，防止出现"建设性破坏"，这

也需要充分发挥旧城改建中城市规划的"龙头"作用。

采访者　　城市发展要继往，也要开来，规划的"龙头"调控确实非常重要。然而，从现实情况看，显然并不尽如人意。优秀传统文化、历史建筑的屡遭破坏是一个方面，而另一方面，中国的很多地方，似乎已经成了"洋规划"、"洋建筑"的实验场。

郑孝燮　　城市规划要体现"知己知彼"。显然我们在"知己"方面，做得很不够，对中国优秀的传统经验的总结和古为今用太少。我们搞城市规划的同志，一定要增加历史知识，进一步加强对我国优秀传统文化的研究；要深入了解城市本身的历史，尊重历史文化遗产，并在规划方面要有所体现。我们最终还是要回到自己的文化上。

中国文化不是死的，不能停滞不发展，我们还要处理好"传统与革新"的关系。梁思成先生就曾经说过建筑文化的"中而新"问题。既是中式的、传统的，又是新的，在传统的文化符号中加入现代的、新的内涵。比如青藏铁路已经通车了，新建的拉萨火车站的设计就是一个典型的例子，它既有传统的藏族风格，同时又采用了一些新材料、新工艺。

我们要吸收外来的东西，但是要"和而不同"，总得有自己的灵魂、自己的根。不应该在现代化的旗号下，盲目地崇洋媚外。现在有些领导，以及规划师、建筑师，就体现出这样的倾向。国家大剧院那就是现代化吗？我看不能叫现代化。

采访者　　在这方面，城市规划应如何发挥作用呢？

郑孝燮　　怎么发挥规划的"龙头"作用，是一个值得我们深思的问题。现在别说"龙头"了，规划有时连"龙尾巴"都算不上。

我认为，很多问题都出在规划权下放上。市长、区长的权力太大了，对规划项目又管得过细。在政府官员的政绩观、房地产企业的经济利益的共同驱动下，现在一些城市的旧城改造，越来越像是开发商在操纵。这种状况必须改变。

遗产保护：天大的事儿

宁可流血牺牲，也要保护古城，用解放军战士的生命去换取古城的保护，你说，这是不是天大的事儿？这件事可以在北京的文史资料里查到，清华大学的文献里也有，我曾经就此写过文章。

采访者 在新中国城市规划半个多世纪的发展中，您一直是实践者、见证人。回顾这半个多世纪的风风雨雨，有什么让您难以忘怀？

郑孝燮 我感觉到有三件天大的事儿。

第一件：1948年，北京古城在解放军的大军包围之下，兵临城下，北京的郊区都解放了，当时地处北京郊区的清华大学也解放了，而62平方公里的古城还没有解放。学生们就问：北京古城什么时候解放？解放军的回答是：我们要解放随时都可以，但因为北京是古城，怎样解放它而又能够保护好古城是我们要认真考虑的。后来，解放军派代表专程到清华大学梁思成先生的家里去拜访，他们告诉梁先生：中央定的作战方针，万一北京古城不能和平解放，非要打进去不可，也要保护古城。北京古城里有哪些是古建筑？哪些文物是要保护的？请梁先生帮忙指点出来。

宁可流血牺牲，也要保护古城，用解放军战士的生命去换取古城的保护，你说，这是不是天大的事儿？这件事可以在北京的文史资料里查到，清华大学的文献里也有，我曾经就此写过文章。

第二件：我认为是"文化大革命"史无前例的大破坏。十年动乱，什么都要砸掉。

第三件：2005年底，国务院发出《关于加强文化遗产保护的通知》。通知强调文化遗产保护"刻不容缓"，提出设立"文化遗产日"，对地方政府也提出非常明确的要求，措施的针对性很强，责任追究也很明确。我觉得这是天大的喜事儿。

采访后记 不辞奔波苦 人老心不老

半个多世纪以来，郑老一直在历史文化遗产保护方面倾注心力。1986年，他与单士元、罗哲文坚持将上海列为国家历史文化名城，并为此紧急上书当时的国务院副总理万里同志。很多人都知道"刀下留城"救平遥的佳话。而鲜为人知的是，在此之前的1995年，郑孝燮就曾经对平遥申报世界遗产殷切关注、付出努力。"刀下留城"，这是郑老在建设部城市规划局时对阮仪三教授送审平遥规划方案时的书面评语。

另外，北京德胜门箭楼以及卢沟桥、大钟寺、十三陵、八达岭长城、颐和园、天坛等文物古迹的保护，承德避暑山庄和外八庙的内外环境保护，等等，都有着郑老的功劳。特别值得补记一笔的是运河申遗，众望所归、功夫不负，2014年6月22日中国大运河项目成功入选世界文化遗产名录，成为我国第46个世界遗产项目。

郑孝燮先生人老心不老，多年来一直在为历史文化遗产的保护、历史文化的传承而不辞辛苦、辛勤奔波，时至今日。

规划师应当有科学的见解、科学的主见，不能盲目"跟风"，要踏踏实实地解决城市的基本问题。

吴良镛 1922.6～

生于江苏南京。毕业于重庆中央大学，并曾赴美留学，获美国匡溪艺术学院硕士学位，1946年起协助梁思成教授创建清华大学建筑系，1950年起在清华大学建筑系任教至今。1980年当选为中国科学院院士（学部委员），1995年当选为中国工程院院士，中国城市规划学会终身成就奖获得者，2011年获国家最高科学技术奖。第一、二届中国城市规划学会理事长，中国城市规划学会名誉理事长。

中国建筑学家、城乡规划学家和教育家，人居环境科学的创建者。先后获得"世界人居奖"、国际建筑师协会"屈米奖"、"亚洲建筑师协会金奖"、"陈嘉庚科学奖"、"何梁何利奖"、"国家最高科学技术奖"以及美、法、俄等国授予的多个荣誉称号。

新中国城乡规划走过了不平凡的路程，曲折而复杂。规划工作者的印迹，也不是那么寻常。抚古思今，中国城市规划学会名誉理事长、两院院士吴良镛先生深有感触：搞规划的人，面对时代的变迁，一定要坚守理想，保持理性，坚持真理，达成共识。

完整总结规划建设史

随着很多当事人的离去，过去的历史都将淡化甚至遗忘，将来也难以查考，这非常可惜。我认为要抢时间，在社会上和学术上都应该增强讨论，进一步科学地解读历史，总结经验。

采访者　您自1950年从美国回来后一直从事规划建设工作，作为历史的见证人，您认为应如何评价新中国城市规划建设史？

吴良镛　新中国成立以来，城乡规划建设事业可歌可泣。从领导到技术人员乃至于全民，为此投入多少人力、物力，流下多少辛苦的汗水，牵动多少期望和遐想，难以数计。从计划经济向社会主义市场经济转型，取得了世人瞩目的辉煌成就。与此同时，也存在很多棘手的问题和不可回避的缺点，包括资源的浪费、生态环境的破坏、对文化遗产的保护不力、城市特色缺乏等，应该及时总结。

采访者　认真做好历史总结工作，论事不论人，把在过去无经验、不自觉中所造成的错误与失败，点石成金，总结科学规律，能成为我们的财富，更好地把握前进的方向。

吴良镛　是的，完整地总结历史非常重要。对历史进行系统的梳理，有助于我们高瞻远瞩地对一些问题进行再认识，直面问题，研究形势，明确今后的路究竟应该怎么走。

世事沧桑、时移世易，随着很多当事人的离去，过去的历史都将淡化甚至遗忘，将来也难以查考，这非常可惜。所以我认为要抢时间，在社会上和学术上都应该加强讨论，进一步科学地解读历史，总结经验。

过去的每一项成就和不足，都是有血有肉的，应该是"完整的历史"。举例来说，为迎接国庆10周年，从1958年开始的天安门广场改建和国庆工程，是新中国成立初期城市规划建设史上的光辉篇章和不朽凯歌，非常值得认真梳理和研究。有些即使被证明是失败的规划建设，也未必没有良好的思想内涵。

采访者　所以，我们要更为全面地理解新中国的规划建设史？

吴良镛　是这样。要通过一个较长的时期看，既善于充分肯定成绩也不忘批判缺点，比如"大跃进"建设中的热情过高而理性不足，学习苏联过程中的成绩与偏差，都要适当地进行总结。

在大变中找不变

我们没有办法掌握变化，只能顺应这种变化，但把握不变的根本很重要。在这个多变的世界，城市规划工作者要有清醒的认识，探索一些规律性的东西。

采访者　新中国成立以来的城市规划史，真可以说是波澜起伏。社会形势也处于不断变化之中。那么，您认为应如何面对社会形势的变化？

吴良镛　城市规划要面对非常复杂的城市生活，政治、经济的发展变化都集中在一定的时空，而城市就是这个时空最重要的载体。芒福德曾经说过："真正影响城市规划的是最深刻的政治和经济的转变。"

我从1940年进入重庆中央大学建筑系学习，1946年进入清华大学，时至今日，沧海桑田，时代发生了很大变化：解放战争，新中国成立，建设社会主义新中国。而在社会主义新中国的建设过程中，我们又经历了"文革"，迎来了改革开放，等等。也就是说，社会形势始终处于不断变化之中。那么，在这变化当中，有没有一些不变的根本规律？

采访者　　在变化中寻找不变？

吴良镛　　我们没有办法掌握变化，只能顺应这种变化，但把握不变的根本很重要。在这个多变的世界，城市规划工作者要有清醒的认识，探索一些规律性的东西。

采访者　　我们注意到这样一个现象，现在城市规划中面临的一些问题，并不是新问题，甚至可以说是50多年前的"老相识"。

采访者　　是这样。我举个例子，20世纪50年代就提出过反"四过"：标准过高，规模过大，占地过多，求新过急。到今天再来看，这些问题在很多城市依然存在，有的还比较严重。

　　　　　　规划始终要面对理想与现实的矛盾，我们不要以为城镇化的指标越高越好，发展越快越好，我们不能脱离实际，盲目追求所谓"世界一流"，那会带来很多问题。比如土地问题，现在已经很严重了。

采访者　　早有清醒认识并批判过，为何今天还会重演？

吴良镛　　历史从来就不会再重演，很多事情看上去有重复，但它并不是简单的重复，总有不同之处。

采访者　　似曾相识的历史现象，背后原因不同？

吴良镛　　不一样。所以我说，既变又不变，多变的背后有不变的内在规律。我在1999年起草国际建筑师协会《北京宪章》中，重申要"回归基本原理"，也是这个意思。在大变的情况下，在纷繁复杂的事物中，我们要找一些不变的东西，然后再面对问题进行研究。

看清形势，保持理想与理性

城市规划工作者必须具有热情的、理想的、向上的、改革现实的情操。如果没有，在很多问题上就很容易颓废下来。

光有理想还不够，还要有理性。

采访者　当今的城市问题日益复杂，城市规划工作面对的是一个庞大的、多学科的复杂体系。规划制定和执行的过程中，又涉及政治、经济等诸多方面的内容，不能确定的因素很多，很难简单求解。

吴良镛　城市规划是一个复杂性科学。这些年，城市规划事业迅速发展，同时也变得越来越包罗万象，面对的问题越来越复杂。现在社会各界、各门学科都在关注规划、介入规划，从表面上看是混乱的、混沌的。

　　除了学术问题以外，我们还面临上层决策方面的问题、下面执行时间的问题，等等。城市规划是公共政策，在执行政策的过程中，有没有偏差？在管理方面，基层有没有胡来？都对城市规划产生着深刻影响。

采访者　面对错综复杂的社会形势，规划工作者怎么办？

吴良镛　要认识并适应社会形势的大潮流，不能把学术的基础、面对的问题看简单了。从过去的历史看，规划工作不免随着各时期政策的波动而改变，例如随着"大跃进"的到来，"反四过"也就一风吹过，而且变本加厉。如果不究其本质，恐怕很难真正解决问题。

　　在过去相当长的时期，规划工作者总埋怨国内不重视、不尊重规划，现在全国上下，从各级领导到社会各界，都相当重视规划工作了，但也应该清醒地看到，我们的规划是不是就能够切实地解决问题呢？

　　社会的潮流无所谓对错，我们只能适应，但这是不是就意味着无能为力了呢？显然不是这样。我们要激励城市规划工作者看清形势，认识主流，推进其积极的方面，进一步增强思想道德和学术上的自我修养。在思想道德和精神信仰方面，我们要热爱自己的国家与乡土，这是最根本的；在学术方面，要不断地求知。城市规划是一门综合性的学科，你不可能是那么多学科的专家，只有从别人那里、从书本上面不断地汲取知识。

城市规划工作者必须具有热情的、理想的、向上的、改革现实的情操。如果没有，在很多问题上就很容易颓废下来。

采访者　不光是颓废，还有可能成为少数利益集团的工具、代言，在社会公共利益与个人经济利益的博弈中，舍前者而取后者。

吴良镛　对的。规划工作者要有理想情怀和社会责任感，不能跟着少数利益集团跑。规划是一项重要的公共政策，其灵魂是要为广大人民服务。因此，城市规划工作者首先要关注公共利益，推动社会前进。

当然，光有理想还不够，还要有理性。规划师要有哲学的、辩证的思维，要有一个比较冷静的头脑，面对现实，面对形势，面对问题，要科学认识，进行理性分析，推动进步。

西方和中国都不能"停水"

要立足中国，放眼世界。既要有拿来主义的眼光，可以吸收西方城市、建筑方面成功的科学文化，同时也要有送出主义的自信，将自己的传统文化和创新科学介绍给世界。

采访者　在多变的社会形势与复杂的社会矛盾中保持理想与理性并不容易。怎样才能做到这一点？

吴良镛　当前面临的现实矛盾非常大，解决这些矛盾的方法不可能一劳永逸，明天还会有明天的矛盾。真正面对矛盾、解决问题是很吃力的，而且谁做事都不会有绝对的把握，只能通过实践去检验。

自信、自强、自立、自新，这是科学工作者的本质。规划师不但要有理想、理性，同时还要有激情、信心，将历史的经验教训和西方的经验教训分析透了，从中寻找解决现实问题的路径，自主创新、探索走自己的道路。

世界文化的发展一直是两股"泉水"，我们要学习西方，但更要立足于中国。中国有几千年的城市建设史，形成了丰富的历史文化遗产。过去的很多重要都城，现在是各个地方的行政中心，一定有它的规律性。认识这些规律，有助于我们解决现实中面临的问题。

　　科技工作者是为问题而存在的，要直面问题。我们必须清醒地认识到当前最迫切需要解决的问题，面对问题，发展科学，这样才能永远处在中国的主流、时代的主流、建设的主流。那么，这个源自哪里？源自东西方两股文化的泉水，西方和中国都不能"停水"。

采访者　　解决当今的现实问题，不但要学习西方经验，还要重视自身经验的总结？

吴良镛　　要立足中国，放眼世界。既要有拿来主义的眼光，可以借鉴吸收西方城市、建筑方面成功的科学文化，同时也要有送出主义的自信，将自己的传统文化和创新科学介绍给世界。

　　回顾总结中国城市规划建设的历史，我们不仅要进行纵向比较，分清不同历史条件下的不同发展情况，还应进行横向比较，与国外城市规划建设作分析对比。相较西方发达国家，我们起步较晚，还有很长的一段路要走，所以，要充分借鉴他们的成功经验，扬长避短；同时也要看到中国城市规划有着自身的特殊性，不是简单的借鉴就能解决的。另外，中国城市规划理论与实践中的经验教训，同样可以丰富世界城市规划建设的理论与实践。

以问题为导向

　　作为行业发展的主流，还是以不变应万变，如果夸夸其谈、不能解决问题，就必然被推向边缘。

采访者　　现在也有人批评城市规划被"边缘化"了。对此，您怎么看？

吴良镛　　城市规划与建设是经世致用之学，要从理论到实践，从理想到行动。一些有识之士批判我们的规划"中空化"、"边缘化"，这是事实，也是危机。当前许多问题迫切需要解决，包括土地问题、能源问题、资源问题等等。如果规划建设工作者不能坚持"以问题为导向"，将切实研究解决当前最迫切的问题作为行业发展的主流，而是夸夸其谈、以不变应万变，就必然被推向边缘。

去除浮躁，推进共识

> 虚名短暂，没有什么用处。城市规划工作者一定要坚持真理。特别是年轻一代的规划工作者，必须有"先天下之忧而忧"、力挽狂澜之抱负，保持清醒、冷静的头脑，做"真规划"。

采访者　在经济社会快速的发展变化中，现在的风气有些浮躁，规划人也一样。对今天的规划人，您有何期望？

吴良镛　我们必须看到社会的浮躁，明了社会浮躁的根源，自己要保持清醒，知道应该怎么做事、怎么为人、怎么对待工作，这些是很重要的。

现在社会上不断地有新的桂冠、名誉来吸引人，一会儿"花园城市"，一会儿又是"魅力城市"，一会儿又是"生态城市"，等等，各种名号。有一些是对的，也有一些是为了追求政绩而巧立名目，很值得推敲。

科学工作者一定要深思熟虑，不能盲目"跟风"。规划师应该有科学的见解、科学的主见，与同行达成科学的共识，然后将这种共识传递给社会，让社会都知道城市发展不应该是口号式、标语式的，要踏踏实实地解决城市的基本问题。将科学的共识变成社会的共识，在此基础上，变成政府公共决策的共识。

这种共识不是一天两天就能形成的，一个错误认识也不是一天两天就能扭转的。作为一个科学工作者，要冷静对待这些问题。

"文章千古事，得失寸心知"。规划事业就是"千古事"，是为社会谋进步、为老百姓谋福利的。虚名短暂，没有什么用处。规划工作者一定要坚持真理。特别是年轻一代的规划工作者，必须有"先天下之忧而忧"、力挽狂澜之抱负，保持清醒、冷静的头脑，做"真规划"。

采访后记　真正的知识分子

"先天下之忧而忧，后天下之乐而乐"，这是中国优秀的士大夫精神。在以吴良镛先生等为代表的老一辈规划人身上，有着深刻的体现。他们有非常明确的理想追求和强烈的社会责任感。

印象中的吴良镛先生始终是匆忙而温和的。孜孜以求、诲人不倦，终日为城市规划事业而忙碌，这是他生活的真实写照。而在温和中，更能感受到那赤子之心、济世情怀。

吴先生是在逃难、轰炸、警报中成长和学习的，环境非常艰难。"真正的知识分子，像我这样成长起来的，都是农民养活的，或者说是人民养活的。"他说，"知识越多、荣誉越多，我就越感到责任重大。我觉得自己欠农民的债。"

正是这份沉甸甸的责任，让他在1950年年底，与那个时代许多充满赤子情怀的科学家、艺术家一样，冲破重重阻力，几经周折，毅然从美国绕道回国，投身新中国的建设和教育事业，60多年，一直辛勤耕耘，创下一个个令人惊叹的奇迹。

同样是这份责任，让他在2008年突发脑梗、半边身体已经完全不能动之后，顽强地与病痛拼搏，以常人难以想象的毅力，异常刻苦地进行康复治疗，以85岁的高龄，重新站起来，回到自己热爱的规划和建筑学领域，创造了康复医学领域的一个奇迹。

　　宜居城市应当包括生态环境与历史环境的内容，规划过程中应当充分研究历史建筑的价值。

侯仁之 1911.12～2013.10

　　生于河北枣强，祖籍山东恩县。1936年毕业于燕京大学，1949年获英国利物浦大学博士学位，1952年任教于北京大学地质地理系。1980年当选为中国科学院院士，1999年12月被美国地理学会授予乔治·戴维森勋章，是第一个获得这一荣誉的中国人。国务院学位委员会第一届学科评议组成员，第二届城市规划学术委员会副主任委员，第三、四届城市规划学术委员会顾问，中国城市规划学会资深会员，中国城市规划学会终身成就奖获得者。

　　侯仁之先生开创了"城市历史地理"和"沙漠历史地理"研究的新领域，系统揭示了几个类型的城市发展的规律特点及其地理条件，为北京等地城市规划作出了重要贡献。

作为中国历史地理学的奠基人和开拓者之一，侯仁之先生在学科基础理论的建立与实践及相关的城市历史地理、沙漠历史地理、环境变迁、城市规划等诸多方面都倾注了极多心血。他的专著《历史地理学的理论与实践》影响深远。他对于城市规划与发展的理论与实践，对于今天的规划工作者来说，有着深刻的现实意义。

历史地理和城市规划密不可分

历史地理学的研究应当为今天的规划提供相关的依据与借鉴，而规划学科应在考虑历史与现状的基础上，处理好人与空间的关系，同时考虑一定时期的未来发展。

采访者　作为一名历史地理学家，从半个多世纪的实践看，您认为历史地理学和规划学科是什么关系？

侯仁之　历史地理学的主要研究对象是人类历史时期地理环境的变化，这种变化主要是由于人的活动和影响而产生的。历史地理学的主要工作，不仅要"复原"过去时代的地理环境，还须寻找其发展演变的规律，阐明当前地理环境的形成和特点。

由于人的活动，出现了聚落、城市和城市群，出现了城市与周边地区复杂的关系，规划学科就是为了科学地处理这些关系应运而生的。小到一座房屋，大到一座城市，再到城市与周围区域的空间关系，莫不如此。同时，规划学科从一开始关注的对象是为人服务，通过对空间的规划和调整来为人服务，而人是有历史继承性的，空间也有历史延续性，所以，要做好今天的规划，就应当了解"昨天"的人和空间及其演变的规律。从这个意义上来谈，可不可以说，历史地理学的研究应为今天的规划提供相关的依据与借鉴，而规划学科应在考虑历史与现状的基础上，处理好人与空间的关系，同时考虑一定时期的未来发展。

采访者　您能否结合实际举例来说呢？

侯仁之　我讲两件事。

第一件事是早在1950年春，北京市都市计划委员会成立之后，领导层就已经考虑到首都现代化大规划建设区应该尽可能地设在城外，因而决定在西直门外的白石桥以北一直到海淀镇的周围地区，包括当时的燕京大学和清华大学在内，作为首都的文化教育区，并由我首先进行该地区的历史地理考虑，作为规划设计的参考。

第二件事是随着首都铁路交通的迅速发展，北京西站的选址问题。借助于历史地理诸因素的考察和说明，终于决定将北京西站设在莲花池畔，并对莲花池进行恢复和进一步开发。

尊重自己的历史

客观地对待历史及其变化，并能采取适当的规划对策，我们的城市就发展得好一些、快一些；忽视或无视一个城市、一个民族的历史，我们的规划工作就会出现这样那样的失误。

采访者　"城市是迄今为止人类所建造的最大最复杂的工程"。其复杂性，很大程度上也体现在对于历史的研究和理解。您认为新中国成立50多年的城市规划与发展中，在对待历史方面，有何经验教训？

侯仁之　新中国成立以来的城市规划与发展中，成绩是主流，在把握历史与现实矛盾方面，什么时候能客观地对待历史及其变化，并能采取适当的规划对策，我们的城市就发展得好一些、快一些；什么时候忽视或无视一个城市、一个民族的历史，我们的规划工作就会出现这样那样的失误。

我觉得可以从两个方面谈谈我们对待历史的经验教训。

一方面是对待我们国家的历史，新中国成立前的历史不能说都是封建性的糟粕，其中有许多优秀的历史文化遗产，需要我们去发掘和继承。比如，拿城墙来说，不能说就是封建制度的象征，城墙也能为现代人和现代生活服务，这一点大家现在都会有共识的。紫禁城过去是帝王"唯我独尊"的象征，现在成为广大人民群众休闲观光旅游的好去处。

另一方面，国外的经验需要借鉴，他山之石，可以攻玉，但是落实到中国这块土地上，要进行具体分析。因为文化、历史和环境都存在差异，生搬硬套的结果大家也看到了不少，效果并不好。

总之，要尊重我们自己的历史。这一点我们做得还不够，还要继续深入。当然，也要借鉴国外的经验，使之能很好地为我所用。

采访者　在快速城镇化进程中，我们如何在规划中做到古为今用，体现历史与现实的和谐？

侯仁之　改革开放以后，我国的城市发展很快，城镇化进程在加速，这是事实，也是我国国力不断增强的体现。在城市化的发展过程中，人们越来越关注居住环境的问题，也就是有人提出的"宜居城市"的概念，我想宜居城市应当包括生态环境与历史环境的内容，历史建筑就是体现历史环境的实体之一。在规划的过程中，不仅仅要尊重历史建筑本身，同时要考虑其原来的环境，也就是历史环境的保护。

2005年在西安召开的国际古迹遗址保护大会，提出历史建筑的重要性和独特性来自于人们所理解的其社会、精神、历史、艺术、审美、自然、科学或其他文化价值，也来自于它们与其物质的、视觉的、精神的以及其他文化的背景和环境之间的重要联系。这一点非常重要。

在规划的过程中，应当充分研究这些历史建筑的价值，在保护的前提下，发挥其合理利用的潜力。我想，对于一座历史文化名城来说，采取保护古城、开辟新区的方式，对于缓解古城的压力、更好地保护文化遗产是非常有效的。

采访者　您被称为"北京史的巨擘"、"中国申遗第一人"。在新中国成立之后，在北京的城市发展中，您个人有何难忘的经历？

侯仁之　我不敢接受"北京史的巨擘"的称号。对于中国申请加入世界遗产公约，我做了一点应该做的事情。1984年，我在美国进行学术研究，听到国外同行说起《保护世界文化和自然遗产公约》的事情，我当时就认为，这是让世界了解中国的一个好机会。回国后，我写了一份建议我国加入《保护世界文化和自然遗产公约》的提案，并征得阳含熙、郑孝燮、罗哲文三位政协委员同意且联合签名，在1985年4月召开的第六届全国政协第三次会议上正式提出，并获通过。

1985年12月12日，我国终于成为"世界遗产公约"缔约国，并自1987年开始进行世界遗产申报工作。现在，看到我国有这么多优秀遗产列入世界遗产名录，看到遗产保护工作越来越受到全社会的重视，我的心情与大家一样十分高兴。

在1950年，我作为北京市都市计划委员会委员，协助梁思成先生进行北京城市规划的一些研究工作。比如对北京海淀地理环境的研究，当时规划这里为文化教育区。对北京城区天安门附近断裂带的研究，对首都城市发展的意义重大，尽管由于"文化大革命"的耽误，但最后促成了《北京历史地图集》这一集体成果的完成。

我认为北海大桥的建设，天安门广场的改造、长安街的东西延伸扩展，北京中轴线的南北延长，是北京城市发展史上的三个里程碑。

当然，北京也有不尽如人意的建设活动，城墙的拆除与古都风貌遭受到的破坏让人痛心疾首。

规划控制须反思

我觉得保住莲花池这一北京城市起源发展的标志很有意义，希望在未来的发展中能够继续认识到莲花池的历史价值，在保护风貌与周围地区协调发展中再做更多的工作。

采访者　20世纪50年代初，您曾经对北京海淀附近地形、水道与聚落作过考察，对于如何通过规划控制，保护海淀地区的生态环境，您有何建议？

侯仁之　北京海淀当时规划为文化教育区，这个目标是实现了，这里是北京市高等院校最集中的地方，也是高新技术产业集聚之地。现在高楼太多了，对生态环境和历史环境造成了一定的破坏。应当从两个方面考虑对环境的保护：

一是海淀和西北部的香山一带，是历史上北京重要的风景名胜区，考虑到其对现代北京生态的重要作用，要重视生态走廊的保护与建设。

另一个是在海淀附近，有圆明园和颐和园等名园的存在，颐和园还是世界文化遗产，要保护好遗产的本体及其周围的环境，控制建筑高度，防止污染，努力营造良好的生态与文化环境。

采访者　对北京西站的选址、莲花池的开发，您也曾经提出过很中肯的意见。回顾历史，对照现状，您有何感想？

侯仁之　新中国成立10周年的时候，中央考虑在老北京站以西8公里选址再建一个大型火车站，曾考虑莲花池的位置，那时莲花池已经水源减少，湖水干涸，地势较低，也没有搬迁问题，既节约经费又可以马上开工……这件事情我与当时的铁道部领导和相关人员进行了沟通和讨论。

我认为北京城的起源是靠莲花池的水系。作为北京历史上城内、城外水源的起点，它是研究古代北京水系变迁和金中都城位置、地貌等历史地理方面的重要物证。感谢当时铁道部领导采纳了我的建议，北京西站后来建在莲花池的东北岸上。

改革开放以后，莲花池的意义受到北京市领导的重视，认为它不是一般的古迹，是北京城市起源的见证。后来莲花池进行了整治修复，疏浚通水，恢复历史环境，我也去看了，公园效果还是不错的。

我觉得保住莲花池这一北京城市起源发展的标志很有意义，希望在未来的发展中，能够继续认识到莲花池的历史价值，在保护风貌与周围地区协调发展中，再做更多的工作。

旧城改造不提倡

城市在发展之中，人们的需求也在变化之中。旧城需要在物质和社会方面不断地完善，而不是要彻底地"改造"它，不断完善是一个长期的过程。

采访者　对于各地曾经风行一时、现在许多地区仍在继续的"旧城改造"，您怎么看？

侯仁之　我认为这种提法不值得提倡。旧城作为历史上存在至今的城市，它有些方面跟不上现代生活的需要，这是一个正常的现象，因为城市在发展之中，人们的需求也在变化之中。旧城需要在物质和社会方面不断地完善，而不是要彻底地"改造"它，不断完善是一个长期的过程。现在经常用的旧城整治一词，比旧城改造好。旧城如果能既保住丰富的文化内涵，又不断充实新的健康的内容，就达到了旧城整治的效果。城市也会继续充满活力。

薪薪之火　代代传递

约访侯仁之先生时，他已是98岁高龄，身体状况大不如前。我们不忍过多打扰，对他的深入了解，更多来自于陈光中先生所著《侯仁之》一书，侯仁之先生本人的专著《历史地理学的理论与实践》，以及散见于报章的部分媒体对他的报道。

"青壮年时期，生逢战乱，一生经历坎坷。在燕京大学期间，因协助赴八路军和大后方参加抗日的学生而流寓天津，后在天津遭日本宪兵监禁。在天津取保开释期间，侯仁之完成了天津历史地理的研究并形成专著。

其后远赴英伦留学，其博士论文《北平的历史地理》甚获好评。新中国成立后回国任教。此间，他提出将当时的海淀镇建为科教文化区并予以论证。他还是新中国提出专门设置'中国历史地理'科目的第一人。在'文革'期间却惨遭迫害。"

"还不止如此。侯仁之还是中国'申遗第一人'。据说，某次他参加一个国际性会议，为了让老外们见识中国文化，他特地选了两块城砖，不远万里带到国外。开会时，侯仁之很自豪地把城砖往桌上一放：'这就是我们长城上的砖！'

回国后，作为政协委员的他立即为此起草了一份提案，建议申请加入《保护世界文化和自然遗产公约》……"。

一生情系北京城。阅读侯仁之，老一辈学人的坚定信仰、坚韧意志让人感动，他们对于国家和人民的拳拳赤子之心，他们强烈的社会责任意识，他们脚踏实地的工作作风，共同构成了一种无比优秀的精神品质。

这是薪薪之火，应该代代传递。

城市规划要尊重历史

应该在规划界大力提倡敬业精神，我们的不负责将会导致永远的遗憾，对此应该有一个清醒的认识。

宋家泰 1915.5～2007.10

安徽肥东人。1945年中央大学研究生毕业后留校任教。1975年在南京大学创办城市与区域规划专业，并担任首任南京大学城市科学研究中心主任、城市规划设计研究所所长。第一任城市规划学术委员会区域规划与经济学组组长，中国城市规划学会资深会员。

宋家泰先生长期致力于中国区域地理、农业地理与城市区域规划研究，《城市总体规划》一书以及一系列研究论文，填补了我国学术领域的一项空白，特别是把城市作为我国社会、经济、文化发展的枢纽和集聚点，从经济、自然、技术结合的角度，论述城市的职能、结构、辐射、吸引、扩散、布局等领域的开拓和发展，为我国新型工业化条件下的城市化指明了方向。

从1939年起就开始投身于地理学的宋家泰先生，是我国最早从地理学角度研究城市规划的资深专家，著述颇丰，育人无数。他编写了我国第一本从地理学角度系统介绍总体规划的专著，培养出我国第一位人文地理学城市规划研究方向的博士。宋老倾尽自己人生中最宝贵的光阴，在新中国城市规划篇章中，留下了浓重的笔迹。

从地理到规划：打下扎实基础

我个人认为，在地理系设立城市规划专业，具有开创性的意义。

由于经济地理学科的介入和渗透，改变了城市规划学的传统结构，推动了这门学科由一门纯粹的技术科学转向了综合性学科。

采访者　作为我国著名的地理学家，您从事地理教育和研究工作多年，能否介绍一下早期的有关情况？

宋家泰　我很早就对地理学产生浓厚兴趣，1937年高中毕业时即立志投考大学地理学。但因抗战时局等因素的影响，先后考入浙江大学农经系、中央大学史学系，直至1939年才如愿以偿地转入中央大学（现为南京大学）地理系。四年艰苦学习，为我的地理治学打下扎实基础，并形成我在地理研究中的两个基本观点："区域研究"论和"人地关系"论。1943年9月开始，我师从胡焕庸先生，在中央大学地理系攻读硕士研究生。1945年9月，在中央大学毕业留校任教，主要从事区域地理学和经济地理学的教学和研究工作。

从那时起直至1975年，我一直从事经济地理学的教学与科研工作。回顾那些年的历史，期间最大的特点是，一切实践活动都同国家大的政治形势和社会主义经济建设形势密切相关，我个人的地理教学与科研工作也是这样。20世纪50年代，主要照搬苏联莫斯科大学的一套做法，在南京大学地理系设立了经济地理专业，我个人则开设了"中国农业地理"、"中国工业地理"、"中国经济地理"、"中国区域地理"等主要课程。我所开展的科研工作，也与国家和地方生产建设任务密切结合，包括水利地理、水土保持、流域规划、区域规划、铁路经济选线、农业区划和山区开发等方面的课题研究。

采访者　　您在城市与区域规划领域也颇有建树。那么，您是如何从地理学转入城市规划领域的呢？

宋家泰　　1975年，在当时国家建委城建局的支持下，我们把南京大学的经济地理学专业毅然改向为城市规划专业，主要从事城市总体规划人才的培养。也就是从那时开始，我将主要精力转向城市与区域规划方面，开始了治学的新历程。先后主编或合作撰写了《城市总体规划》、《中国经济地理》、《区域规划基础》等书；公开发表了数十篇学术论文；与其他同志共同承担了"城市总体规划布局研究"、"研究城镇合理规模的理论与方法"、"江苏农业地理"、"南京市经济社会发展与城镇体系研究"、"区域规划理论与方法"等一批研究项目。此外，我还负责主持或参与了数十个城市总体规划和区域城镇体系规划的编制工作。

采访者　　南京大学地理系是国内大学地理系第一个设立城市规划类专业的，您和一些规划前辈为此做了不懈努力。现在回过头来看，您如何评价这一事件所带来的深远意义和积极影响？

宋家泰　　创办城市与区域规划专业，不仅是我个人治学道路上的一个转折点，也是经济地理学科建设面向社会主义经济建设的一个新的起点。在此之后，国家又相继在一些综合性大学和师范院校的地理系创办了这一类专业，培养了大批城市规划人才，有力地促进了城市规划事业在我国的恢复和普及，缓解了城市规划人才严重短缺的局面。

　　我个人认为，在地理系设立城市规划专业，具有开创性的意义。一方面，大大充实和拓宽了经济地理学的内涵；另一方面，由于经济地理学科的介入和渗透，引进了不少地理学、经济学的理论，改变了城市规划学的传统结构，有力地促进了城市规划学科的理论建设，推动了这门学科由一门纯粹的技术科学转向了综合性学科。

城市规划师要有区域的观点

区域规划一般是作为城市规划的依据，一个城市规划师应具备区域分析的基本素养，并应善于运用区域规划观点来编制城市规划。

采访者　经过数十年的教学研究与实践，您认为地理学和城市规划学科是什么关系？

宋家泰　城市规划与地理学外延相通，在科学分类上同属"区域科学"的范畴（主要指城市总体规划）。地理学包括自然地理和人文地理（经济地理是重中之重）两大部分。自然地理学的各个分支（地貌、气候、水文及其综合环境等）对城市的分布、结构、布局具有十分重要的影响；经济地理学对城市建设和发展的影响，也不是一般的。从地理学上看，城市是城市和乡村两大聚落形式中的一种，它以一定的空间地域为载体，这必然涉及其产生的条件、影响因素、分布形态，以至城市发展的性质、规模和布局（特别是区域城镇体系），等等。地理学与经济地理学都是基础科学，而其在城市规划方面的应用则是多种多样的，如农业地理学与农业区域规划、交通地理学与交通线路规划、综合（区域）经济地理学与经济区划和区域规划，等等。

采访者　可以看出，学科的相互交融对于发展城市规划是非常有益的，您认为城市规划学科可从地理学中借鉴什么思想？

宋家泰　城市规划可以从经济地理方面借鉴一些基本观点，比如区域观点、历史观点、系统观点、矛盾观点、综合观点和时空结合观点，等等。记得吴良镛院士曾经对我说过，他要好好学学经济地理学。的确，城市是区域的中心，区域是城市的基础，而区域基本上是自然地理与经济地理组成的。

区域规划一般是作为城市规划的依据，一个城市规划师应具备区域分析的基本素养，并应善于运用区域规划观点来编制城市规划。

采访者　作为一个地理学家，您在涉足规划界后敏锐地意识到"区域意识"的重要性，并为此大声疾呼。1980年您在《地理学报》发表的题为《城市—区域与城市区域调查研究》的论文，对中国城市规划产生了很大影响。能否介绍一下有关情况？

宋家泰　　我国的城市规划学科脱胎于建筑学，因而带有明显的工程技术的痕迹。规划师也有很多是由建筑师改行过来的，他们的思维方式不可避免地表现出重设计、轻研究的倾向性，往往心中只有建筑，没有城市；只看到城区，而没有区域的概念。

在1980年发表的那篇文章中，我提出了"城市—区域"的概念，强调城市与区域之间相互依存、不可分割的"血肉"关系，提出城市与区域是城市发展的基础和根本，两者是主导和基础的关系，其发展具有相辅相成、相得益彰的本质联系。

这一观点得到了国际地理学界的认同，业界同行认为，城市—区域的概念对制定城市（镇）体系规划布局和科学合理地划分城市经济区具有极其重要的理论和实践意义。随后，他们与我一起积极宣传这一学术观点，并在实践中不断充实、完善。

采访者　　可喜的是，今天，区域的观点、城市（镇）体系规划的必要性已经深入人心。而且可以说是兴起了一个区域规划热。但在"热"中，矛盾和挑战重重。对此，您怎么看？

宋家泰　　我认为，区域的观点深入人心，这是好事。这个局面的出现不是哪一个人的贡献，而是反映了学科发展的一种客观规律。从中也可以看出学科的相互交融对于城市规划理论的发展具有极其重要的作用。

我们讲城市规划要有区域的观点，要"跳出城市论城市"，但是，这里面涉及一系列具体问题，不只是一个观念上的问题，应该引起高层决策者的注意，切实地加以研究。

用毕生的精力孜孜以求

我个人觉得，应该在规划界大力提倡敬业精神，我们的不负责将会导致永远的遗憾，对此应该有一个清醒的认识。

采访者　　最近几年，您主要关注什么问题？

宋家泰　　很遗憾，由于年龄及健康条件的限制，我已经不能像过去那样一直在外从事学术交流与实践活动了，但还是十分关注一些问题的。譬如，关于中国大城市区域交流的研究是一个很富有挑战性的大问题，这可以结合我国确定的城市发展方针来进行研究。国外的实践丰富多彩，可以借鉴，但更应从我国特殊的自然、经济、社会、地理特点出发，以推进我国整体的现代化和大城市区域的城乡建设。中国大城市及城乡建设发展必须和城市群的发展联合起来研究。

　　　　另外，城乡规划，一个是"城"，一个是"乡"，而乡是基层的，城乡一体化应是规划的核心课题。再则，中国城市（镇）体系的总格局还是一个有待进一步探索的问题，而其中已经执行了20多年的"市带县"问题在我国应是一个具有政治、经济意义的十分重大的问题，规划界不应轻视。

采访者　　确实如此。作为一个地理学和城市规划学界的老前辈，回顾过去，您有何深刻感受？对今天的规划人，有何期望？

宋家泰　　城市规划是一门很有用、很有内容，但也是很难学好的学问。我国传统学术极讲究"究天人之际"；在应用上，极讲究"经世致用"。城市规划学正是"究天人之际"的"经世致用"之学。在我们这样一个幅员辽阔、人口繁衍、自然条件复杂多样、历史文化悠久的大国，把广大的城乡空间规划好、建设好、管理好，这是多么有意义的一件大事！

　　　　我们一直说，城市是一个极其复杂的综合体，不是一两个人或者一两门学科能够研究透的，必须相互配合，取长补短，发扬协同精神，才能把城市规划好、建设好。

　　　　城市规划的问题需要我们以毕生的精力去孜孜以求，没有这样一种精神，最多你只是一个略知城市规划的工匠而已，不可能成为一名真正的规划师，更不用说是大师了。

　　　　城市规划是一门立足于实践的学问，因地制宜，这不仅是地理学的精髓，也应该是城市规划的基本原则之一。我个人觉得，应该在规划界大力提倡敬业精神，我们的不负责将会导致永远的遗憾，对此应该有一个清醒的认识。

　　　　（本文从《城市规划》、《规划师》杂志援引了部分资料，并得到了顾朝林教授的协助与支持。）

不能忘却的记忆

　　2006年7月，对宋家泰先生的采访，是我们最为难忘的一次经历。数年前的一次车祸，让先生无奈地告别规划的公众视野，从此卧床，再也没有站立起来。

　　而就在我们采访后不久，一年多以后，我们听到了宋家泰先生去世的消息。采访那日的场景，从此深深地刻在我们心头。

　　每当想起，心里总觉唏嘘。躺在一张简陋的小床上，穿一件印有"第六届世界华商大会"字样的破旧文化衫，满头白发，瘦小而干瘪，颤动的手臂，含混不清的口齿，虚弱无力的话语，映在我们眼里的宋家泰，是那么羸弱而苍老！但他的思维仍然是清晰的。从那颇有些无力的铿锵顿挫中，我们依然能感受到他内在的激情。

　　规划中，南京拟建多少座长江大桥，安徽某市脱离实际要建汽车城，等等，宋先生都如数家珍。躺在病榻上，先生依然坚持看报，虽然已经是那么吃力。关注时事，心系规划，那似乎是他生命中最重要的内容。

　　采访到后来时，宋先生的声音越发的嘶哑无力，喘息也更加粗重不匀了，但宋老仍然不断地询问我们："讲清楚了吗？听懂了吗？还有问题吗？"

　　近两个小时过去了，我们再也不忍心将采访继续下去，委婉地告辞。在我们起身的时候，分明听到了先生一声深深的叹息。他喃喃地说着："对不起，对不起，对不起……"似乎在为没有能够帮我们完美地完成这次采访而心中愧疚。

　　离开宋家泰先生的病榻，跨过那道有些简陋的防盗门，走出那个寒酸而凌乱的小小居室，刹那间，一股一直在胸中冲撞的情感激流几乎要喷涌而出，我们几乎因心痛而落泪。

　　此后很长一段时间，采访宋先生的情感记忆充斥着我们的心田，这个为规划事业毕其一生的老人、曾经的业内泰斗，每每想起，总是心痛。

　　我们不能忘记历史。

　　不能忘记60年曾经走过的道路。

　　不能忘记那些为新中国城市规划事业奠基的前辈。

　　我们不能忘记他们。

我最感忧虑的是土地问题。中国有这么大的人口总量，究竟有多少土地可以不切实际地盲目圈用呢？

李德华 1924.2～

生于上海。1945年毕业于圣约翰大学并留校任教，自1952年起转入同济大学工作，曾任同济大学建筑系主任、建筑与城市规划学院院长，现为同济大学建筑与城市规划学院名誉院长、教授、博导，第一届中国城市规划学会副理事长，中国城市规划学会资深会员。获国家教委"国家级教学成果奖"、中国城市规划学会终身成就奖。

李德华先生长期从事城市规划和建筑教育，为新中国专业人才培养作出重要贡献。20世纪60年代初，他经过多年整理编制出版了新中国的第一本《城乡规划》；改革开放后，他领衔全国多所高校教师编撰《城市规划原理》第一版，于1981年出版，此后又持续进行修订，成为我国高校城乡规划专业教学的经典教材。

李德华先生主持和参与了一系列重要的规划建筑设计项目，并获得广泛赞誉。

也许因为是中国大城市编制的第一份现代总体规划，编制于1946～1949年间的大上海都市计划，至今仍让许多老规划人津津乐道、记忆犹新。抚古思今，大上海都市计划所闪耀着的理性主义光辉，对今天的城市规划来说，具有极其重要的现实意义。

1946年，在当时世界主要大都市之一的上海，一批充满理性和激情的专家学者被召集在一起，用他们的学识、睿智以及严谨，为这座城市的未来发展描绘新的规划蓝图——大上海都市计划。李德华先生就是其中的一员。当时，作为一名年轻的学者，他亲历了大上海都市计划编制工作的始终。

回望：聚群贤引外智共谋都市规划

城市建设面临着严峻压力，如何正确应对上海未来发展对于城市空间扩张的需求，合理布局城市空间，是当时迫切需要解决的问题。

采访者　提起新中国城市规划事业的良好开端，老一辈规划人对于20世纪40年代编制的大上海都市计划记忆犹新，它对此后的上海城市规划工作产生了重要影响。您能否介绍一下当时编制大上海都市计划的背景情况？

李德华　上海原是一个渔村发展起来的沿海集镇。鸦片战争后，上海被迫开埠，相继辟设了英、美、法租界，整个城市由华界地区和租界地区连接而成。城市的建设和扩张，加速了上海城市化的进程，20世纪30年代上海已成为远东最大的城市，也是最大的工业、金融、商贸中心，在全国领先建设了比较先进的市政公用基础设施。

1945年，抗日战争胜利后，国民政府接管上海。这时租界已经收回，上海人口增至500万人，城市畸形发展积累的许多矛盾更趋尖锐化。长时间的战争动荡严重影响了城市的建设发展，大量人口涌入上海，城市规模不断扩大，同时由于租界用地分割以及长期缺乏统筹规划，城市建设面临着严峻压力，如何正确应对上海未来发展对于城市空间扩张的需求，合理布局城市空间，成为当时迫切需要解决的问题。

为了适应战后重建和复兴，上海市政府责成工务局筹备都市计划工作。1946年8月，成立了上海市都市计划委员会，开始制定"大上海区域计划总图初稿"，

听大师讲规划

1947年2月和1949年6月，分别完成了大上海都市计划二稿和三稿。

采访者 有哪些中国知名专家应邀参加了这项工作？

李德华 最初参加编制的人员有：上海开业建筑师陆谦受，圣约翰大学的教授和开业建筑师、德籍专家鲍立克（R. Paulick），工务局工作人员钟耀华，英籍开业建筑师甘少明（Eric Cumine）和白兰德（A. J. Brandt），圣约翰大学的黄作燊教授，美籍华人开业建筑师梅国超，以及中国建筑师张俊堃，他们八人是正式署名的上海市都市计划总图草案初稿工作人员。此外，还有未署名的施孔怀、王大闳、郑观宣等人也参与了编制工作。金经昌则是在进入工务局后参加了第三稿的编制工作。

钟耀华作为工务局工作人员，是编制工作的具体负责人，很多参加编制工作的人员实际上是由他召集来的，鲍立克在初稿方案中发挥了非常大的作用。陆谦受和施孔怀同时还是上海市都市计划委员会的聘任委员。

除了这些直接参与编制工作的人员，还专门成立了工务局技术顾问委员会都市计划小组研究会，姚世濂、施孔怀、吴之翰、庄俊等都是这个研究会的成员，具体参加编制工作的陆谦受、鲍立克也是这个研究会的成员，此外还有侯华、卢宾候、吴锦庆也是这个研究会的成员。

采访者 据了解，您也是参加编制工作的人员之一，主要承担哪些工作？

李德华 我是作为技士参加这项工作的，相当于现在的技术员，主要承担助手职责。工务局里具体参与大上海都市计划工作的，只有我一名技士。

由于专家们都是兼职参加编制工作，参与的专家一般会在下班后赶到位于汉口路的工务局，就前一天的工作成果和进一步的编制工作，进行讨论并确定当天的工作内容，晚餐后再继续工作。我和另一名工作人员列席讨论会，由我负责进行英文记录，另一位负责中文记录。第二天上午由我对前一天的讨论内容进行整理。下午来自圣约翰大学的高年级工读生会赶到工务局参加协助工作。他们大约有7~8人，由我带领他们，根据前一天专家讨论的要求，进行具体的绘图等工作，供专家们当天晚上讨论使用。来自圣约翰大学的学生在工作完成后离开工务局，不参加后面的专家讨论。

审视：理想目标指引理性主义光辉

城市规划应当坚持以目标为导向，首先应当坚持的就是理想目标的指引，然后针对当前的问题提出解决的措施，而且解决的措施应当符合理想目标的检验。

采访者　您1945年毕业于上海圣约翰大学土木工程系，获得建筑工程理学士和土木工程理学士双学位，1946年起就参加了大上海都市计划的编制工作。据我们所知，圣约翰大学是由美国圣公会在中国上海创办的一所高等教育学府，是否受到了20世纪欧美现代主义的影响呢？

李德华　是的。从开始我接触的就是现代主义的教育，从未有过形式主义的理念。还在圣约翰大学学习的时候，就接触了现代城市规划的理论教育。1942年创建的圣约翰大学建筑系，将包豪斯的现代主义建筑教学体系移植到中国。1944年，鲍立克在圣约翰大学开设了现代城市规划的理论课程，主要讲授现代城市规划的原理和理论。

特别值得注意的是编制大上海都市计划所邀请的专家们，其学术渊源背景也大都属于现代主义和理性主义流派。鲍立克是包豪斯流派的重要代表人物之一；黄作燊早年在英国ＡＡ建筑学院（Architer英国建筑联盟学院的简称）学习，后来又追随包豪斯创始人格罗皮乌斯先生到美国哈佛大学，并在那里完成学业；甘少明是在上海的开业建筑师，白兰德是黄作燊的同学，他们和陆谦受都曾就学于英国AA建筑学院；王大闳、郑观宣、钟耀华以及美籍华人建筑师梅国超，都曾就学于美国的哈佛大学。而格罗皮乌斯离开英国之后，去美国哈佛大学从事建筑教育工作，并带去了包豪斯的思想理念，这些有着哈佛教育背景的人，实际上同样属于包豪斯流派，并且早已相识。

采访者　这就意味着，现代主义思想必然是大上海都市计划编制工作的主流思想？

李德华　是这样，现代主义的理性思想和理念，贯穿着大上海都市计划编制工作的始终。

应该说，大上海都市计划的编制对国内城市规划事业的发展有着重要的意义和影响。它在国内的城市规划工作中引入了理性主义和科学的原则，彻底抛弃了形式主义，对国际城市规划的先进理念进入国内城市规划领域发挥了重要作用。虽然最终大上海都市计划并没有付诸实施，但在后来上海的城市规划中，仍然可以看到它深远的影响，包括现在城市规划界仍然熟知的功能分区、邻里、有机疏散等理论，都是那时候提出来的。另外还有卫星城镇、根据交通功能划分道路性质等，今天已经被我们实践了。

大上海都市计划编制工作中的一个重要原则，就是根据城市的发展需要编制城市规划，这也正是理性主义的一个重要体现。因此，在初期的城市规划编制过程中，确定了不受现实的行政辖区范围限制，根据城市发展需要进行区域性研究和确定规划原则。实质上，区域统筹的思想，也同样是根据城市发展需要确定城市规划的理性主义的一个重要方面。

可以说，这些理性主义的认识是超越了当时的意识形态认知的，但它符合城市的实际发展。

采访者　　今天重新审视大上海都市计划，我们可以看到很多先进的理念和技术构想，对未来的预测与设想也相当大胆，而后来的发展证实，这些大胆的预想很有远见。对此，您怎么看？

李德华　　在大上海都市计划编制之初就已经明确，都市计划的编制应当着重于未来城市的建设发展目标、方向和需要，至于实现规划的可能和条件，并不作为重要的制约因素。因此，才能够在很多方面提出一些创想。而且，在一些技术措施的创想方面，譬如在旧城区设置高架城市主干道，在当时都没有受到质疑和反对。

采访者　　对今天有何启示？

李德华　　城市规划应当坚持以目标为导向，首先应当坚持的就是理想目标的指引，然后才是针对当前的问题提出解决措施，而且解决措施也应当符合理想目标的检验。社会经济和城市总是动态发展的，但是不能因此否定城市规划的理想目标导向。

寄语：城市空间为核心、公共利益作标尺

作为规划人员，在制度还不够健全的情况下，要加强自我约束，坚持科学的规划理念。什么事是我们能做的？什么事是我们不能做的？是否符合长远发展、是否损害公共利益是最重要的标尺。

采访者　从20世纪中叶至今，随着经济社会的发展，人们的认识也在发生着变化。新中国建立之初，城市规划曾被认为是"国民经济计划的延续和深化"；今天，城市规划被明确为"政府调控城市空间资源，指导城乡发展与建设，维护社会公平，保障公共安全和公共利益的重要公共政策之一。"

经历这么多年的时代变迁，您认为什么是城市规划工作的核心？

李德华　任何城市的建设发展，总是有着深刻的社会经济背景，城市的建设发展不可能超越具体的社会经济背景和发展阶段。城市规划工作既涉及社会经济方面的内容，也涉及物质空间方面的内容。城市规划必须适应社会经济的发展，正是社会经济的发展推动着城市的建设发展。但是，城市规划也必须坚持关注它的核心领域，也就是物质空间的建设发展。

城市规划的工作对象仍然是城市空间，这是应当明确的。城市空间与社会经济发展之间有着紧密的关系，城市规划必须研究社会经济的发展，但是不能因此将社会经济发展作为城市规划研究的核心对象。城市规划所要做的，应当是适应社会经济的发展，面向理想发展目标，进行城市空间的布局规划，并通过城市空间的规划，促进社会经济发展目标的实现，而不是直接规划社会经济的发展。

更为重要的是，城市规划必须坚持对于理想目标的追求，当前应当特别关注"和谐城市"的建设和发展问题。

采访者　在快速城镇化过程中，我们在检视发展建设成就的同时，也时常听到一些不和谐的音符，城市规划也屡受诟病。当前，您最感忧虑的是什么呢？

李德华　我最感忧虑的是土地问题。现在不少地方，城市规划越做越大，宽马路、大广场层出不穷。一些城市不切实际地打出"国际城市"的旗号，把中央商务区等弄得很大。还有一些城市建"大学城"成风，不管有无需要，都要建设大学城。

中国有这么大的人口总量，究竟有多少土地可以这样不切实际地盲目圈用呢？这是目前我最大的焦虑与担心。

当然，解决这些问题，主要靠机制，要有行之有效的制度加以约束。作为规划人员，在制度还不够健全的情况下，要加强自我约束，坚持科学的规划理念。什么事是我们能做的？什么事是我们不能做的？是否符合长远发展、是否损害公共利益，这是最重要的标尺。

采访后记

宽广严谨　低调为人

由李德华先生主编的《城市规划原理》，从1979年着手编写，1980年正式出版至今，已经数十次重印。它深刻地影响了新中国几代规划人，规划学子，未从中汲取过"营养"者鲜矣。

然而，就像当年《围城》极其风靡而其作者钱钟书先生却拒见媒体一样，李德华先生也很少接受记者采访——按邹德慈院士的说法："内向，内秀。李先生的学问非常宽广、细致、严谨，人却是非常低调的。"这也是许多人眼中的李德华先生。

从1945年起便投身于城市规划事业，几十年来，他一直扎扎实实地从事城市规划的教学、科研工作，甘愿坐别人不愿坐的冷板凳——认真编写教材、专业字典，钻研基础理论。他平素低调处世，不喜欢在大庭广众下讲话，对于学生的求教与提问，却永远都是认真回答、不厌其烦。他一生育人无数，在规划界桃李满天下，目前在规划领域"挑大梁"的，不少是李德华先生的得意门生。

能如约面访李德华先生，是莫大的荣幸。然而不幸的是，由于我们的学识水平所限，也由于李先生身体、方言等方面的客观原因，我们的交流存在一定障碍。感谢罗小未先生、邹德慈院士和张兵先生，为我们提供了非常有力的帮助。另外，采访完成于2009年3月，在正式成文中，我们参考援引了《李德华教授谈大上海都市计划》(《城市规划学刊》，2007年第3期）和《上海城市规划志》中的部分内容。

　　规划师必须爱国，不贪污、不图钱，搞城市规划必须老老实实。要有高尚的思想品德，全心全意为人民服务。

沈玉麟 1921.3～2013.4

　　1943年之江大学建筑系毕业，就职于上海协泰建筑事务所，1948—1949年获美国伊利诺伊大学建筑学与城市规划双硕士。1950年1月回国，在唐山铁道学院与北京铁道学院任教。1952年起任天津大学副教授、教授，城市规划教研室主任。曾任天津市人民政府咨询委员会委员。中国城市规划学会资深会员。

　　沈玉麟先生是天津大学城市规划专业与城市规划系的创立者。自20世纪50年代以来，他结合指导课程设计和毕业设计，参加过呼和浩特、泰安、烟台、唐山、遵化、沧州、天津北大港石化工区、天津新港居住区、泉州、永顺等地的城市总体规划与详细规划。曾获国家自然科学进步二等奖、三等奖。专著《外国城市建设史》获国家教委颁发的全国优秀奖、建设部优秀教材一等奖。

1950年1月，新中国成立刚刚三个月，已经获得美国伊利诺伊大学建筑学硕士及城市规划硕士学位的沈玉麟，放弃国外的优厚待遇，经过20多天的辛苦颠簸，毅然回到祖国，受聘为北方交通大学唐山工学院建筑系讲师。

从此，他几十年如一日，在城市规划和建筑领域开展深入的教学研究和实践，取得了不凡的学术成就，并育人无数。

学成归来，为自己的国家服务

这么多年，国家和人民养育了你、培养了你，不能为外国人服务。我们国家在很多方面都比不上发达国家，要迎头赶上，要超过世界各国。祖国和人民需要我们，我们必须回去，为自己的国家服务。

采访者　20世纪40年代，您在美国留学，获得美国伊利诺伊大学建筑学和城市规划双硕士，却于1950年初毅然选择回国。是出于什么考虑做出这样的选择呢？

沈玉麟　我是1950年1月从美国旧金山回到天津的。在美国留学的时候，我就参加了中国共产党的外围组织，介绍人是华罗庚。后来响应党的号召，从美国回来，以自己的学识报效祖国。

华罗庚是我们国家派到美国去任教的最有名的数学家，很有爱国热忱。在美国的时候，每个周末，华罗庚都要把我们这些进步的留学生召集到他家里，分析政治形势，探讨国家大事。他希望我们不要在美国工作，学成后要回到自己的祖国，为建设新中国而努力奋斗。

"这么多年，国家和人民养育了你、培养了你，不能为外国人服务。我们国家在很多方面都比不上发达国家，要迎头赶上，要超过世界各国。祖国和人民需要我们，我们必须回去，为自己的国家服务。"华罗庚说。这些话给我留下了深刻的印象。

采访者　您是新中国成立后第一个回国的建筑系留学生？

沈玉麟　是的，我是新中国成立后第一批回国的留学生之一，第一个回国的建筑系留学生。当时，教育部的副部长在轮船码头迎候我们，周恩来总理先后和我们座谈了三次、接见五次。周总理对我们回国的举动提出表扬，并在百忙中多次抽出时间，认真听我们介绍国外的大学教育、研究生教育情况。他说：对中国的办学，我们要想出一些更好的办法，要超过美国以及世界其他各国。因为过去国民党的教育不合格，所以我们共产党有办好教育的任务。

峥嵘岁月，半世纪倾情新中国城市规划

在这近60年中，我难忘的经历，是为了提高自己的学术水平，提高我国的城市建设水平，曾向日本和西方发达国家学习，学习这些国家在建筑设计、城市规划和建设方面的成功经验。

采访者 从20世纪50年代至今，您一直从事城市规划的教学、研究和实践，您认为个人对新中国城市规划最突出的贡献体现在哪里？

沈玉麟 从1954年开始（那时我33岁）到2002年（那时我81岁），我一直在天津大学从事城市规划的教学、研究和实践工作。我个人对城市规划工作做了一些我应该做的本职工作。

第一，1954年我国各大学有城市规划系的仅有两所大学，即上海的同济大学和北京的清华大学。我们天津大学是第三个开设城市规划专业的高校。那时我们天津大学的建筑系领导是徐懋德教授。他说他曾在台湾做党的地下工作，台湾的大学有城市规划系，我们大陆也必须创建这个城市规划专业。我从1954年开始，一直在天津大学建筑系工作，后来还担任过城市规划教研室主任和城市规划教研室中共党支部副书记。

第二，从1954年开始，我被天津市政府城市规划学术委员会党组书记和主任毛昌五同志聘任为天津市城市规划委员会学术顾问。每两周在市政府召开一次研讨会，对天津市城市规划条例的制订、修改以及到各个落实建设的场地作实地调查和提出落实或修改的意见。

第三，从1954年开始，我参加了天津市政府城市规划学术委员会组织的调查研究活动，到国内外一些在城市规划建设方面做得好的城市进行实地调研，采取相互交流和相互借鉴的办法，与我国各地和世界若干国家（如日本、德国、法国、荷兰、英国）互相介绍自己的规划建设情况和规划建设中的一些主要问题和疑难点，并互相进行学术交流和实地观摩。

采访者　在这些年里，您有何最难忘的经历？为什么？

沈玉麟　我难忘的经历，是为了提高自己的学术水平，提高我国的城市建设水平，曾向日本和西方发达国家学习，学习这些国家在建筑设计、城市规划和建设方面的成功经验。

"天津特色"：让中西新旧有机共生

既在自己本地的社会历史和文化的丰富遗产上继承发展，又不排斥接受新事物、新技术以及象征着时代前进的建筑形式，这样的城市必将更美。

采访者　天津是一个历史悠久的城市，有着深厚的文化底蕴。在城市发展中，您认为应如何对待历史文化遗产？有何经验教训？

沈玉麟　天津是一个有着悠久历史的城市，我认为天津的城市特色主要是应该更好地保护好历史性建筑。这些历史性建筑有着有形的和无形的历史文化遗产的底蕴，是十分珍贵的。事实上，天津市已经将这些历史性建筑进行了保护，工作做得很扎实、很完美，天津市政府和人民都是十分满意的。

另外，近年来天津进行的建设，大多考虑到天津的特点和风格，注重可识别性——区别于其他城市的特点，强调历史连续性。尤其是一系列颇有特色、"津味"十足的建筑的建成，使这一北方最大的工业城市在人们心目中陡然升高了它的文化地位，从中也使人们看到了天津在建筑风格中寻找个性创造的轨迹。

采访者　在天津生活了几十年，您认为天津的城市特色主要体现在什么地方？应如何塑造天津特色？

沈玉麟　我从1952年起在天津定居并从事教学工作，我对天津的城市特色，是十分满意的。它体现在非常重视保护历史遗产。这使天津城市既能保护好历史遗产，又能使天津的城市面貌有古有今，既有创新的新建筑，又有保护好的历史性建筑。天津市的市容面貌是美好的，是具有"天津特色的"城市。

既在自己本地的社会历史和文化的丰富遗产上继承发展，又不排斥接受新事物、新技术以及象征着时代前进的建筑形式，在城市空间的组织上又进行必要的引导和控制，使城市景观有变化，有过渡，有对比，有呼应，呈现出规律性的统一和谐，这样的城市必将更美。

要塑造天津特色，表现新时代的天津，就需要沿着现在开辟出来的"中西、新旧的'有机共生'，寻求个性创造"的路子走下去，通过一批个性鲜明的建筑来体现城市的建筑风格与特征。只要我们注重文化的延续和地方特色的挖掘，我们的城市就能够在相同的条件下，展现出不同于其他城市的艺术风貌。

可以相互交流，不能"崇洋媚外"

我个人认为，这些外国专家为中国做的规划设计，我们可以作为借鉴，作为国家与国家之间的相互学习、相互交流，这是可以的。但不应具有崇洋媚外思想。

采访者　您对外国城市建设史深有研究，您认为我国城市规划建设应从国外借鉴什么？

沈玉麟　我在天津大学任教时，教过外国城市建设史。我认为现在我国的城市规划和建设应继承我国原有的老经验、新经验，同时也应借鉴和提升国内和国外城市建设的新经验。我在教学过程中，曾带领天津大学城市规划研究生很多次赴外地作城市规划实习。在实习过程中，先后帮助过我国44个城市提出修改意见，其中有口头叙述的，也有我执笔动手作修改工作的。

采访者　作为一个曾经的殖民城市，天津有很多租界，您认为应如何看待这些租界？它们给天津带来了什么？今天，它们对天津意味着什么？

沈玉麟　天津曾经是殖民城市，曾经有很多租界。这些租界地的世界各国老建筑，是我们天津市十分美好的历史性建筑遗产，可以保留和维修，古为今用，洋为中用，以丰富和提升天津市的市容面貌和历史底蕴。

采访者　最近几年，很多地方领导非常热衷于请国外的力量做自己城市的规划设计，大有崇洋媚外之风。对这种现象，您怎么看？

沈玉麟　最近这几年，很多地方领导非常热衷于请国外的力量做中国城市的规划设计。我个人认为，这些外国专家为中国做的规划设计，我们可以作为借鉴，作为国家与国家之间的相互学习、相互交流，这是可以的。但不应具有崇洋媚外思想。

外国专家不容易做好中国的城市规划设计

请外国人做中国的城市规划设计，应认真对待。

他们不了解中国社会主义制度的真实内涵，不了解中国人民的真实生活、真实爱好，以及中国作为社会主义国家为人民、为全人类谋福利的基本政治要求。

采访者　请外国人做自己城市的规划设计，究竟给我们带来了什么？

沈玉麟　请外国人做中国城市的规划设计，应认真对待。这种现象需要改变。我个人认为，外国的城市规划工作者，对中国的社会实情、生活传统、生活内容、生活习惯和对中国城市在政治上、艺术上的要求，是不甚了解的。如果外国城市规划专家不了解中国人民的政治要求、生活要求、生活习惯和艺术要求，那也很不容易做好中国的城市规划设计。因为他们不了解中国社会主义制度的真实内涵，不了解中国人民的真实生活、真实爱好，以及中国作为社会主义国家为人民、为全人类谋福利的基本政治要求。

城市规划教育与城市规划实践是一对双联体

要根据国家要求，努力提高城市规划的教学水平，才能为国家、为人民培养出又红又专、为祖国城市建设事业作出突出贡献的一代新人。

采访者　您从20世纪50年代开始就在天津大学工作，作为历史的见证者，您能否介绍一下天津大学城市规划学科建设的有关情况？

沈玉麟　天津大学城市规划学科建设的具体情况，我不太了解。2002年，我81岁，因年老体弱，退出了教学岗位。我能知道的只是一些最基本的概念。即现在的天津大学对城市规划学科建设在人员上、组织上、教学工作、研究生工作作出的贡献，是有增无减的。天津大学的城市规划学科一直在发展，一直在前进中。

采访者　全国现在已有100多所高校设立了城市规划专业。

沈玉麟　我已88岁高龄，年老体弱，未能在一些院校进行调查访问，对情况不甚明了。但我知道，天津大学的城市规划学科一直在前进中、发展中。就办学成绩和学科建设而言，与这些院校相比，我认为，天津大学仍是名列前茅的，在全国仍是若干领先者之一。

　　天津大学的前身是北洋大学。北洋大学是1895年我国创办的第一所大学，后来北洋大学创设了建筑系，是我国最早设有建筑系的大学。天津大学开办建筑学院后，一直延续北洋大学的优秀办学传统和优秀学风。

采访者　您对城市规划专业教育有什么样的想法？

沈玉麟　我希望全国有城市规划专业的院校能再上新水平，有新的成就和新的贡献。城市规划教育与城市规划实践是一对双联体。要根据国家要求，努力提高城市规划的教学水平，才能为国家、为人民培养出又红又专、为祖国城市建设事业作出突出贡献的一代新人。

规划师的职业道德：不为利来利往

　　规划师必须爱国，不贪污、不图钱，搞城市规划必须老老实实。要有高尚的思想品德，愿为党和国家献出自己一生的精力，全心全意为人民服务。

采访者　您认为规划师应该有什么样的职业道德？当前存在什么问题？

沈玉麟　规划师必须爱国，不贪污、不图钱，搞城市规划必须老老实实。要有高尚的思想品德，愿为党和国家献出自己一生的精力，全心全意为人民服务。

现在某些规划工作者身上存在一种不良倾向，即忽视职业道德，这个问题在规划界比起土木、机电、水利、化工等领域更为突出。

在我们的城市规划行业，如果仅仅是为了钱而规划，可以潦草地解决问题，不用费多大工夫的。而当今很多规划方案往往都是听从领导、听从投资商，提笔画画而已。当然我不能就此说全国规划界都如此，但是在实际生活中，确实碰到不少类似的情况。

另一个值得注意的倾向是现在不少单位政治思想工作薄弱，这是一个危险的信号。我以为现在规划界确有业务方面的问题，但是更加值得注意的是政治思想、职业道德和个人品德方面的问题。

参考文献：

1.《也谈职业道德问题——沈玉麟教授致金经元教授的一封信》（《城市规划》，1996年第2期）。

2.《在中西新旧的有机共生中寻求个性的创造——新时期天津建筑风格探讨》（《天津社会科学》，1987年第4期）。

采访后记 **敬意油然而生**

2009年5月19日，我们如约到天津采访沈玉麟先生。

已过88岁的沈先生，刚刚动过手术，他拄着拐杖，走路有些颤颤巍巍，但双目炯炯如炬，拐杖落在地上的时候，也是那么铿锵有力。

听力完全丧失，做事却那么认真，我们事前提交的采访提纲，他一字一句认真回答，密密麻麻、工工整整，写了满满五页纸。桌上还准备了笔和纸，如果我们还有不明白的问题，可以书面方式提问。

"我岁数大了，耳朵聋的，这个访问的工作做不了。你们提问，我回答，这样有的放矢。"沈先生说。

"我是一个爽爽快快的人，回答不会有出入的，是怎么样我就怎么说。早在美国留学的时候，我就参加了地下党，是老党员了，你们尽管问。"沈先生的眼睛坚定而有神。

我们有些感动。敬意也油然而生。

虽然，也许已经被部分遗忘（网络搜索，鲜能找到介绍沈先生的文字），但以沈先生为代表的这一代人，他们是新中国城市规划事业的奠基者，是真正的脊梁。

沈老是新中国成立后，第一个回国的建筑系留学生。1950年1月，搭乘海轮，经过20多天的颠簸，从美国旧金山回到天津，当时，还受到了周恩来总理的多次接见。

他的赤子之心，仍然那么火热。他的话语、他的眼神，向我们传达着他时至今日依然如此坚定的信念。

"作为建筑师，你必须是爱国的，是一个不贪污、不图钱的人，搞城市规划，特别是教书的，必须老老实实。"

"如果一个人没有正义，学问是上不去的。"

"能工作多少年，能活多少年，这是次要的，学问做得好不好也并不十分要紧，但必须始终保持爱国的道德情操。"

"要为党和人民献出自己一生的精力，为人民服务。"

"我这一辈子，没有对不起国家，没有对不起人民，也没有对不起前后左右的人。"

……

发自肺腑，铿锵有力。

但他又是低调的，从来不宣扬自己。在场的沈夫人告诉我们，她也是昨天才知道沈先生曾受到周总理的多次接见。

勤勤恳恳做学问，视名利如浮云。几十年教书育人，他从来不吃"老本"，总是教授最新的知识与学问。先后教过十几门课，几乎每一门课都是现编现讲、手写讲稿。

对于历史文化名城而言，最好不提改造，以"保护古城区、开发建设新城区"的提法为好。

罗哲文 1924.6～2012.5

四川宜宾人。1940年考入中国营造学社，师从著名古建筑学家梁思成、刘敦桢等。1946年起，在清华大学与中国营造学社合办的中国建筑研究所及建筑系工作。1950年后，先后任职于文化部文物局、国家文物局、文物档案资料研究室、中国文物研究所等，曾任国家文物局古建筑专家组组长，中国文物研究所所长。中国城市规划学会资深会员。

罗哲文先生毕生致力于中国古代建筑维修保护和调查研究、历史文化名城保护研究、世界遗产申报与保护等工作，全中国100多座国家级的历史文化名城他都亲自考察过；多年奔走，为使长城成为被保护的世界文化遗产而不遗余力，他被誉为"万里长城第一人"；此外，与一些老政协委员共同倡议了"大运河申遗"。

新中国成立以来，拆与保的争论从来就没有停止过。——即便今天，历史文化遗产的保护已经被提到一个非常重要的位置。

师从梁思成先生，在古建筑领域从业近70年，一生为文物和古建筑的保护而奔波，罗哲文先生被誉为德高望重的"文物守护神"，与单士元、郑孝燮一起，并称为文物保护的"三驾马车"。但与此同时，他也因"态度不显锋芒"而被归为文保专家"温和派"的代表。

怎样处理保护与发展、改善百姓生活与文物保护的矛盾？罗哲文先生坦言："我不反对改善老百姓生活，我也不反对文物保护。我是主张和谐的。""不是宽容，我主张实事求是。"

师从梁思成，实事求是看待"梁陈方案"

我们今天回顾历史，也要实事求是，根据当时的情况来评定。现在舆论往往是一边倒，高度评价"梁陈方案"，对华南圭先生的方案颇多质疑，说他是"拆派"。其实这也是有失公允的。

采访者　您从1940年开始师从梁思成、林徽因夫妇，从此迈入中国古代建筑神圣殿堂的门槛。

罗哲文　抗日战争爆发后，许多机关单位搬到了四川，中国营造学社也从北平迁到了四川宜宾的李庄。1940年，我读完高中，刚好在报纸上看到中国营造学社招收学员的告示，觉得很有兴趣，就去投考。结果考上了，从此师从梁思成、刘敦桢、林徽因先生，与古建筑学结缘。1946年，我又随中国营造学社来到北平，成为清华大学建筑系主任梁思成先生的助理，同时在研究所里工作。

采访者　师从梁先生和林先生，您印象最深的是什么？

罗哲文　梁思成和林徽因先生都喜欢古建筑，并且有很好的古文学功底。他们也都很重视规划。

我记得在营造学社的时候，有一个刊物，叫《营造学社会刊》，1944年曾经专门刊出一些关于古建筑以及规划的文章。1946年梁思成先生被任命为清华大学建筑系主任，他应邀参加联合国大厦的建筑设计，考察"战后美国的现代建筑教育"的计划也被批准。1947年，梁思成访美回国以后，他把自己的视野从单一的建筑转向了城市，他认为建筑系的任务已不仅仅是培养设计个体建筑的建筑师，还要造就这种广义的形体环境规划人才。因此，将建筑工程系改名营建系，专门开设了市政、规划两个专业。他认为从长远看，应设置营建学院，下设建筑系、市镇规划系、造园学系、工业艺术学系。

同年，梁思成先生在清华大学营建系开设了"市镇计划"的课程，我也跟从老师学习都市计划、市镇计划并协助他整理一些资料。这时营建系得到了一本第二次世界大战以后出版的一位英国伦敦警察局副总监所写的《都市计划与道路交通》的小书，梁先生对这本书给予了高度评价，并把它交给陈应铨先生和我来翻译，陈应铨担任译文，我负责绘画。虽然这本书主要是讲城市规划与道路交通问题，不是历史城市保护的书，但也提出了在改善城市交通中，"要尊重和尽可能地保存前些世纪遗留下来的古典的建筑文物（纪念物）"的问题。

新中国成立后，1949年，北京市成立了都市计划委员会，彭真担任主任，梁思成担任副主任。此时，陈占祥也从上海来到北京，进入都市计划委员会工作。1950年2月，他与梁思成一起，共同完成了《关于中央人民政府行政中心区位置的建议》，提出保护古城，另建西郊新中心，史称"梁陈方案"。

采访者　今天回过头来看，您如何评价"梁陈方案"与华南圭方案之争？

罗哲文　我们今天回顾历史，也要实事求是，根据当时的情况来评定。现在舆论往往是一边倒，高度评价"梁陈方案"，对华南圭先生的方案颇多质疑，说他反对梁思成、不愿意保护，是"拆派"。其实这也是有失公允的。

华南圭先生也并不是说不保护古城，只是在具体哪些应该保护、哪些可以拆除方面，他的意见和梁思成先生有分歧，他们的认识不太一致。

采访者　在具体保护内容方面有分歧，根本立场其实是一样的。

罗哲文　是这样。很多东西，梁思成先生都不主张拆，华南圭则认为有一些东西可以拆。当时的北京市副市长吴晗，他也不是说全要拆，但是根据当时的历史条件，有些的确没法再保护了，不得不拆。如帝王庙牌楼，梁思成先生也同意拆了。

　　"梁陈方案"的核心是：为疏散旧城压力，行政中心西移，在西面建新城。具体建议是：拓展城外西面郊区公主坟以东、月坛以西的适中地点，有计划地为政府行政工作开辟行政机关所必需足够的用地，定为首都的行政中心区域。

　　其实另建新区的建议，华南圭很早就提过。他是在1949年新中国成立以前，以北京市人民代表的提案方式提出来的。

采访者　但在当时的历史条件下，中央很难接受、采纳？

罗哲文　我们要实事求是，不能以现在的现实来评判历史。新中国成立初期，美帝国主义要消灭新中国，朝鲜战争中美军已经要打到鸭绿江，而蒋介石则要反攻大陆，政治形势非常严峻。我们有内忧外患。与此同时，我们的财力也非常有限，另建新城，那得要多少钱？当时的确又没有钱。

采访者　现在回过头来看，"梁陈方案"和后来中央采纳的方案之间的冲突，可以说是学者的理想与社会的现实之间的冲突吧？

罗哲文　对。当时如果具备条件，采纳梁陈方案，那当然很好，我也是非常赞成的，北京的古城基本上就不会有多大破坏。

　　但当时我们的经济基础很差，很多学校、机关都用的是古建筑，其中好多还是王府。也有些单位在寺庙办公，而且有的庙里还开了工厂。这种情况持续了很多年。以大钟寺为例，直至"文革"后，那儿还是一个罐头厂。

保护与发展：可以两全其美

不管是评判历史还是分析现代，我们都要实事求是。

对于历史文化名城而言，最好不提改造，以"保护古城区、开发建设新城区"的提法为好。

采访者　　新中国成立之初，虽然认识到位，但受限于经济实力，而做了无奈的选择，在发展中丢了不少老祖宗留下的宝贝。而今天，经济社会得到了很大发展，我们有钱了。但仍然有不少的历史文化遗产被毁掉，仍然时常面对保护不力的批评之声。对此，您怎么看？

罗哲文　　同样，也要实事求是。不管是评判历史还是分析现代，我们都要实事求是。发展是硬道理，历史文化名城也要发展。关键还是认识问题。在一些历史文化名城的建设发展中，出现过不少大规模毁坏古城区的情况，有些人甚至认为保护就是妨碍发展，这样的人现在还有，这更是在认识上存在误区。

　　　　　　事实上，城市发展和保护并不是一个绝对的矛盾，至少不是根本性的矛盾，出现的问题都是可以解决的。城市发展和保护可以做到两全其美。

　　　　　　现在与前些年相比，大家的认识水平已经有了很大提高。比如现在很多城市的市长、书记，对于申报国家历史文化名城非常重视，亲自到会，主持会议。而且前些年，同样是这个城市，对此根本就不积极。如江苏无锡市等。

采访者　　过去，有些城市害怕戴上"历史文化名城"的帽子，怕影响发展。

罗哲文　　实际上，历史文化名城保护完全可以与经济社会发展相互协调、相得益彰。通过保护，你可以取得更好的发展。并不是说一谈保护，就不能发展了。过去，我们在这方面的宣传工作做得很不够。

采访者　　对一个城市而言，保护和发展，二者并不对立。但如何处理这二者的关系？伴随旧城改造的滚滚车轮，我们丢失了不少弥足珍贵的历史文化遗产，几乎每个城市都有这方面的教训。

罗哲文　　这也是一个认识的过程。20世纪50年代初期，人们认为烟囱林立浓烟滚滚就是现代化，所以拆城墙，拆大街上的牌楼，把有碍交通的古迹都拆了。因为当时社会没发展到今天这个地步。现在城市要发展，对陈旧落后的基础设施加以必要的改造是理所当然的。

　　　　　　但我认为，对于历史文化名城而言，最好不提改造，以"保护古城区、开发建设新城区"的提法为好。保护中有改造，改造中有保护，虽然是二字之差，却会带来不同的导向和后果：若提保护则以"保"为前提，若提改造则以"改"为前提了。

这一点上，中外都有可以借鉴的例子。巴黎、罗马都是历史久远的古城，在城市建设上，就采取了原样保护古城区，另外开辟新城区的做法。我国云南的丽江、山西的平遥和陕西韩城等不少城市也采取了相同的办法，古城得到了很好的保护，丽江古城、平遥古城都被接纳为世界文化和自然遗产，名扬中外，吸引了大批旅游者，经济效益和社会效益都很好，古城保护和新区发展可以说是两全其美。

对于历史文化名城，可以因地制宜，采取不同的方式予以保护。有条件的、旧城还比较完整的，最好是另建新区，不要在古城里面建新楼、搞工业，这样至少可以减少一些矛盾。

当然，不可能全都是完整保护。要采取不同的方式，而且要和城市的经济发展部门协作，让他们也认识到保护的意义所在，这就好办了。

政府主导，限制开发商

应该是以政府为主导，群众广泛参与，而不是单纯交给开发商。

开发商要赚钱，这是没有问题的，但关键是不要追求暴利。现在不少开发商追求暴利，破坏性就非常大。

采访者　您认为目前保护不力的主要问题出在哪里？

罗哲文　目前的主要问题就是在房地产开发上。在城市中的保护区域，对房地产开发、对新建筑应予以限制，防止开发商的短视行为造成损失。

房地产开发是要赚钱的，而且是赚得越多越好，拆了1平方米的老房子，最好能让他盖10平方米，那就是高楼了。但是你不能让他这样做，你也不能要求他保护这个、保护那个。政府应该加以控制，要予以限制，你拆1平方米，最多只能增加多少，要有个合理的尺度。过去我们有些地方没有控制好，主要责任还是在政府。

采访者　政府调控，规划是主要手段。

罗哲文　我们的经济要发展，城市也要发展，但要通过制定发展规划处理好保护和发展的关系。在城市发展中，应该及早根据不同地区、不同城市的具体情况制定规划，在规划上把该保护的保护起来。像需要保护的重点文物、历史街区、各种人文遗迹、代表历史文化名城的标志性建筑乃至大的城市格局等等，都要在规划中予以保留。

城市发展规划的制定要有长远眼光，切忌急功近利。制定一个好的规划，还要保证执行的力度，一旦制定就不应随便修改，哪一任地方政府都应执行。

采访者　规划往往在执行中会遇到问题。

罗哲文　"西湖第一高楼"就是一个典型的例子。

2007年1月，曾经号称"西湖第一高楼"的浙江大学湖滨校区教学主楼被成功爆破。在1991年建这个楼的时候就有争议，因为离西湖太近，破坏了西湖风景。现在被炸掉了，这当然是件好事。但结果呢? 72米的高楼刚刚炸掉，85米高的建筑就要拔地而起——规划中的"新第一高楼"建筑群还要在那里盖一个更高的楼。

在《杭州市城市总体规划》、《西湖风景名胜区保护规划》以及杭州西湖地区的控制性详细规划中，对西湖湖滨地区的建筑限高是25米。这可远远超出了限高25米的规划! 我和周干峙、郑孝燮、孟兆桢、谢凝高都是杭州的顾问，听说这个消息，赶快去了，并且也见到了市委书记。书记对这件事也很重视，但问题是，这块地是属于浙江大学的，前几年就已经卖了，而且卖了十几个亿。

后来我们给他们出主意: 最好的办法就是由当地政府出钱，把这块地再买回来，作为绿地，然后给他另外的地方去盖高楼。他们提出来削减三分之一的高度，由原来的85米降为65米，我们没同意。规划是经国务院批准实施的，必须严格执行，不能突破25米的限高。

采访者　我们要借助规划手段，保护好城市的历史和自然遗产。假如没有事先做好规划，我们就没法去阻止新西湖第一高楼的诞生，缺乏一个强有力的武器。

罗哲文　是的，我们必须先把规划做好。正如梁思成先生说过的: 规划是龙头，一个城市，如果一个建筑弄坏了，还可以拆了重来，但如果一条街弄坏了，就没法拆了重来。

听大师讲规划

而且规划要层层向领导汇报，并向群众广泛宣传，做到众所皆知，让大家一起来监督执行。

现在大家对规划越来越重视了，这是件好事。

采访者　历史文化名城中的一些重要地段，不能轻易交给开发商？

罗哲文　应该是以政府为主导，群众广泛参与，而不是单纯交给开发商。当然，也有一些开发商还是不错的，开发商主导也有过成功的例子。比如我记得北京有一个开发商，他可能是在国外起家的，回国后，就想投资来修北京的四合院。他把四合院修好了，用作高档的用途，结果也不赔钱。

开发商要赚钱，这是没有问题的，但关键是不要追求暴利。现在不少开发商追求暴利，破坏性就非常大。

我不是宽容，我主张实事求是，这就是科学发展观

我不反对改善老百姓生活，也不反对文物保护。我是主张和谐的。就危改和旧城保护而言，保护文物非常重要，但必须首先改善老百姓的生活条件。

采访者　关于圆明园修复的争议由来已久，而浙江横店要以1：1比例重建圆明园的提议已被否决。能否就此谈谈您的看法？

罗哲文　关于圆明园修复，形成了两派争论，"废墟派"占上风。我是主张复原的，一片杂草之地起不了教育作用。圆明园是真正了不起的历史园林，但被帝国主义毁坏，非常可惜。现在能看到的是西洋楼的废墟，但西洋楼并不是圆明园的精华，只占其中的百分之几，而且是引进的外国建筑。

当然，圆明园不能全部修复，我主张修复一部分，而且要有对比，将被破坏的样子和修复后精美绝伦的状态作对比，才有教育作用。目前圆明园的修复，国家已经批准了，确定要修复十分之一。但具体怎么修，也还是个难题。

关于浙江横店那个，我也是支持修的。很多专家认为，这是与北京的圆明园唱对台戏，其实完全不是这么回事，它只是要让人家能够看到当年的盛景。或许大家看到它，会更想去看看烧毁的遗址。另外，横店是一个影视城，也修了一个

故宫作为拍戏背景之用，它是建立一个影视基地，发展文化产业。我不反对搞文化产业，你修什么都可以，但是它不是文物。在那重建圆明园与文物毫无关系。现在，横店圆明园被否决，也与文物无关，主要是乱批地的问题。

采访者　在文物保护中，专家之间的意见往往也不统一。也有些人批评您在旧城保护上"过于温和"。对此，您怎么看呢？

罗哲文　我不反对改善老百姓生活，我也不反对文物保护。我是主张和谐的。就危改和旧城保护而言，我一直在说，保护文物非常重要，但必须首先改善老百姓的生活条件。

采访者　您是比较宽容的。

罗哲文　我不是宽容，我是坚持实事求是。以北京四合院为例，有些没有价值的，甚至是破坏性的建筑，该拆的还得拆，但是对于其中有价值的，我是主张要坚决保护的。

　　当然，到底还有没有保护的价值，专家们的意见也只能是参考，需要大家一起来商量，不能光听一些专家的，老百姓也可以监督。需要实事求是，建立一个协商的机制。政府要和专家、百姓一块来商量，该拆就拆，该修就修。历史文化名城，并不是一点也不能动，要根据客观情况，坚持实事求是，共同协商。

　　对于一些具体问题，我是态度鲜明的，但必须是在了解情况的基础上来发表意见。

采访后记　# 年逾八十犹奔波

　　2009年4月23日，我们如约到罗哲文先生家里采访，他刚刚拖着疲惫的身躯从外地回来。而采访期间，他的电话、手机几次响起：近期，为了古建筑保护的事情，他又要到外地出差。

　　作为梁思成、林徽因夫妇的得意弟子，罗哲文有着传奇的一生。他追随恩师保护文物和古建筑，甚至使日本京都、奈良免于战火；他和专家们曾力保北京团城，否则团城早已变成笔直的大马路；他50多年来一直主持维修长城，被称为"万里长城第一人"；他为我国的世界遗产申报工作上下呼吁，为京杭大运河申遗奔走……

虽然，个人著述算不上十分丰富，但是，"走的地方、做的工作、写的报告、提的意见太多了，政协的提案和发言也写得太多了，数也数不清。"

已经85岁高龄，对于许多同龄老人来说，已是颐养天年的时候。但是，这位身材并不高大、精神依然矍铄的老人，仍在为历史文化遗产的保护而四处奔波、忙碌着，经常是提起箱子就走，下了飞机又上火车。出差，对他来说是家常便饭。

在采访中，他的声音也因为疲惫而有些沙哑。

建大广场易　保古建筑难

最能体现城市个性和特色的，往往是那些古老的建筑和历史街区。对于领导者来说，能够把这些保护下来，才是最大的本领。

毛昌五　1918.8～2015.12

山西新安人。1937年参加工作。曾任天津市规划局局长，天津市建委主任，天津市政府顾问、党组副书记。中国城市规划学会资深会员。

1976年唐山大地震，天津也遭遇了特大灾害，毛昌五先生组织人员连夜编制了天津市六大片重灾区重建规划。他还组织编制了天津市三年重建规划，组织完成了天津市三年恢复重建工作，领导了引滦入津工程建设等。他非常注重环境保护和文物保护，曾提出了保护和修复长城的许多意见和建议，重视对天津盘山风景区的保护。注重教育和文化建设，力主创办了天津城市建设学院。

在天津规划人的心目中，毛昌五是一个响当当的名字。这位年过九旬的老人，曾经戎马生涯、亲历百团大战，1956年起情系津沽方圆、倾注数十年心血，留下了诸多"传奇"，也在天津规划史上书写了浓墨重彩的一笔。

然而，在采访中，他对自己精彩的个人经历避而不谈。关注最多的是当前大发展、大建设的时代，我们如何保护好城市的历史文化遗产。

理念可以更新，规划必须坚守

当前全国各大、中、小城市正处于建设发展的高潮阶段，新的理念与坚守规划时有冲突，解决好这个问题，是很高的领导艺术。

采访者　作为天津市规划局的第一任局长，您从1956年起主持天津城市规划、建设、管理工作，一直到离休。回顾这些年，您印象最深的是什么呢？

毛昌五　回顾新中国成立以来城市规划的历史，总结其中的经验教训，探讨下一阶段应该怎么办，这是一件很有意义的事情。现在咱们国家到处都在改造、建设、发展，新的东西在人们头脑中占据重要位置。如何用科学的规划来保证城乡健康发展？这是一个很重要的问题。

我从1956年开始做城市规划、建设和管理工作，一直到离休。几十年来，在规划和建设中做了许多事，有经验也有教训，成功的事不少，失误的事也有发生。当前全国各大、中、小城市正处于建设发展的高潮阶段，新的理念与坚守规划时有冲突，解决好这个问题，是很高的领导艺术。城市规划必须以城市规划理论为依据、科学技术做指导，在实践中保护城市特色与个性，要有城市自己的风格、自己的味道，要警惕城市雷同化之风。

采访者　您认为在实践中保护城市特色与个性，规划可以怎样有所作为？当前存在什么问题？

建大广场易　保古建筑难

毛昌五　　规划执行与城市特色是当前城市建设面临的两个问题。每一个城市的形成不同，有的是千年或几千年的历史，有的是几百年的历史，无论其形成时间的长短，每个城市都有自己的建设史、发展史，都有自己的特色。规划是综合城市发展各个历史阶段和自然生态的最高体现，把长远的理念、近期的前沿科技、城市建设和民风民俗，形成一个阶段建设发展的理论依据。城市的特色必须坚守，严格保护，让人们都清楚地知道自己城市的概貌和特色。特别是城市正处在建设发展的高潮阶段，要特别注意马路一样宽、楼房一样高、广场一样大、喷泉一样多的建设"新手法"。千篇一律好搞，保护特色难办。

　　规划执行与保护城市特色，是当前建设中的一大矛盾，是当前利益与长远规划的矛盾，城市的规划与管理是随着经济发展变化而不同，新建筑的增多是城市发展的必然趋势，这是一件大好事。但古老建筑物的逐步消失，必须引起我们的高度注意。

城市发展：没有过去就没有现在

　　盖高楼、修马路、建广场不算本事。不管什么领导、有多大的本事，你应该把这个城市的特色突出出来。而特色体现在哪里？往往是那些老建筑和历史街区。

采访者　　如您所说，城市应该在保护中发展，在发展中注意保护，让城市的特色和地方味道永远不能消失。但现在很多城市在现代化建设中失去了原有的味道。

毛昌五　　虽然已经退下来20多年了，但我对规划工作一直都很关注，愿意到处看看，不光天津，也到了许多其他城市。我感觉，每个城市，都应该有自己的特色、自己的个性，但往往走了许多城市，都是高楼、广场、草皮什么的，看了一个就不用再到别的地方去看了，都差不多。这样发展下去，我们中国五千年的历史文化会怎么样呢？

　　因此，我现在思考最多也是忧虑最多的，就是这样一个问题：在当前这样一个城市大发展、大建设的时代，我们怎样保护历史文化遗产？如何处理新与旧的关系？

采访者　这确实是当前我们面对的非常突出的问题。您认为应该怎么办?

毛昌五　一个城市,不管怎么样,不管什么领导、有多大的本事,你应该把这个城市的个性保存下来、特色突出出来,这是最大的功绩。说真的,都搞成一个样好办,建全新的东西不算本事。盖几栋高楼、修几条马路、建几个广场,这很容易,只要有钱,谁都能干。

　　然而,城市的个性和特色体现在哪里?城市发展不能不看一下历史,没有过去就没有现在。最能体现城市个性和特色的,往往是那些古老的建筑和历史街区。因此,对于城市领导者来说,能够把这些保护下来,这才是最大的本领。那些老的东西,你弄掉一点就少一点,如果你把它们毁了,就再也不会有了,即便以后恢复,也成了假的。

　　以天津为例。天津是历史文化名城,曾有一段使人不能忘记的痛心的历史——"租界地"。帝国主义的殖民政策把天津分割为英、法、俄、德、意、日、比等国"租界地",所有租界地都按各国自己建筑风格进行建设和管理,各自为政,互不沟通,所有的租界地大都分布在海河两岸,是天津的中心地带、区位好的地方。在他们分割霸占期间,建成不少异国风情的建筑,如英租界的"五大道",意租界的住宅以及兵营、俄国领事馆等,这些建筑记载着天津的历史悲剧;也记载了劳动人民的智慧和创造,同时为今天天津的建设发展增添了世界建筑文化特色,我们应该把各种风貌建筑保护起来,从建筑文化的大范畴,拿来为我所用,进行继承和创新。

遗憾和坚持:"小洋楼"的围墙变迁

围墙也是"小洋楼"的一部分,怎么能说拆就拆呢?

现在"老头儿"在,围墙在。假如有一天"老头儿"不在了呢?围墙还能留住吗?

采访者　五大道的"小洋楼"是天津非常重要的历史建筑。从您担任规划局长开始,就已经对五大道进行了严格的保护。

毛昌五　是这样。"北京四合院,天津小洋楼"。"小洋楼"是天津近代建筑的代表佳作，而五大道是"小洋楼"最集中的地方。天津第一轮城市总体规划的几个亮点之一，就是发扬近代建筑文化——五大道的综合整治和保护。

这几年，五大道的"小洋楼"建筑本身基本上没有太大变化，但是遗憾的是大部分"小洋楼"原来的围墙都被拆掉了，换成了铁栅栏。其实，原来"五大道"建筑群的方孔式围墙也是一大特色，设计很巧妙，和"小洋楼"一起，共同构成了"五大道"独有的幽雅沉静的温馨氛围。

采访者　现在除了您家以外，其他都换成铁栅栏了？

毛昌五　是的。围墙也是老建筑的一部分，怎么能说拆就拆呢？当时拆围墙的时候，我在医院住院，听说后很着急，赶紧去找了市里的领导，坚决不让拆这个围墙。就这样，总算把我家的这个围墙保住了——"老头儿"说话了嘛，人家也不好硬拆。

可要是以后我这个"老头儿"不在了呢？这个围墙是不是还能保留住？这就很难说了。

人民城市人民建：听听百姓说什么

领导要考虑地方经济发展，这本身没错；但也不能光听投资商的，被项目牵着鼻子走。

采访者　保护历史建筑、弘扬城市特色，是当前的重要课题。需要我们不断地总结经验教训，加大宣传力度。

毛昌五　每一个城市的形成不同，有的是千年或几千年的历史，有的是几百年的历史，无论其形成时间的长短，每个城市都有自己的建设史、发展史，都有自己的特色。新建筑的增多是城市发展的必然趋势，这是一件大好事，但古老建筑的逐步消失，必须引起我们的高度关注。

在当前城市现代化快速发展的时期，必须建设一批最先进的现代建筑，与此同时也要注重对文物古迹的保护，使现代建筑与古建筑协调发展。一个城市的历史遗迹或具有特殊意义的古建筑是城市发展的见证，它标志着当时的文化特点和科学技术水平，只有将这些历史遗迹、风貌建筑完好地保存下来，才能延续一个城市的历史，形成城市特色。

作为规划工作者，应该如何处理好城市发展中的新旧关系？就像我刚才所说的：城市规划的目的及发展方向，应该是保护城市特色与新建发展并存。在保护中发展，在发展中注意保护，让城市的特色和地方味道永远不会消失。

采访者　形成这样的规划方案不难，然而，却往往在执行中未必能尽如人意。

毛昌五　这个我很理解，现在城市规划面临方方面面的情况，规划工作很难做。城市规划真正执行起来确实有一定的困难。由于追求任期内的所谓政绩，一些地方领导有时考虑问题不是那么长远，往往急着拆旧房建新房，希望立竿见影。

采访者　拆旧建新未必是经得起时间检验的真政绩吧？

毛昌五　说老实话，把旧的全拆了，搞一些全新的东西，这不算什么本事。深入研究城市，在城市发展中弘扬特色，把历史建筑保护下来，这才是最大的本领。历史建筑和街区就是这样，你拆一个少一个，去掉一点少一点。

另外，过去我们常讲"人民城市人民建"，这话什么意思？作为市里的领导，搞城市规划，你得首先听听老百姓说什么。领导要考虑地方经济发展，这本身没错；但也不能光听投资商的，被项目牵着鼻子走。你准备把旧房拆了建新房，住在那里的老百姓是什么意见呢？你别看他住旧房，有的住旧房他也未必愿意拆。

采访后记　**千篇一律好搞，保护特色难办**

在接受采访以及他本人撰写的城市规划50年回忆文章中，毛昌五先生反复强调了这样一个观点：千篇一律好搞，保护特色难办。

城市文化是历史形成的，而且它都有自己建设发展的记载史。各个阶段的有形与无形的记载，明显的标志就是各个阶段的建筑物。毛昌五先生说，在当前城市现代化快速发展的时期，必须建设一批最先进的现代建筑，但与此同时，也要注重对文物古迹的保护，使现代建筑与古代建筑协调发展。只有将这些历史遗迹、风貌完好地保存下来，才能延续一个城市的历史，形成城市特色。

他强调，城市旧区的改造是当前规划中的一大课题。而对改革开放，繁荣经济，提高人民生活水平，有特殊的经济和政治因素。不改造不行，改造又必须与当前经济情况结合，既有长远规划，又有当前形势所迫，必须实事求是，抓紧实施，分步进行。

过去有些时候我们曾经以为自已很了不起，但到今天看来，有些做法是不对的，有些想法看上去很幼稚。

周干峙 1930.6～2014.3

江苏苏州人。1951年毕业于清华大学建筑系。曾任建设部副部长、顾问，全国政协副秘书长，全国政协教科文卫体委员会副主任，中国城市规划学会副理事长、理事长、名誉理事长。1991年当选为中国科学院院士，1994年当选为中国工程院院士，获中国城市规划学会终身成就奖。

新中国成立初期，他具体负责编制了西安市总体规划和详细规划，为中国早期城市规划的编制树立了一个样板。此后，参加指导并组织编制了上海市总体规划以及地震后的唐山市、天津市重建规划等。指导编制了深圳经济特区总体规划，该规划获全国城市规划优秀设计一等奖。他深入研究住宅建设、城市交通、旧城改造等方面的问题，倡议及早综合治理大城市交通，提出"滚动、灵活、深细、诱导"的城市规划指导思想，提高了城市规划的深度和广度，发展了城市规划理论。

正如周干峙院士在其一篇文章中所说："正确的历史经验必须有长期的反复的实践才能取得。""要做好一件事情，特别是没有做过的比较复杂的事情，必定要有一个总结经验的过程；而要总结好经验，又必定要有一个学习、思考的过程，才能把经验理出头绪来。"

随着国家"一五"计划的实施，新中国城市建设事业拉开帷幕，规划工作也随之起步。回顾新中国成立六十年，我国城乡规划工作的发展就像我国经济社会发展的历程一样，可以说是波澜起伏，成绩可圈可点，问题也不容忽视。

知古可以鉴今，深入地了解昨天，有助于我们更好地着眼今天、面对明天。两院院士、原建设部副部长周干峙在接受我们采访时提出：要实事求是回顾六十年。

回溯新中国城市规划，首学英美

很多人都说中国城市规划一开始就是学苏联的，其实不是，我们最先学习的是英美经验。

采访者　我们新中国的城市规划工作是在什么样的背景下起步的呢？

周干峙　新中国城市规划最早起步于北京，在"一五"计划开始之前。大概在1950年下半年，北京市首先成立了都市计划委员会。

很多人都说中国城市规划一开始就是学苏联的，其实不是，我们最先学习的是英美经验。

梁思成先生是第一个把西方特别是美国建筑文化带到中国的人，也带来了西方城市规划的理念。他的父亲梁启超很早就把他送到美国去学习，梁思成选择了学习建筑。临行前，梁启超送给他两本书：宋《营造法式》和清《营造则例》。通过到美国的学习，梁思成了解了西方特别是英美的建筑文化，以及西方城市规划的概念；而通过这两本书，他从此对中国建筑文化产生了浓厚的兴趣，并结下了不解之缘。

抗日战争胜利以后，梁思成创办了清华大学建筑系。1948年12月，解放军围困北京城以后的一天，华北解放军部队的两位高级军官来到梁思成先生家里，向他请教：我们要攻打北京城了，有哪些地方需要保护？

采访者　兵临城下，还能想到要把城市的古建筑保护好，能做到这一点，真是难能可贵。

周干峙　也正是这一点极大地感动了梁思成。后来北京召开全国政治协商会议，邀请了一些民主人士、大学教授参加会议，梁思成先生也在其中。此后，以这些老专家为基础，设立了北京都市计划委员会，为新中国首都的城市发展谋篇布局。

　　我曾经写文章指出，很多人说中国的城市规划一开始就是学苏联的，其实不是的，我们最早走的是英美道路。因为梁思成是留美的，他当时根本不了解苏联的情况。

苏联经验带给我们什么？

> 从苏联引进城市规划，我觉得从历史上首先应当给予肯定。
> 苏联经验的突出之处在于，它第一次把技术和政治密切结合起来，而且取得成效，成为我们的先例。

采访者　这段走英美道路的历史很短。

周干峙　当然很短。新中国成立以后要安排重点工业建设，"一五"计划实施，确定了156个重点项目。为了迎接这156个重点建设项目，苏联派了一批专家来到中国，给予技术支持。从那时候开始，中国城市规划引进了苏联经验。

采访者　那么，苏联经验给我们的城市规划工作带来了什么？

周干峙　从苏联引进城市规划，我觉得从历史上首先应当给予肯定。当时我们的基础很差，缺乏规划和建设的经验，作为国家的大战略，156个项目怎么落实、放在哪里，几乎没有人懂。而那时苏联已经经过了几个五年计划，形成了完整的城市规划体系，包括立法、科研等各个领域，这套体系非常吸引人。

采访者　亮点在哪里？

周干峙　　苏联经验的突出之处在于，它第一次把技术和政治密切结合起来，而且取得成效，成为我们的先例。

在此之前，城市规划多半停留在理论上，并没有在国家的社会经济发展中真正摆到应有的位置，做出成效，而苏联经验已经有了若干个五年计划的实践。它给人的印象既有很强的科学性，又有非常明确的理论性、政治性，而且它完全有别于资本主义国家的、西方的那套东西。这对当时的中国很有启发。

苏联社会主义城市规划和建设的一些原则思想，很震撼中国的工程技术界，使得那些曾经留英、留美、留德的专家，明明和苏联的技术风格特点不一样，但是却不得不为之折服。很明显，英、美、德的理论虽好，但在中国用不上、不好用；而苏联，许多新建筑、新城市根据规划一片片建设起来。而他们的成功发展，主要得益于两条：一是土地国有，二是计划经济。

采访者　　当时就没有什么争议吗？

周干峙　　当时也有人讨论：什么都是计划，什么都是公家的，那么个人的积极性不是就没有了吗？

采访者　　对这个问题，怎么考虑的呢？

周干峙　　当时就有人回答：那是因为你现在的思想水平还不够高，才会有这个问题。等将来都进行了共产主义教育，人们的觉悟大大提高了，岂能因为个人利益就消极下来呢？

采访者　　那时确实有这样的觉悟和氛围。

周干峙　　不无道理。就是凭这个觉悟，在这种精神下，很多人贡献了青春啊。

苏联经验帮我们打下了良好的基础，迎来了新中国城市规划的第一个黄金期。当时苏联的规划理论、规划实践和苏联专家做的方案，非常有权威。

实事求是，勤俭建国

在那个阶段，我们国家花很少的钱，用不太大的代价，很有序地把配合工业建设的城市建起来了，非常难能可贵。

我个人认为，城市规划功不可没。

采访者　　我们是不是可以这样认为，苏联的经验帮我们开了一个好局，为新中国的城市规划和建设留下了浓墨重彩的一笔？

周干峙　　是啊，我们是在落后的基础上发展起来的，苏联经验给我们打下了一定的基础。

采访者　　但那时中国的国情和苏联毕竟不完全一样。如何与我们的国情相结合？

周干峙　　当时我们就提出来，要结合我们自己的国情，贯彻勤俭建国的方针。勤俭建国，这在"一五"时期是大讲特讲的事情。当时就已经开始批判盲目学苏联。

第一个暴露出来的是住房问题。当时苏联平均人均居住面积9平方米，而我们当时人均居住面积连4平方米都不到。开始时我们照抄苏联的一套办法，搬用苏联人均9平方米居住面积的指标。很快发现这在中国根本就行不通——我们的基础太差了，根本没有那么多钱来照这个指标建设。

因此，就提出不能搬用苏联标准，要结合国情。

采访者　　学习别国经验，更要尊重自己的国情，这才是实事求是。也就是说，从那个时候开始，我们就遵循了实事求是、勤俭建国的方针。

周干峙　　是这样。在那个阶段，我们国家花很少的钱，用不太大的代价，很有序地把配合工业建设的城市建起来了，而且没有搞乱，打下了今天一个重要的物质基础、工业基础和城市基础。这很重要，非常难能可贵。

我个人认为，城市规划功不可没。试想，如果没有很好的规划，不就乱套了吗？那就可能在天安门旁边盖工厂，乱七八糟的事都来了。当时非常强调集中、紧凑、省钱，批评浪费。整个"一五"计划，建设了八个重点城市，我们没有花多少亿啊，用现在的建设标准看，真是微乎其微。

走中国自己的道路，曲折起伏

我们曾经很清醒地认识到不能照搬苏联经验，提出要走中国自己的城市规划和建设道路。但是从此以后，我们就既清醒又糊涂了。

采访者　从您的回顾看，从"一五"开始，我们就在探索走中国自己的城市规划和建设道路。但为什么今天仍有曲折？

周干峙　争执一直都是有的。比如对于北京的城市规划，有名的"梁陈方案"，是在苏联专家到中国之前，按照西方城市规划的理念做出来的。这个方案遭到了苏联专家的反对，他们不主张把旧城笼统地保护起来。

采访者　他们主张什么呢？

周干峙　俄罗斯的规划，是以莫斯科为蓝本，莫斯科就是一个以克里姆林宫为中心的圆的、放射性的东西。用他们形象的话说：我们要尊重历史，让历史的老人在现代中间处于一个受尊敬的地位。当时是这个指导思想，根本就不是后来的另外一种指导思想：认为历史的东西都是落后的，没有保留的价值。包括后来北京的拆城墙，也不是苏联专家的意见。

采访者　这些认识上的误区，让我们交了昂贵的学费。

周干峙　到现在我们也不能认为自己都搞懂了。人类从某种意义上说，现在还处于初级阶段，对于宇宙、对于世界的认识，还有很宽广的未知领域。我们不能自以为自己有多么了不起。过去有些时候我们曾经以为自己很了不起，但到今天看来，有些做法是不对的，有些想法看上去很幼稚。

　　我们曾经很清醒地认识到不能照搬苏联经验，提出要走中国自己的城市规划和建设道路。但是从此以后，我们就既清醒又糊涂了。清醒的时候，我们知道不能照搬苏联、英美的经验，已经开始有了一个方向和目标，要走中国自己的道路。但问题的复杂性也在这个地方。从这以后就是反反复复、走走改改，直到今天。

用历史的观点，正视今后城市规划的大舞台

现在规划专业的舞台已经不是原来的概念了。我们在曲折中求发展、求认识的全面提高、求问题的全面解决，总的来说，这是一个新的历史阶段。我们这个舞台比过去大了。

采访者　历史的发展，往往是一个螺旋式上升的曲折过程。

周干峙　我的观点是要实事求是地看待曲折。凡事不能一概而论，要辩证地看。我们不能认为现在又错了，还是过去计划经济的好；也不能认为都是现在的好，计划经济都不行。

总的来说，这是一个新的历史阶段。作为一个从事这个行业的人，我觉得自己已经置身于一个很大的舞台，非常大，大到一个自己都不能想象的舞台。

采访者　这确实是一个很大的舞台。在这个舞台上，有中国的政治、经济，关系百姓的福祉和社会的发展。

周干峙　我所说的这个舞台还不仅仅是政治的大舞台、社会的大舞台，还有规划专业的舞台。

我觉得我们现在这个规划专业的舞台已经不是原来的概念了。我们在曲折中求发展、求认识的全面提高、求问题的全面解决，总的来说，这是一个新的历史阶段。

采访者　这就迫切地需要我们回顾历史，理性地面对今天、明天的发展。

周干峙　城市规划工作一定要通过实践验证，光靠想象是没有用的。我们要实事求是，用历史的观点来看待当前的和今后的发展。这样才能心平气和，才能合情合理，避免片面性、盲目性。

新中国城市规划已经走过了半个多世纪的发展历程，这几十年的时间很宝贵。连续几十年的城市发展和建设，在中国过去的历史上从来没有过，在国外历史上也很少见，这个经验十分宝贵。

我曾经在多个场合反复强调：怎么改进我们现在的工作？首先要总结经验。

采访者　很认同您的观点。这也是我们策划组织"听大师讲规划"的现实意义之所在。

周干峙　但是这个总结并不容易。因为我们这个舞台比过去大了。规划的内涵、实施的过程以及建设的方式，都发生了很大变化。

事实上我们已经在不断地梳理，问题是你要梳理得系统化，这需要多花些时间。

采访后记

为新中国城乡规划"把脉"

时间过得真快，转瞬已经10年。对周干峙院士的这次专题采访，进行于2006年，是我们策划组织规划老专家回访的"开篇点题之作"，规划访谈的第一篇。转眼，这次访谈似乎也成了"历史"。

历史是一面透镜，退回历史看今天，站在今天说历史，别有意味，别具洞天。今天重看，周干峙院士当年曾经探讨的问题，并没有过时，具有很强的现实指导意义。

当然，正如周干峙院士在接受访谈时所说，新中国半个多世纪的城乡规划是一个很庞大的课题，不是三言两语能够说得清的。而系统梳理这几十年的经验、教训，使之能够在我们今天、明天的发展中发挥现实的作用，也并不是一件能够一蹴而就的事情，需要很多人、持续不断的努力。

由于时间等种种原因，我们的那次访谈不算深入，对于其中的许多重要问题，都只能是一带而过、浅尝辄止。虽然当年曾和周干峙院士约定，我们还将就此话题继续进行深入的访谈。但由于种种原因，这项工作一直未能开展。

曾经以为，这是不是也可以算是规划专家回访的一个"留白"？掀开历史帷幕的一角，留下更多思考和回味的空间，且待后续。今日回首，却已成为永远的遗憾。

区域规划：部门的？空间的？

对现在的混乱局面，必须进行有效的整治。如果能将各方规划力量组合在一起，统筹规划，更能起到事半功倍之效。

胡序威 1928.3~

浙江上虞人。1947年去新加坡新南洋出版社工作。1949年回国后进入中国人民大学计划系学习，1951年任该校经济地理教研室教员。1954年调入中国科学院地理研究所工作，曾任研究员、博士生导师、经济地理部主任、《经济地理》杂志主编、中国科学院地理研究所学术委员会副主任、中国科学院区域开发前期研究专家委员会副主任等职，第二届中国城市规划学会副理事长兼区域规划与城市经济学术委员会主任，中国科协第五届全国委员会委员、建设部城乡规划专家委员会委员。获中国城市规划学会终身成就奖。

胡序威先生长期从事区域经济地理、区域规划和城市发展研究，其主持完成的主要研究成果曾获多项国家和中科院科技进步奖。主要著作有《区域与城市研究》、《中国沿海城镇密集地区空间集聚与扩散研究》等。

现时代科技的发展、信息的畅通，缩短了时空距离。区域合作成为当今经济社会发展的重要主题。在规划领域，人们关注的视野，也从城市转向区域。胡序威先生是最早研究区域与城市规划的资深老专家之一。

历史回顾：新中国区域规划三阶段

由于很多人为因素，我国很有生气的国土规划工作中途夭折。

继国土规划以后，由建设部门开展的城镇体系规划和城市群规划，也可以看成是区域规划在中国的演变或历史延续。

采访者 新中国区域规划是何时起步的？有何进展？

胡序威 新中国区域规划的发展和演变大致经过了三个阶段：

第一阶段是1956~1960年，自苏联引进的区域规划。为了更好地安排大批苏联援建的工业项目，1956年，国务院提出要搞区域规划。接着由国家建委公布了《区域规划编制和审批暂行办法》（草案），并在茂名、个旧、兰州、包头等地进行了区域规划，主要由建筑和工程技术的专业力量承担。

1958年开始"大跃进"后，各地大办钢铁，大办地方中小企业。以工业和城镇布局为主要内容的区域规划开始在不少省区和地区展开。但时间不长，1960年即因"大跃进"失败而告终。

第二阶段是1981~1995年，自西欧和日本引进的国土规划。1978年改革开放后，中央领导人出访西欧考察时，发现西欧国家特别重视国土整治工作。1981年，中共中央书记处作出了关于"搞好我国的国土整治"的决定，当时国家建委领导高度重视、积极贯彻，立即着手开展相关工作。1981年成立了国土局，1982年国家建委与国家计划委员会合并后，国土局也转到了国家计委。1982~1984年，在京津唐、湖北宜昌等十多个地区开展了地区性国土规划的试点。1985~1987年，参照日本经验，编制了《全国国土总体规划纲要》。与此同时，在全国范围出现了国土规划的高潮，许多省区都开展了全省和地市一级的国土规划，一直延续到1991年。

后来，由于机构的调整，国土规划工作开始走下坡路，甚至一度销声匿迹。到1996年，国土规划工作已完全停顿。

第三阶段是1996年至今，国内主创的城镇体系规划。城市规划界一直很支持区域规划，在缺乏以区域规划为依据的情况下，就要求先编制城镇体系规划。1984年国务院颁布的《城市规划条例》，首次提出直辖市和市的总体规划应当把行政区域作为一个整体，合理布置城镇体系。1989年全国人大常委会通过的《城市规划法》，正式将城镇体系规划纳入编制城市规划不可缺少的重要环节。

在国外有城镇体系研究，却很少听说有城镇体系规划。继国土规划以后，由建设部门开展的城镇体系规划和城市群规划，也可以看成是区域规划在中国的演变或历史延续。

采访者　当时的国土规划等同于区域规划吗？在国土规划销声匿迹后，城镇体系规划实际上担负了区域规划的职能？

胡序威　20世纪80年代初，对国土和国土整治的概念存在不同理解，有的把国土只看成是资源，或等同于土地，把国土整治狭义地理解为治山、治水。我们主张国土是指国家主权管辖范围的地域空间，国土既是资源，也是环境，搞好国土整治，就是要对国土空间的开发、利用、治理和保护加强综合协调和规划管理，要把经济发展与人口、资源、环境在地域空间的综合协调作为国土规划的中心任务，并提出国土规划可分为全国和地区的不同层次，地区性国土规划也就是区域规划。当时的国家建委领导基本采纳了这个意见。

很可惜，由于很多人为因素，我国很有生气的国土规划工作中途夭折。在传统的计划经济体制下，国家计委的领导人只重视发展规划，对国土空间规划的重要性缺乏认识，致使国土规划始终未能建立相应的法规依托。《全国国土总体规划纲要》未经国务院审批，仅以国家计委内部文件形式下发参照执行；各地上报国家计委的大量国土规划成果，也多被束之高阁。

在全国普遍开展国土、区域规划的高潮时期，由建设部门负责编制的城镇体系规划成为国土和区域规划的重要组成部分，尚未具有综合区域规划性质。直到国土与区域规划停顿后，由建设部门组织推动的省域城镇体系规划才开始向区域规划方向发展。自20世纪90年代中期以来，几乎在全国各省区都开展了具有上述区域规划性质的城镇体系规划。至于后来在统筹城乡、区域、经济与社会、人与自然等方面进一步深化的城镇体系规划和城市群规划，更属于以城市为主的区域规划类型。

区域规划：部门之争？空间之争？

当前在我国存在着与规划管理权限有关的对规划空间竞相争夺的现象。导致大量工作重复，资源浪费，严重影响规划的科学性、实用性和权威性。

采访者　　近几年来，规划工作受到了空前重视。但是，同时也面临着部门之争，特别是区域规划，建设、国土、发展与改革等几大部委都很积极。对此，您怎么看？

胡序威　　当前在我国存在着与规划管理权限有关的对规划空间竞相争夺的现象。我国的计划经济正在向市场经济转型，但在城市发展和建设中的资源配置至今仍主要由政府掌控。土地是当前政府经营城市和发展城市的重要资产，而要想将农用地转为建设用地，一般都要求先要有科学合理的空间规划作依据。因此，编制各种类型的空间规划已受到各级政府的普遍重视。

随着市场经济的发育，使国民经济和社会发展规划一般多转向指导性，主管发展规划部门对投资和建设项目的审批权明显弱化，空间规划成为政府进行宏观调控的重要手段。过去只重视发展规划不重视空间规划的部门，也开始将空间规划列为今后的规划重点。加之在与编制空间规划相关的部门之间尚缺乏明确的职责分工，从而引发了对规划空间的争夺。尤其是在区域规划方面，建设部、国土资源部和国家发改委三大系统现在都在同时开展类似性的规划。

采访者　　在组织编制区域规划方面，甚至可以说有些"争先恐后"？比如长三角城市群规划，最早由两省一市规划建设部门自发组织、启动，后来建设部也介入其中，而之后不久，国家发改委也宣布要编制长三角城市群区域规划。

胡序威　　是这样。区域规划是空间规划系列中的重要环节。由于各城市都想尽快发展自己，在城市之间的分工协作、基础设施建设、资源开发利用和环境保护等方面往往存在着不少矛盾，需要在较大区域范围内进行城市间的整合协调。为此，有不少省市由建设部门组织跨行政区的城市群规划（比如珠三角城市群、山东半岛城市群）或者都市圈规划（如南京都市圈、徐州都市圈）。这类规划不仅要协调城市之间的关系，还要协调城乡之间、地区之间、经济社会发展与人口资源、环境之间的各种空间关系，具有较全面的区域规划性质。

任何空间规划最终都要落实到土地。国土部门运用《土地管理法》所赋予的土地管理权，首先将重点放在编制土地利用规划上，要求将城乡建设的用地规划服从于土地利用规划。正在进行的新一轮土地利用规划的修编，增加了国民经济和社会各项建设对土地需求的预测，本着节约用地、集约用地的原则，进行土地供需的动态平衡，对农林牧、工矿、城乡建设、交通水利等基础设施和生态保护用地进行统筹安排，同时还增加了因地制宜进行分区管治的内容，使其向区域规划进一步靠拢。

国民经济和社会发展五年计划已改称五年规划。发改委将国民经济和社会发展规划定格为对空间规划具有约束功能的总体规划，同时正式打出"区域规划"旗号，把区域规划放到空间规划体系中亟待加强的重要位置。

采访者　这样一来，局面就有些混乱。在区域规划方面，三部委职责不够明晰，让省市政府也莫衷一是。

胡序威　确实如此。单就编制区域规划的技术力量而言，建设部门具有明显优势。但国土部门可以借用城市规划的技术力量参与国土规划，而且以国土规划作为对城市总体规划的某种补充，这样可以避免二者的完全重复。国土部门从2002年开始，先选择深圳和天津二市开展市域国土规划的试点，接着又选择广东和辽宁二省开展省域国土规划的试点工作。而发改部门呢？作为省内跨市县的区域规划试点，在湖南省政府的领导下，2004年编制完成了由省发改委负责组织、中国城市规划设计研究院具体承担的《长株潭城市群区域规划》；接着，湖北省政府和河南省政府分别通过省发改委，组织地理界和经济界的力量，进行武汉城市圈和中原城市群的规划研究，国家发改委组织开展跨省市的长三角和京津冀都市圈等区域综合规划研究。

这种部门间相互争夺区域规划空间的现象，尽管名目不一，各有侧重，但其内容多大同小异，导致大量工作重复，资源浪费，各搞各的，互不协调，甚至各不认账，严重影响规划的科学性、实用性和权威性。

统筹协调是当务之急

整合规划力量，调整规划机构，明确分工合作，加强全国和区域空间规划，已提到重要议程。

采访者　我国的区域规划正面临空前的大好形势，中央"十一五"规划明确提出"统筹做好区域规划、城市规划、土地利用规划"，将其列于空间规划的首位。然而，各部门对区域规划空间的争夺，显然又在一定程度上造成了混乱。对此，您有何良策？

胡序威　对现在的混乱局面，必须进行有效的整治。我个人建议，首先要深化改革，理顺规划体系。

　　对现行规划体制和规划行政管理机构的改革，应该先着力于理顺各种规划之间的关系。应该承认，我国多年来形成的规划体系，存在着发展规划和空间规划两大系列。国民经济和社会发展规划、国家和地区经济社会发展战略或产业发展战略等，属发展规划系列：全国国土规划、区域规划、城市规划、土地利用规划等，属空间规划系列。发展规划对空间规划具有导向作用，会涉及空间发展方向的内容，但不可能取代具体的空间规划。发展离不开建设，任何开发与整治的建设活动，包括被禁止或限制的开发建设活动，都得落到一定的地域空间，与不同地域的具体条件密切关联。因而也可以把空间规划看成是发展规划在空间的落实。所以，发展规划与空间规划是相辅相成、互为补充的，二者应相互密切配合，彼此衔接协调。如果能将各方规划力量组合在一起，统筹规划，更能起到事半功倍之效。

　　当前在我国空间规划系列中，管理问题较多、工作基础较弱的环节是全国和区域层次的空间规划。尤其是跨省市和跨县市的区域规划。整合规划力量，调整规划机构，明确分工合作，加强全国和区域空间规划，已提到重要议程。

采访者　在规划机构调整方面，您有何建议？

胡序威　　建议在下一轮政府机构改革中，在国家和省市两级政府设立综合性的规划委员会。统一负责发展规划和空间规划的综合协调管理和实施。除承办原由发改委承担的有关经济社会发展中长期规划和长远发展战略的各项任务外，整合和充实空间规划力量，积极开展全国和区域空间规划，并与城市规划和土地利用规划密切衔接配套。加强对经济社会发展与人口、资源、环境在不同地域层次的空间综合协调。现由建设部门主持开展的全国和省域城镇体系规划及由国土部门主持开展的土地利用规划，均应共同参与全国和区域空间规划的综合协调。其规划管理机构可受各自主管部门和综合规划委员会双重领导（后者侧重于业务协调）。

　　　　　　开展跨行政区的区域规划，应在自愿、互利、合作的基础上成立由各方参加的区域协调委员会，根据共同关心的问题，组织规划的编制和实施。国家规划委员会对跨省市的区域规划，省规划委员会对跨县市的区域规划，主要起着推动组织、协调利益和监督实施的作用。城市政府多设有综合性的规划机构主管城市空间规划，应将城市的发展规划也纳入其中。高度城镇化的城市型区域规划内容扩展到以城市群规划为主体的城乡一体化规划，需与土地利用规划密切配合。城镇化水平还不高的县域空间规划，应以土地利用规划为重点，统筹县域发展规划与城乡建设规划。土地利用规划愈靠近基层愈显示其重要性，可把高层次空间规划的各种用地控制指标落实到具体的土地。在社会主义新农村建设中，更应将大比例尺的土地利用规划图逐步从县域落实到乡镇。

采访者　　完成规划编制不是最终目的，关键在于能否按规划实施。如何保障区域规划的顺利实施呢？

胡序威　　在法制社会要使区域规划真正能对区域空间的科学管治发挥应有的作用，需要有法律作支撑。我认为，应该在理顺空间规划系列的基础上，及早制定《区域规划法》或《国土与区域规划法》，并对现行的《城市规划法》和《土地管理法》进行某些相应的修改，使三者相互衔接、协调整合，赋予空间规划系列以明确分工的法定地位，将有利于依法执行和监督规划实施。

区域规划之"热"

第一次采访胡序威先生是在
2004年，也是夏天。他是《中国
建设报》"规划访谈"栏目开设后
的第一个受访者。虽然胡先生在
电话里作了详细指点，但对北京
地理环境尚很不熟悉的我，仍然
费了很大周折，才穿越北京这块
过于庞大的"大饼"，从西城"摸"
到东城，找到了胡先生的家——
中科院生活区。

那是一个很安静的院落，安静得有些古老，但在古老中又透着浓浓的生活气
息。去这样的长者家里造访，作为一个后生小辈，我有些忐忑，觉得自己该手拿
一束鲜花才不算失礼，但在这个有些"古老"的院子里，我没有找到。而预约的
时间到了，我有些失落而局促地按响了胡先生家的门铃。

那天的采访给我留下的印象非常深刻。胡先生很耐心地讲了很多，给我上了
区域规划生动的一课。然而遗憾的是，回去整理、写稿时却发现：我的录音笔出
了故障，大部分内容没有录进去。后来，我只能凭记忆写成了访谈文章。

两年后再访胡序威先生，熟门熟路，还是夏天。我随身携带了两支数码录音
笔。这一次，我赶上了小区难得一遇的停电。我们交谈的区域规划话题，和那天
无法开启空调的室温一样——"热"。

遗忘不利于我们总结经验教训。今天难道就没有一点狂热的地方吗？也有，只是表现形式不一样，情况也大不一样。

邹德慈 1934.10～

生于上海，原籍江西余江。1955年毕业于同济大学。曾任中国城市规划设计研究院院长。现任中国城市规划学会名誉理事长，中国城市规划设计研究院学术顾问，清华大学、同济大学、南京大学兼职教授。2003年当选为中国工程院院士。获中国城市规划学会终身成就奖。

邹德慈院士长期从事城市规划研究和设计工作，作出非常突出的贡献。20世纪五六十年代，主持和参加了重点新工业城市的总体规划；80年代后，参加了天津震后重建规划及指导三峡工程淹没城镇迁建规划等；最近一二十年，他参加和主持了数十个重要科技咨询项目，包括首都总体规划、上海发展战略研讨等。他重点研究城市化与可持续发展、城市生态环境规划和城市设计等前沿性课题，提出的有关现代城市规划的很多理论观点在国内有较大影响。

在2005年中国城市规划年会上，邹德慈院士主持的"什么是城市规划"分论坛给我留下了深刻的印象。面对快速发展、复杂多变的经济和社会发展形势，回顾半个多世纪的历史沧桑，从城市规划的"冷""热"变迁中，我们需要对规划的地位和作用重新进行一番审视。

新中国成立之初规划"热"

> 我不太喜欢用类似"春天"这样的描述。
>
> 你一定要说是"春天"也可以。但不能总是没完没了说"春天"吧？而这半个多世纪的发展，并不总是"春天"。

采访者　从1955年起就投身于城市规划工作，您见证了新中国半个多世纪的城市规划史。

邹德慈　新中国半个多世纪的城市规划史应该好好总结。1955年我从同济大学毕业后，分配到当时的城市建设部所属的城市设计院（现中国城市规划设计研究院的前身）工作。先是从事民用建筑的设计工作，做了半年多。1956年3月调到规划室，开始做城市规划方面的工作，一直到现在，整整50个年头了。当然，和新中国的城市规划史一样，中间也有一段"空白"——有十几年没有做规划。

　　回顾新中国的城市规划，我认为可以分成三个历史阶段。第一阶段是1950～1960年。

采访者　也就是通常所说的"第一个春天"？

邹德慈　我不太喜欢用类似"春天"这样的描述，这是文人词汇，文学性很强，而作为历史，最好如实、客观地反映事物发展的历史阶段。

　　你一定要说是"春天"也可以。但不能总是没完没了说"春天"吧？而这半个多世纪的发展，并不总是"春天"。

采访者　各种滋味，冷暖交织。

邹德慈　我说句可能不太恰当的话：半个多世纪的新中国城市规划事业，"春夏秋冬"都有，并不总是"春天"。我们整个国家的发展历史也一样。

　　20世纪50年代初，新中国刚刚成立，可以说是万象更新、百废待兴，要筹划很多工作。但在那时的中央财政经济委员会里，就专门有一个处分管城市规划、建设工作。准确地说，从1950年开始，就有了我们新中国最早的城市规划的工作机构。从这一点看，当时城市规划的地位很靠前，党和政府很重视这项工作。

冷静审思反"四过"

为什么又历史重演？很值得我们研究。从中可见，回顾过去、研究历史是多么重要的事情！

采访者　到了20世纪60年代，时任国务院副总理李富春宣布城市规划"三年不搞"。这又是怎么回事呢？

邹德慈　这就有些说来话长了。这就进入我所说的新中国城市规划三个阶段中的第二个阶段：1960～1973年，城市规划工作基本停滞。

采访者　从非常重视到基本停滞，究竟是什么因素促成了这样的冷热变迁？

邹德慈　这得从1957年的反"四过"（规模过大、占地过多、标准过高、求新过急）说起，那是20世纪50年代新中国城市规划事业的一件大事儿。

　　正如周干峙院士说过的，20世纪50年代的城市规划有一个特点：基本上都是学习苏联。当然不光城市规划，那时我们经济建设中的各个领域、各个方面都在学习苏联。今天回过头来看，很多时候我们容易走极端，一学苏联就一边倒，什么西方的东西全都抛到一边去，实践证明，这样不太好。

　　当时我在城市设计院工作，甚至连城市设计院的建立，也基本上照搬苏联的模式。那时院里没有专业技术干部，都是行政干部，我们这些专业技术人员大多是新中国成立以后培养的，当年还很年轻。我们每做一个城市规划方案，首先要向苏联专家汇报，很有意思。听完我们的汇报后，苏联专家就发表一通意见，什么行、什么不行。院长最后总结，常常只有一句话："按专家的意见办。"

采访者　全面学习苏联经验也带来了一些历史教训，此后的"反四过"与此有关吗？

邹德慈　是这样。正如我刚才所说，我们的城市规划基本上都是按照苏联的套路，包括所定的具体指标也是照抄苏联的。相对于我国当时的国情而言，苏联的指标有些偏高，我们的基础比较差，达不到。

后来我们就意识到这个问题，1957年开始反"四过"。

采访者　我们注意到这样一个现象：当年的反"四过"，与近几年中央指出的问题，有着惊人的相似！现在也面临规模过大、占地过多、求新过急、标准过高的问题。为什么会有这样的历史重现？

邹德慈　这个问题很深刻。是啊，为什么又历史重演？很值得我们研究。从中可见，回顾过去、研究历史是多么重要的事情！

那时和现在出现的这些问题，在现象上非常相似，但出现的背景情况却是不一样的。比如规模过大，现在的背景大多和想要多占地有关，将城市规模的扩大作为一个要地的筹码。

采访者　当年只是经验不足，被美好的社会理想驱使。

邹德慈　是的，当年是有一些过于理想化了的发展愿望。

在这些美好愿望的驱使下，我们全面套用了苏联的标准，而苏联土地比较多，国情和我们不一样。我们希望尽快改变面貌，把旧城都改造掉，这个显然是求新过急了，到今天我们也很难说把大中城市都改造完成了。再说，还有怎么改造的问题。

另外需要特别指出的是，当年的占地过多，和那时的土地划拨制度也不无关系，而划拨土地的弊病也就在于此——谁都想尽量多要些地。

"快速规划"热过头

> 有些往事规划界的人不愿意讲，可以理解。不过我们不能忽视或者遗忘，遗忘不利于我们总结经验教训。今天难道就没有一点狂热的地方吗？也有，只是表现形式不一样，情况也大不一样。

采访者　在美好愿望的驱使下，我们迎来了"大跃进"，各行各业"放卫星"。城市规划也未能超脱吧？

邹德慈　反"四过"之后不久，1958年，全国开始"大跃进"。在城市规划中也有所反映。试想，当时就是这样一个大形势，大家都在跃进，你不跃进行吗！在那时全国各行各业都有些狂热的氛围下，你不狂不热就是保守。所以，城市规划也"跃"了，现在回过头来看，"跃"得也挺荒唐，和当年的大炼钢铁一样荒唐。

1958年"大跃进"的时候，我们也曾经搞过"快速规划"。当年的城市建设部城市设计院只有300多人，技术条件和今天当然不能比，但一年下来却要搞一两百个项目，最快的时候甚至一天一个。有的地方根本就没有地形图，这可怎么办呢？没关系，没有地形图也一样做规划，就在附近找一个小山包，到小山顶上去看一看，也能画一张总图，这也叫"规划"。

这些往事规划界的人不愿意讲，可以理解。不过我们不能忽视或者遗忘，遗忘不利于我们总结经验教训。今天难道就没有一点狂热的地方吗？也有，只是表现形式不一样，情况也大不一样。否则，为什么中央一再强调要宏观调控？为什么老是有"宽马路"、"大广场"，有"形象工程"和"政绩工程"的批评之声？

清火解热治浮躁

> 城市也是在"热"的当中建起来的，如果不"热"也建不成今天这个样子。但是非常容易犯的毛病也是"热"——过热。所以要经常"清火解热"，过一阵子就要吃点解热的药。

采访者　现在的社会风气有些浮躁。在规划领域也有所体现。对此，您怎么看？

邹德慈　　　浮躁不也是一种热吗？回顾历史，我觉得我们太容易"热"，不容易"冷"。新中国成立以来的几十年，我们在经济建设和社会发展方面，都取得了很大的成绩，城市也是在"热"的当中建起来的。首先应该肯定成绩，如果不"热"也建不成今天这个样子，很多成就都要打折扣。但是非常容易犯的毛病也是"热"——过热。所以要经常"清火解热"，过一阵子就要吃点"解热"的药。

　　　　　　有一位专家就曾经说过这样的话，他说看看我们中国几十年，最经常犯的毛病是偏热，冷的时候很少。冷的时候是因为热到太狂热了，没办法了，才必须冷却。我同意他的观点。

　　　　　　城市规划离不开社会的背景、政治的背景，过去、现在，中国、国外，都一样。所以，反"四过"也好，"大跃进"也好，板子不能全打在城市规划上，因为它必然要受到政治的干预、经济和社会的影响，不可能完全超脱。它也不是纯理论的，而是非常实用的、功利性的东西。其实现在也是这样，我们要"降温"，要宏观调控，也不能一味地指责规划。

　　　　　　城市规划（包括城市设计）是一项科学的工作，它来不得浮躁，来不得虚假，要按科学规律办事。这个特性往往被人们（特别是城市领导和决策者）忽视。

采访者　　　那么"三年不搞城市规划"是不是一个急降温呢？今天我们对此如何评价？

邹德慈　　　不管怎么说，这个决策是一个失误，即便在那种过热的背景下，也不应该断然来一个"三年不搞"。我们本来应该总结经验，纠正一些错误，不能完全停顿。事实证明，这样做后遗症比较大，损失也很大，这是当时始料未及的。

　　　　　　"三年不搞"，它所影响的可不是三年。机构基本上解散了，萎缩了，人才大量流失。说是"三年不搞"，实际上这种状况延续了13年。当然，这也可以说是历史的巧合，"三年不搞城市规划"之后，紧接着就是"文化大革命"。

　　　　　　直到"文革"之后，规划工作才又重新启动并蓬勃发展，进入第三个历史阶段：改革开放以后，迎来新中国城市规划事业的繁荣发展。

自主创新规划路

政策有时是阶段性的，会随着不同的历史阶段而有所调整变化。而城市却是长期存在并不断发展，有其自身的规律。城市规划的基本原理不会变。

采访者　在城市规划工作基本停滞的阶段，您个人有何难忘的经历呢？

邹德慈　在20世纪60年代初期，我个人经历了一件非常难忘的事：参与编制新中国第一本城市规划教科书。

中央领导在作出"三年不搞城市规划"决策的同时，要求集中全国规划界的精英力量编制一本城市规划的教科书。这个决定是正确的。我觉得这是规划界的一件大事。这个工作由当时的国家计委城建局局长曹洪涛同志亲自抓，请吴良镛先生主持具体编写工作，从清华大学、同济大学、南京工学院、重庆建工学院抽调有经验、有水平的老师，以当时的国家计委城市规划研究院为支撑单位，集中编制，前后历时两三年。我自始至终参加了这项工作。

当时正好赶上经济困难的三年，生活条件非常艰苦。有一个细节我印象深刻，那时候吴良镛先生每天来的时候都带着一个小布兜，里面揣着太太为他蒸好的两个馒头，中午只在食堂买点小菜。因为当时粮油等定量供应，买主食是要粮票的，而粮票很紧张，食堂的馒头又时大时小，自己做虽然辛苦些，但更合算。

后来听说，编好这本教科书后，吴良镛先生还大病了一场。

采访者　一面宣布"三年不搞城市规划"，一面却又集中精锐力量编制城市规划的教科书，真是意味深长。这是否可以视为新中国城市规划走自主创新道路的起点呢？

邹德慈　可以这么说。当时，我们没有一本自己的城市规划教科书，国外的资料也很闭塞，而苏联的经验又不符合国情。"大跃进"后，国民经济遭到很大破坏，调整、充实、巩固、提高是当时的大政方针。新中国第一本城市规划的教科书，就是在这样的背景下编写的。

采访者　这本教科书是否对当时政策的影响有所反映？

邹德慈 　　大家对中央的政策非常重视，在书里有所反映，但并不就是以讲政策为主。当时吴良镛先生就提出，既然是教科书，一定要讲城市规划的基本原理，而不受一定时期（例如调整时期）某些特定政策的影响。我是同意这种观点的。城市规划要执行政策，但其基本原理是应该长期坚守不变的。

　　政策有时是阶段性的，会随着不同的历史阶段而有所调整变化。而城市却是长期存在并不断发展的，有其自身的规律。城市规划的基本原理不会变。

提高规划科学性

在经济快速发展的时候，我们必须有科学的规划。
认识城市、了解城市、研究城市，这是科学规划城市的重要基石。

采访者 　　目前，我们处在快速城镇化进程中，同时又处在社会经济的转型期。规划工作受到空前重视，面临的形势也很复杂。城市规划究竟要起什么作用？如何把握基本原理、保持科学性？都是很值得探讨的问题。

邹德慈 　　首先有一点要明确：城市规划绝非可有可无，它是一门非常重要的学科，政策性、科学性、实践性都很强。在经济快速发展的时候，我们必须有科学的规划；即便哪一天经济停滞了、衰退了，城市规划也不能停止。

　　城市规划和我们国家的发展一样，有一定的波折，在曲折中前进。人的超前意识是有限的，我们不可能对很多问题超前认识得很清楚。目前我们正处于社会转型期，不可能超前解决社会主义市场经济体制下面临的所有城市规划问题，总是要不断地适应、不断地前进、不断地发展，城市规划要适应社会制度、体制，适应变化着的社会环境。

　　到目前为止，我们还没有一套很完整的适应社会主义市场经济体制的城市规划体系。而总结60年的经验教训，也并不是一件很容易的事情。

采访者 　　对今天的城市规划界，您有何期望？

邹德慈 　　我个人体会，首先，城市规划的理论研究工作一定要加强。我们需要用理论来指导行动，没有理论的指导，行动往往是盲目的，甚至于容易迷失方向。当然不可能人人都去研究理论，但是一定要有一部分人来做这件事，有关部门对此要给予高度重视。

其次，我认为城市规划有三个重要支柱：城市研究，城市设计，城市管理。这三者是不可分的，每一个方面都不能偏废。在理论研究的同时，我们还要实实在在地对城市进行调查研究。

总之，认识城市，了解城市，研究城市，是科学规划城市的重要基石。

采访后记

客观公正　回顾昨天

曾多次感受邹德慈院士宽厚、谦和的长者之风。在采访中，邹院士说："记者应该是客观的，很客观地去观察社会、观察人，如实地反映事物本来的面貌和实质。如果你想成为一个专心于城市规划的记者，希望你能够保持这样一种客观。客观也就公正了。"

时至今日，言犹在耳。

今天是昨天和明天的交叉点，客观公正，让我们稳稳地立足。我想，对于新中国城市规划半个多世纪的回顾与反思也一样——客观公正，回顾昨天，立足今天，展望明天。

城市规划执行中的走样，伴随着当时的领导意图和经济状况，它受这些现实因素的左右，所以这个城市可能就扭曲了。

齐　康 1931.10~

生于江苏南京，籍贯浙江杭州。1952年毕业于南京大学工学院建筑系（现东南大学建筑学院），并留校任教，长期从事建筑和城市规划领域的科研、设计和教学工作。现任东南大学建筑学院教授、博士生导师，中国城市规划学会资深会员。中国科学院院士，法国建筑科学院外籍院士。

齐康先生最早参与中国发达地区城市化的研究及相关的城市化与城市体系的研究，长期从事现代建筑创作的研究及相关的建筑形态研究，主张进行地区性城市设计和建筑设计，首先提出城市形态的研究及其相关的城市形态与城市设计。从20世纪50年代起，由齐康先生设计（参与和主持）的建筑工程设计及规划设计大小近百处。他善于运用中西方建筑传统手法，探索中国现代建筑风格；注重对历史文化的传承，同时强调转化与创新。

在规划建筑领域活跃半个多世纪，齐康先生是个"老人"；但他的率性直言，又使他很多时候像个"孩童"。在南京采访齐康先生，是一次较为有趣的经历，在活泼、诙谐中，是浮光掠影还是惊鸿一瞥？齐先生向我们阐述了半个世纪城市规划伟大与沧桑的主题。

而我们的话题，就从20世纪50年代的"毛驴小专家"说起。

城市规划的"辛酸史"："土地就像风吹了一样"

20世纪50年代，年轻的齐康曾到北京参加城市总体规划的有关工作，踏遍那里的大街小巷。20年后，当他再到北京，那件他遗忘的雨衣还在，而城市呢？"土地就像风吹了一样"……

采访者　20世纪50年代，您曾到北京参与城市规划总图的编制工作，那是您从事城市规划工作的起点吧？那段经历给您留下了什么？

齐　康　1952年8月我毕业于南京大学工学院建筑系（现东南大学建筑学院），并留校任教，得到了杨廷宝、刘敦桢老师的直接指导，在西洋古典建筑、中国古典建筑方面都打下了比较扎实的基础，到今天仍然很受益。

1954年我被借调到北京都市计划委员会。当时北京请来了一批苏联专家，帮助编制城市规划总图，我也参加了这项工作。那时，清华大学也有苏联专家，我一边在北京市都市计划委员会工作，同时也去清华大学听课。

在那个年代，考虑到冷战的需要，城市规划工作是绝对保密的。我们有特别通行证，各个地方才可以进去看。于是，我天天骑着一辆自行车，凭着通行证而畅通无阻，到北京市的各个地方去做详细的调查研究。

那时参与北京城市规划的有方方面面的专家，对于每一位专家的发言，我也都做了详细的笔记，并把同行的笔记也都借来抄。笔记也是被要求保密的，不能随便带走。我就把这些笔记的内容翻译成学术的要求，这样才通过了审查。

应当讲在那个时候，学城市规划，是从向苏联专家学习开始的。当时苏联虽然也沿袭了古典主义的一些做法，但他们的城市规划毕竟在苏联开辟了一条途径，比如在区域规划方面，研究了集聚理论等等，对我们很有借鉴和启发。那时的北京城市规划总图就是模仿了莫斯科的模式。

后来我为了学习中小城市规划，就又转到城建总局所属的规划设计院工作，着手研究小区规划，并参与了一些小区规划和农村规划的编制工作，还写了几篇理论文章。应当讲，我是在全国最早研究小区规划的专家。

　20世纪50年代初，梁思成、陈占祥先生就北京规划提出了不同于苏联专家方案的"梁陈方案"，没被采纳，却至今仍让业内外人士难以释怀。那么，您怎么看待当时的苏联专家方案和"梁陈方案"之争呢？

齐　康　20世纪50年代的城市规划，对中国的知识分子来说，是一个很了不起同时也是一个带有沧桑的过程。

当年我到北京，在清华大学听的第一堂课就是批判梁思成的，因为梁思成刚刚搞了一个"大屋顶主义"。1957年"反右派"，像华揽洪、陈占祥都被打成右派了。当时上海市最有名的城市规划专家金经昌，因为老讲真话，每次开会都会被安排在最后一个发言，讲完了会也就散了，讲的意见不作数。有这样一个顺口溜："城市规划，纸上画画，墙上挂挂，不如首长一句话"。一直到现在还是这样。

我个人认为，从当时的形势看，苏联专家基本是对的。在当时美帝国主义对我们封锁、侵略的历史条件下，苏联派出专家帮助我们，还是对的。当然，他们的思路、实践也很有限，只能把自己的经验搬来，把莫斯科的模式搬到北京。事实证明，苏联专家的方案没有充分研究城市发展的内在规律。

"梁陈方案"在当时看过于理想化、不太务实，当时国家很穷，我们不可能把行政中心搬到城外去。在我的印象中，梁思成先生和我的老师杨廷宝先生的风格也是完全不同的，杨先生非常谨慎，讲话很慎重；梁先生则很喜欢讲话，有时不是那么太务实。

事隔20年后，我再到北京去，特别到工作过的单位去了一趟。到那儿一看，当年被我遗忘的那件雨衣还挂在他们的门口，看门的老人认出了我，很亲切地冲我喊："喂，'小毛驴'，你的雨衣还要不要了？"那时就数我年龄最小，工作之余大家在一起打牌娱乐，我老是会输，常常被"抓毛驴"，所以他们都戏谑地称呼我"毛驴教授"、"毛驴小专家"，我的外号就是"小毛驴"。我说："不要啦，送给你吧！"

我提出来想看看北京的城市规划总图，他们同意了。我一看，总图发展的结果，除了道路网以外，基础设施实现了一半，土地就像风吹了一样，不完整了。

规划人的悲怆："四种人左右城市形态"

城市的发展变化不以规划人的意志为转移。敢讲真话的知识分子，书写了悲怆的历史。

采访者　并不能责怪当年苏联专家的规划方案完全不好，而是在实施中出了问题。您认为是什么因素左右了城市的形态？

齐　康　20年后再看北京规划总图，道路基本格局没变，而土地已经很不完整了。城市的布局、工业的布局、文化设施的布局，还有人群的聚居，常常不是以人们的意志为转移的。所以后来我发表了一篇重要文章：《城市的形态》。

我认为，城市的形成和发展受四种人群的影响，第一是领导者，第二是规划师，第三是老百姓，第四是开发商。

采访者　就目前的现实状况而言，开发商的位次好像前移了吧？

齐　康　现在的状况，开发商排第二。学者的城市规划理想一点，老百姓的城市规划现实一点，开发商的模式呢？要钞票、利润多一点。领导呢？就要兼顾各方平衡，如果一脚踩错，就变成贪污犯了。

采访者　城市的发展往往不以学者的理想为转移，城市规划执行中的走样，和领导意图不无关系。

齐　康　是这样。城市规划执行中的走样，伴随着当时的领导意图和当时的经济状况，它受这些现实因素的左右，所以这个城市可能就扭曲了。什么是城市形态？我认为城市形态是城市的社会经济、政治内外交错的结果。城市是新陈代谢、由内向外发展的，城市规划是有次序和无次序、有计划和无计划的。

今天，我们怎么评论梁思成、陈占祥、华揽洪做的规划？他们的规划方案，也有不完整的地方，他们都是曾经到欧美留过学的，把欧美的规划经验搬到了北京。而欧美的政治体制和中国是完全不同的。

但老一辈的规划专家，最大的特点是敢讲话，实事求是。虽然对中国当时的经济地位和政治体制不是太熟悉，毕竟他们是为祖国的城市规划做出了贡献的。中国的知识分子都是很敢说真话、敢于为国家奉献的，但是得来的结果呢？往往是一个带有悲怆的结果。我自己也是敢讲真话的，有时也感觉悲怆。

传承、转化、创新："城市规划要有科学发展观"

系统反思，伟大与悲怆并存。我们要在伟大与沧桑中传承、转化、创新，走自主创新的道路。

采访者 作为历史的见证人，您怎么概括新中国半个多世纪城市规划事业的发展？

齐 康 这半个多世纪新中国的城市规划和建设事业，应当可以用"伟大"两个字来概括。这几十年走过的路，建设量之大、任务之重、成就之显著，可以称之为"伟大"。但是在"伟大"里面，也有"沧桑"、有"悲怆"。最大的问题是我们没有用科学的态度去总结，而且总结出来又没有被领导所认同。这是体制问题。

你们今天讲对新中国规划进行回顾和反思，其实我早就在反思了。回顾我个人走过的道路，可以用几个100概括：100个工程，100篇文章，100个学生，外加100次批斗。因为我这个人老爱讲真话。

采访者 几乎在全国各地都能看到您的规划建筑设计作品，而您的学生，也绝不止一百个吧？

齐 康 当然不止，我是说我直接带的、硕士以上的学生。光博士生就有30多个。

采访者 根据您的反思，新中国城市规划事业的发展，为什么会有沧桑、悲怆？在今后的发展中，我们应该注重什么？

齐 康 沧桑的背后是这样，到现在为止，我们没有对中国历史和现状做比较科学的分析，没有分析中国的发展进程，从中找出规律性的东西。我认为我们要注重以下几点：

第一，要研究进程。历史的发展是一个什么样的过程，要分析，从中找出规律性的东西。比如你们说要纪念50年、60年，那么，这50年、60年的规律是什么？要进行深入研究。

第二，要研究地域。中国地域这么大，东部沿海发达地区、中部地区及西部地区，面临的情况和问题不同，要根据不同的地域进行研究。即便在同一地域，也有发展的，次发展的，对不对？也有适宜建设的，不适宜建设的，是不是？在这方面，由于部分领导乱指点江山，我们有些规划有选址不当的惨痛教训。

第三，要研究整体。从经济学、地理学、建筑学、历史学、社会学等多个学科，从社会的角度研究城市，因为城市本身就是一个社会。

城市是社会的城市、历史的城市、工程的城市、建筑的城市，也是美的城市、丑的城市。我们要有这样的辩证思想。

第四，要研究活动。要研究城市的经济活动、社会活动、政治活动、科技活动等各个方面的活动。城市是一个综合活动的综合体。

第五，要研究方位。时间差也很重要。我们讲要抓住机遇，就是要打时间差。要抓紧时间，把国家建设好。

另外，规划要超前，超前就是可持续发展。

采访者　这就对规划工作者提出了较高的要求。

齐　康　规划工作者都要有一个好的胸怀，特别是要有政治胸怀，要有正确的意识，要了解民情。特别是要有科学的作风，踏踏实实地、一步一步地做好工作。当然，还要有广博的知识。城市规划是要有战略思想的，规划工作者必须懂得综合知识。

采访者　今天的城市规划，既面临机遇，也面临着诸多问题的挑战，要应对复杂的社会形势。

齐　康　在复杂的形势面前，在问题和挑战面前，我们不能泄气，要持之以恒。真正的城市规划要有科学发展观，要懂得城市发展的社会特点、地理因素以及经济、工程技术等因素，还要讲求技术和技巧。

另外，搞规划的人一定要有感觉。一根线穿过去的时候，不要变成两点之间一条线，你要懂得基础设施怎么弯过来，为下一个城市基础设施建设创造条件，是不是？像现在很多建筑师都不用徒手画了，都是用计算机了，那怎么行？

现在一些规划界的领导都成了"空军司令"，下面有一批"游魂专家"，天天在全国各地到处跑，参加各种评审会议，名气很大，实际没有真正拿得出手的作品。他们有没有踏踏实实地在城市里做些调查研究？没有。讲来讲去还是那几句话。

采访者 确实有这种现象。而另外一种现象是这几年"洋规划"在很多地方受到推崇。对此，您怎么看？

齐　康 现在的中青年有两种倾向：第一是有点自卑心理，总觉得外国的好一点，外国月亮圆一点，领导和专家都有这种心理；第二是中华民族曾经长期被奴役，我们还没有完全从这种心理中解脱出来。

我觉得对"洋规划"要一分为二地看，刚开始时，我们中国的建筑技术不如外国，引进先进的技术和科学是需要的，外国的一些规划设计理念确实比我们要进步一些。但是现在几十年过去了，我们还那么依靠外国，那就不行了。

对于中国的现状，外国人绝对不如我们清楚。我们一定要自主创新。所以我提出要传承、转化、创新。我相信不久的将来，我们一定会站在世界建筑文化之前列。

采访后记　人老心不老

说齐康像"老顽童"一点也不过分。在他的工作室里，不但有可爱的毛绒玩具，还摆放着小木鞋、小海螺等各种小物品。在整个采访过程中，他很有些天马行空，完全抛弃了我们事先提供的采访提纲；毫无顾忌地打开桌边的小电视，里面放的是有些劲爆的流行歌曲。采访结束，他却像个孩子一样地问我们："这次采访，能给我打多少分啊？"

他说，人老了，不能"僵"。因此，他经常询问同事："我有没有'僵'啊？"我想，也许就是这点"孩子气"，让他始终保持着规划与建筑设计创作的激情，至今仍不断有传承、转化、创新的作品问世。

我们需要研究提高建筑抗震能力的综合治理措施，把防震减灾措施落实到每一栋房屋，才能消除一切隐患。

周锡元 1938.5～2011.5

江苏无锡人。1956年毕业于苏州建筑工程学校。曾任中国建筑科学研究院工程抗震研究所研究员，北京工业大学工程抗震与结构诊治北京市重点实验室主任、抗震减灾研究所所长，国家减灾委员会专家委员会成员，中国城市规划学会城市安全与防灾减灾委员会主任。1997年当选为中国科学院院士。

周锡元先生提出的场地相关设计反应谱一直为中国建筑抗震设计规范所采用；参与地震力统计理论和抗震设计方法在中国的开拓性研究，提出和改进了经济高效的隔震机构和体系；他是我国最早将城市和区域防震减灾技术作为系统工程加以研究的学者之一，主持和负责城市综合防灾若干关键技术的研究，参与和指导许多城市的抗震防灾规划，在防震减灾工作从单体工程向城市和区域综合防御的发展过程中发挥了重要作用。

1976年的唐山大地震在许多人的记忆中依然清晰：它让一个几乎完全没有设防的城市顷刻"消失"，成为一片废墟……

2008年，突如其来的汶川大地震，以及相伴而生的次生地质灾害，造成山崩地裂，许多城镇严重破坏，是新中国成立以来破坏力最大的地震。

回顾新中国成立以来的几次大地震，直面曾经的惨痛教训，2009年，著名工程抗震专家周锡元先生在接受访谈时提出：为了避免在低烈度区发生灾难性地震重演，我们有必要扩大抗震设防的范围，研究提高建筑抗震能力的综合治理措施，把防震减灾措施落实到每一栋房屋、每一个人。

地震区划是一个科学问题

地震区划本质上是一种长期预报，比临震预报要好做一些，但从目前看仍有很大难度。

对此我们必须好好研究。

采访者　从汶川大地震带来的巨大灾难中，您认为我们应该吸取什么样的教训？

周锡元　从汶川大地震可以看出：我们的地震区划图做得还不够准确。地震区划是一个科学问题，本质上是一种长期预报，比临震预报要好做一些，但从目前看仍有很大难度。包括在此之前发生的几次大地震，比如唐山大地震，都是发生在原来认为地震灾害并不是十分严重的地区。因此，对这个问题我们必须好好研究。

采访者　我国是从什么时候开始编制地震区划图的呢？

周锡元　我国最早的地震区划图是1957年公布的，简称为第一代区划图。当时这个地震区划图比例尺很小，烈度8度和8度以上强震区的面积很大，占国土总面积的一半左右。在当时，按照苏联专家的估计，建筑物按照7度设防，大致需要增加

10%的基建投资；按照8度和9度设防，大致需要增加20%和40%的基建投资。从当时的财力考虑是无法承担的。另外，这个区划图由于比例尺太小，也不便在实际中应用。

因此，政府部门做出了一般建筑暂时都不做抗震设防的决定，同时要求地震和地质研究部门进行更深入的研究，细化区域划分，缩小高烈度地震区的范围，把真正的危险区划出来。从1958年开始，着手编制抗震设计规范，试图总结经验教训，提高抗震技术水平，减少设防费用。

此后，地震区划图和抗震规范又随着科技的进步，结合实际情况，进行了几次修订。

有必要扩大抗震设防的范围

在目前的科学技术条件下，做出正确的地震预报和编制出完美的地震区划图，还有很长的路要走。

相对而言，提高房屋建筑的抗震性能容易一些。

采访者　　1966年的邢台地震、1975年的海城地震，以及更为惨烈的1976年的唐山地震，2008年的汶川地震，这几次大的地震，都是发生在原本以为地震危险性不高的地区？

周锡元　　地震区划是建筑抗震设防的前提条件和主要依据，区划图的正确性在很大程度上决定了抗震设防的实际效果。可是，在目前的科学技术条件下，要做出正确的地震预报和编制出完美的地震区划图，还有很长的路要走。

相对而言，提高房屋建筑的抗震性能容易一些。地震造成的灾难，特别是人员伤亡，主要是由于房屋倒塌造成的，保护建筑免遭地震破坏是减轻地震灾害的根本措施。虽然人们早就认识到这一点，但是由于观念、技术和经济方面的原因，地震灾难仍然不断重演。

采访者　　当年的唐山就是一座完全没有进行抗震设防的城市，在1976年的大地震中遭受了毁灭性的打击。

周锡元　　汶川大地震所在地区有一定的抗震设防要求，但是没有预料到会发生如此大的地震。你可以想象一下，如果汶川大地震发生在完全没有进行抗震设防的地区，又会造成怎样的破坏呢？

　　　　　　假如下一次地震还是发生在没有设防，或者设防标准很低的地区，那么后果依然非常严重。

采访者　　随着经济的发展、社会的进步，我们在抗震设防的技术和费用方面，已经不存在太大问题了吧？

周锡元　　新中国成立以来，特别是唐山地震以后，我国的抗震技术有了长足的进步。目前只需要很少的抗震设防费用来保障建筑物的安全，至少要比当年苏联专家估计的数字小1～2倍，甚至更多。

　　　　　　按照现在的抗震设计规范，6度设防的费用是很低的，但是可以有效地消除非抗震建筑的隐患。7、8、9度区的抗震设防附加费用，一般也只是结构造价的3%~5%、5%~10%和10%~15%。当然只能反映平均的情况，对于不同的结构形式，抗震设防费用的比例会有一些变化。

　　　　　　对于一般的中小工程，只要增加一些投资，采取必要的抗震措施，就可以抵御强烈的地面震动。

采访者　　为了避免在低烈度区发生灾难性地震重演，我们是否有必要扩大抗震设防的范围？

周锡元　　这是很有必要的。强烈地震是突发性的自然灾难，目前，在对其发生的规律尚不清楚的条件下，做建筑和工程设施的抗震设防，这是减轻地震灾害最基本、最重要的手段。我们需要研究提高建筑抗震能力的综合治理措施，把防震减灾措施落实到每一栋房屋。

　　　　　　随着经济社会的发展，结构造价在房屋总造价中的比例将继续呈下降的趋势，所有的建筑都按照抗震规范的要求进行设防也是完全可能的。

超前的防灾意识就是要把安全放在第一位

城市化的进程发展太快，致灾因素也在不断增多，我们必须有超前的意识。

提高抗震防灾能力，需要政府、公众、社会各界和科学技术人员共同努力。

采访者 中国是一个震灾严重的国家，在不能清楚断定哪儿会发生地震的情况下，我们需要扩大范围、未雨绸缪？

周锡元 特别是当前，我们正处在快速发展时期，这对抗震防灾既是挑战也是机遇。

过去我们经常说抗震防灾工作要与社会、经济同步发展，现在看来还是不够的，因为城市化的进程发展太快，致灾因素也在不断增多，为了减轻地震灾害，我们必须有超前的意识，始终把安全放在第一位，适度超前投入和采取超前的对策措施。

有一个值得注意的情况，在远离强震带的地方，有时也发生中等大小的地震，由于那里完全没有抗震设防，灾害也很严重。

采访者 扩大抗震设防范围、提高抗震设防标准，不是要花钱吗？现在很多地方愿意花巨资建大工程，但在抗震设防投入方面，就有些"小气"。

周锡元 关键还是思想意识问题。事实上，某一地区在多年不震的情况下，人们可能会觉得地震离自己很遥远，从而有意无意地忽略了抗震防灾。

比如说，你把这个地方定为9度区，高烈度区，需要加强抗震设防措施。但是很多年过去，它也没地震啊！有些设防的建筑物从建造到使用结束，也没有经受地震。时间一长，人们在思想意识上就麻痹了，甚至不再相信这儿会有地震，不太情愿在抗震设防上多花钱。

提高抗震防灾能力，需要政府、公众、社会各界和科学技术人员共同努力。汶川地震以后，国家修订了防震减灾法，并规定每年的5月12日为全国防震减灾日，这无疑会提高全民的防震减灾意识。除此以外，还需要制定和完善行之有效的能够为大家接受的政策措施。公众的防灾意识需要政府、民间机构和专业人员的引导和督促。在保证建筑物的抗震质量方面，业主的防灾意识和需求是重要的方面。除此以外，设计和施工的承包单位也是决定性的因素，设计施工的资质和工程质量需要有相应的监管和惩罚的措施。

现在的问题是有些地方没有设防

不管唐山也好，汶川也好，地震以后恢复重建的房子，往往都盖得比较好，抗震设防措施比较到位。但是没有经历过地震的地方呢？仍然不重视。

采访者　在汶川大地震中，同一地区，既有垮塌严重的房子，也有屹立不倒的房子。对这一点，您怎么看呢？

周锡元　从这次地震来看，经过设防的建筑大部分还行，说明我们的抗震规范、抗震设计还是十分有效的。但是也有很多建筑没有设防，或者设防没有达到标准，造成破坏很严重。

汶川大地震以后，我去做过调查，从调查情况看，严格执行抗震设计规范的建筑，一般都没有出现大的问题。

采访者　从汶川地震的经验教训可以看出，我们的抗震设防标准和规范，在有的地方执行不太到位？

周锡元　不到位有两个原因：一是当地制定的抗震设防标准偏低，不能满足经受强烈地震的要求；二是当地制定的抗震设防标准和要求到位了，但是在实际操作中却没有做到。

地震本身并不可怕，可怕的是地震带来的房屋倒塌。处在地震高发区的每一栋建筑，都要严格落实抗震措施，不能留下安全隐患。要加强管理，把抗震、防震的工作做到地震以前。现在的情况往往是地震以后才开始重视，而且随着时间的推移，久而久之又不重视了。

不管唐山也好，汶川也好，地震以后恢复重建的房子，往往都盖得比较好，抗震设防措施比较到位。但是没有经历过地震的地方呢？仍然不重视。

不少地方根本就没有进行抗震设防。在广大农村，农民建房基本不走市场，他自己找人盖房子，或者请当地的工匠，而当地的工匠可能没经过专业培训，也不一定有上岗证，本身又没有抗震设防的意识、知识和技能，自然也就不会在抗震设防上下功夫。

为什么就不能少盖一间房呢？

假设你盖五间房，能否拿出其中一间或半间房的钱用于采取抗震措施？这就足够完成整栋楼房的抗震加固了。

采访者　提高全民抗震防灾意识仍是当务之急？

周锡元　与改革开放以前相比，我国城乡的经济条件都有了比较大的改善，农民的房子往往喜欢盖得大，有一些地方楼上楼下，房间很多，根本用不完，但就是不重视抗震。为什么就不能少盖一间房，把这个钱用在提高房屋的抗震设防水平上呢？

假设你盖五间房，是否可以拿出其中一间或半间房的钱用于采取抗震措施？这就足够完成整栋楼房的抗震加固了。

在地震灾区调研时，我曾经和一家农户说起这事儿。他很惊讶地说："我不知道啊！要是早知道这些，就不会像原来那样盖房子。"看来我们的宣传工作还很不够。

采访者　技术和经济水平已经不是制约，最重要的就是提高人们的抗震防灾意识，加强引导、规范管理。

周锡元　要因地制宜，有针对性地采取行之有效的政策措施，动员民众自身的力量，同时对弱势群体要给予一定的扶持。比如，对于生活已经达到小康水平的，可以引导他靠自己的力量来解决抗震防震问题。但是生活上连温饱水平都没有达到的，政府就要考虑给予资助，最好是直接发放抗震材料和进行技术指导，帮助他提高房屋的抗震设防能力。

我们的最终目的是要让全民都能住上安全的房子，拥有安全的家园。

采访者　　在汶川地震救援中可以看到中国民众的强大力量。在抗震设防方面，我们也需要想方设法激发民众力量。

周锡元　　媒体要加强宣传，多宣传地震的危险和地震造成的重大损失，提高大家的安全防范意识。

随着技术的进步，按照抗震规范采取抗震措施所需要的附加投资已经不是很高了，只是结构造价的很少一部分。但是人们往往急功近利，愿意把钱花在眼下的舒适、美观上，比如买个空调、贴点漂亮的瓷砖，却对未来的长期安全重视不够，不肯在可能十年八年都不一定用上的抗震设防上多花钱。在功能改善和装修方面花钱可以说是无止境的，有一些房屋的业主，经济条件好了，房屋用了十年八年又重新装修。与此相反，在抗震方面虽然会花一些钱，但是很有限，在建房初期花的抗震费用基本上可以保障房屋在使用期内的安全，是一劳永逸的事情。

规划选址宁可偏安全，不要冒危险

规划选址，需要和地震部门、国土资源部门和规划建设部门联手，宁可要偏安全，不要冒危险。

采访者　　汶川大地震除地震直接带来的危害外，引发的大滑坡也埋了不少建筑。可以从中汲取怎样的教训？

周锡元　　汶川大地震一个突出的特点就是引起了高速的、远程的滑坡，带来的损失与伤亡是非常惨重的。这种情况过去也曾经有过，但不像这次这么严重。假如说滑坡地段没人，也就不会造成伤亡，因此，要绝对避免在地震滑坡地段进行建设。这就涉及规划问题。

我们在规划选址时，一定要避开断裂带，避开这些容易发生地质危害的地区。建筑抗震规范对此有明确规定，但是实施起来难度很大。以龙门山断裂带为例，它在1929年就已经被地质学家发现了，认为是欧洲阿尔卑斯山脉那样的逆冲断裂，属于危险地带。这个断裂带又是在穿过地险陡峭、岩石疏松的地带。长期以来，由于活动量很小，地震和地质学家一直认为这里可能发生中等到小的地震，但是就在这个断裂带，发生了巨大的地震滑坡。关键是如何把这些超危险地段划出来，既不能遗漏，也不能随意扩大范围，这是很艰巨的任务。如果实在鉴定不清楚，对于有争议的地段，为保证安全也应该避让或采取控制用地的措施。为此，需要有可操作的尺度和标准，需要地质勘察和规划设计专家共同努力。

规划选址，需要地震部门、国土资源部门和规划建设部门联手，宁可偏安全，不要冒危险。

超高层建筑没有经过地震检验

建筑追求美观、个性化，希望给人带来视觉冲击，留下深刻印象，这不能说不对。但是一定要考虑安全和经济，有没有安全隐患，综合考虑是不是值得。

采访者　新中国成立初期，曾提出"适用、经济、在可能条件下注意美观"的建筑方针，把"适用"和"经济"放在首位。而目前不少地方追求标新立异，喜欢盖超高层建筑，建筑形式追求奇、怪、特。这对抗震设防有何影响？

周锡元　超高层建筑还没有经历过特大地震的检验，国际上至今也没有先例。在强烈地震区，对各类建筑物的高度是有限制的。随着技术的发展，对建筑物的高度有所放宽。据我所知，超高层建筑中把现在已有的抗震措施和经验基本上都用进去了，从仿真分析的结果来看效果是不错的。一方面由于高层建筑太高，所受到的地震倾覆力比较大；另一方面由于它的振动周期比较长，远离了地震的主要周期，在抗震方面也具有一定的有利条件。在汶川大地震中，强震区有二十多层的建筑，这些建筑都有不同程度的抗震措施，都没有倒塌，从外观看破坏不严重，但有些建筑的内部损伤不容忽视。

采访者　那些在设计上追求大开间，在造型上追求奇、怪、特的建筑，会不会有安全上的隐患？

周锡元　建筑追求美观、个性化，希望能给人带来视觉冲击，留下深刻印象，这不能说不对，对于改变我国城市建筑的单一面貌也有积极的作用。但是一定要考虑安全和经济，有没有安全隐患，综合考虑是不是值得。据我所知，有的建筑为了实现外观上的奇特，又满足结构安全的需要，不计成本，增加了不少投资。这些钱花得值不值呢？

追求美观、特色，能不能用另外的途径呢？不一定非得局限在某一个单体建筑，可以考虑整体效果，与环境的呼应和协调，完全可以通过整体规划布局达到美观、新颖的视觉效果。

规划师和建筑师需要融合

就单个建筑的造型来说，建筑师的作用很重要；但还得要有群体的效果，这就需要规划师来做规划设计。

采访者　建筑师也需要反思：是始终将安全、适用放在首位，还是一味满足业主要求、追求标新立异？

周锡元　是的。另外，建筑师需要和规划师融合，跟结构工程师也要融合，毕竟规划是龙头，有了规划以后才能有建筑。

采访者　目前这三者协调得怎样呢？

周锡元　有处理得好的，也有不太协调的。

采访者　您认为应该怎样融合呢？

周锡元　三者要互相尊重、相互协调。从单个建筑的造型来说，建筑师的作用很重要；但还得要有群体的效果，这就需要规划师来做规划设计。结构工程师不仅要配合建筑师实施建筑方案，同时也要从结构的角度对建筑方案提出可行性分析和改进建议，提高建筑物的安全性和性价比。

在国外，建房子都要兼顾左邻右舍，虽然地皮是你的，但要盖什么样的房子，也必须征求邻居们的意见，这对于市容和环境的协调很有帮助，值得借鉴。

为了全民的安全家园

作为一个"自学成才的抗震权威",周锡元先生给我们留下的深刻印象是:严谨,平和。这可能是所有大师的共同特质吧?

据资料介绍,他的履历表上学历至今还是中专。通过不懈的努力,他于1997年当选为中国科学院院士,并成为世界著名的建筑抗震专家、博士生导师。

为了让全民都能住上安全的房子、拥有安全的家园,周锡元先生在地震工程学领域辛勤工作了40多年,成果累累。去世前的几年,他承担了多个城市抗震防灾规划编制项目,主编了《城市抗震防灾规划标准》等国家标准,并形成了城市安全减灾等特色研究方向,在业界上具有一定声誉。

鞠躬尽瘁,死而后已。他将自己的一生都奉献给了抗震减灾事业。

师大师 讲规划

有好多情况，一定要放到当时的历史时代背景里去研究，时间、地点、条件、经济力量不同，处理结果就会不同，这样比较客观。

储传亨 1928.11～2015.9

江苏宜兴人。1946年考入清华大学电机工程系，后转入土木工程系。1947年加入民主青年同盟，次年加入中国共产党。1947年2月参加工作。曾任北京市都市规划委员会经济组组长，中共北京市委研究室副主任，北京城市规划管理局副局长，北京市建委副主任，北京市城市规划委员会副主任，北京市市长助理，城乡建设环境保护部副部长，建设部总规划师、科技委主任，第一届中国城市规划学会副理事长、顾问。获中国城市规划学会终身成就奖。

储传亨先生从事首都城市总体规划综合工作，完成了1982年规划上报文本的审定工作；参与审定《城市建设技术政策》（蓝皮书），参与主编《中国当代城市建设》和《城市科学概论》。

从1947年参加地下党外围组织、从事革命活动，到1953年起开始涉足城市规划和城市建设，并结缘一生。储传亨先生因其民本情怀以及在规划领域所作出的突出成绩而备受敬重。

回顾新中国成立以来城市规划事业走过的道路，他颇有感慨："规划工作者要站得高、看得远，要从长远考虑问题。""城市规划的制定总是受当地历史条件的限制，对于北京市曾经出现过的一些有争议的问题，一定要放到当时的历史时代背景里去研究。"

城市规划建设要以民为本

如果都觉得自己有特殊需要，都是强势，谁是弱势群体呢？老百姓。退休以后我感受很深。中央主要领导同志是亲民的，他们身体力行，但是一到底下，特别是拆迁、占地，做得怎么样？

采访者 您曾经长期领导并参与北京的城市规划和建设。您认为有何经验教训？个人有何难忘的经历？

储传亨 应该做一些认真的回顾与总结，这笔账总是要盘点的。趁大家还健在的时候，把历史的经验教训贡献出来，对未来的发展会有很大帮助。前些年，北京市专门组织了班子，大部分是刚退下来的老同志，各行各业都在搞"志"，我也参加过一些讨论。

北京市的经验很值得总结，既有各个城市共性的问题，也有一些特殊的情况。比如规划管理矛盾就特别多，不仅涉及北京市的单位，还有中央机关、军事部门等，很多都是强势。

采访者 那时候还没有首规委？

储传亨 首规委是1983年成立的，全名是"首都规划建设委员会"，是万里同志提出要成立的。北京市的意思是委员会一定要中央副总理当头才行，万里同志的想法恰恰相反，他说：城市规划工作就是地方一元化领导，在京单位都要服从。当然，这样做会有一定难度。但万里同志说："谁当北京市长，谁就当委员会的主

听大师讲规划

任，我给他当后台。"

　　当时首规委的成员，除北京市外，国务院副秘书长、城乡建设环境保护部、总政治部、总后勤部、国务院机关事务管理局、中直机关事务管理局等部门的负责人也参加了。有问题就在委员会协商，最后市长拿主意，市长解决不了的问题再跟万里同志汇报，后来万里同志又把这个事情交给田纪云副总理主管。

　　首规委的建立，带动许多地方都成立了规划建设委员会，都是以市长为首的，特别是省会城市，也有些是书记出面。

采访者　城市是一个整体，但城市中往往集中了不同层级的职能部门，比如北京，既有中央的，也有市一级的，面临的矛盾比较复杂。

储传亨　这次《城乡规划法》里面专门加了一条："首都的总体规划、详细规划应当统筹考虑中央国家机关用地布局和空间安排的需要。"

　　首都城市建设的方针，第一条就是为中央服务。做好服务，责无旁贷。其实所有机关、企业、居民等都要统筹安排，各得其所。如果都觉得自己有特殊需要，都是强势，谁是弱势群体呢？老百姓。退休以后我感受很深。中央主要领导同志是亲民的，他们身体力行，但是一到底下，特别是拆迁、占地，做得怎么样？

历史问题，要放到当时的时代背景去研究

　　城市规划的制定受当时历史条件的限制，对于北京市曾经出现过的一些有争议的问题，应该用历史唯物主义的观点来看待，放到当时的时代背景去研究，而不能套用现在的情况和政策。

采访者　提到新中国成立之初的北京规划，就不能不说一说"梁陈方案"。至今仍有不少人认为：如果当年采纳了"梁陈方案"，北京会比现在好很多。您怎么看？

储传亨　规划工作者要站得高、看得远，要从长远考虑问题。城市规划的编制受当时历史条件的限制，对于北京市曾经出现过的一些有争议的问题，应该用历史唯物主义的观点来看待，放到当时的时代背景去研究，而不能套用现在的情况和政策。

一开始北京规划是两个方案，其中梁思成和陈占祥提出的方案是：从整体保护的构思出发，把中央行政中心放到西郊，为未来北京城的可持续发展开拓更大空间，避免大规模拆迁的发生。

我去过一些欧洲国家，老城主要是开展旅游，它不过几个平方公里。而我们呢？当时是大约62平方公里、164万人。这么多人在旧城里面，要求改善生活条件，你不能不管。再者，党中央、国务院已经在旧城办公，这是既成事实，刚刚成立的政权，马上搬迁也不合适。另外还有好多中央机关进入北京城后在一些王府办公，王府也挺好，不能空着房子不住，何况当时国家还拿不出来那么多钱来盖大楼。退一步讲，就算当时盖了房子也是两难，按照当时的条件，标准肯定高不了，以后也会成为"鸡肋"：拆也拆不动，不拆又不行。所以当时只能以旧城作为政治中心。

采访者　在当时的历史条件下，我们只能做这样的选择。

储传亨　苏联莫斯科专家更多的经验是以旧城为中心向外扩展，他们的想法应该说不错。另外，北京和美国的城市不一样，美国华盛顿没有什么工业，它的经济中心在纽约。荷兰也是这样，经济中心是在阿姆斯特丹，行政中心在海牙。咱们那时候对美国缺乏深入研究，正在抗美援朝，国家的政策又是向苏联一边倒。所以，这其中有好多政治和经济的原因。

从第二次世界大战的经验教训看，列宁格勒为什么保卫了三年没有攻破？很重要的一条经验就是它有强大的工人阶级，它由拖拉机厂改成坦克厂，生产出坦克，工人就开着坦克上战场。北京过去是消费城市，没有什么工业，万一发生战争，谁来保卫北京？

采访者　所以必须发展产业。

储传亨　要有工业，要有强大的工人阶级。

采访者　这也是时势所需。

储传亨　当时的建设任务很大，而规划还没有定，意见存在很大分歧。因此，市委提出要把两个方案综合起来，把他们的优点集中起来，赶紧确定一个方案。工厂建在什么地方，大项目建在什么地方，这都是很着急的事情。

当时做出来的方案，有好多是彭真同志的思想。现在回过头来看，眼光看得很远，很有前瞻性，方针都没有问题，就是为中央服务，为生产服务，归根到底是为劳动人民服务。那个时候中央明确强调以民为本，因为当时好多人失业，怎么样解决大家迫在眉睫的生活问题？得发展生产，先恢复后发展生产，这个方针没有问题。

后来方案确定了，梁先生他们当时也不赞成，但也都服从了。事实上他们的意见也采纳了一部分，比如在西郊建设了"四部一会"，即计委、财政部、一机部、二机部以及科学院、建工部等国家机关。

采访者 北京的旧城墙当年被拆除不少，至今仍为人诟病。

储传亨 当年，毛主席一定要拆城墙，解放军的一些高级将领也主张拆城墙，这个我们能够理解。为什么？因为解放战争中，咱们缺少重武器，拿着炸药包攻城，死了很多人，攻太原城、济南城都遇到这个问题。战争让战士们对城墙没有多少感情。

北京市委当时并不赞成马上拆城墙，认为只要不影响城市发展，何必花这个力气呢。但毛主席说得很肯定，甚至做了决定要拆，北京市委也不得不服从，但认为问题复杂、争论很大，反复研究还是暂缓行动。事实上，"文化大革命"期间，北京由于修地铁，旧城墙才被拆除。

采访者 在那个年代，大家的保护意识不像现在这么强。

储传亨 如果这个事情放到现在处理可能就不一样了，明城墙还修复呢。

有好多情况，一定要放到当时的历史背景里去研究，时间、地点、条件、经济力量不同，处理结果就会不同，这样比较客观。要不然老是批判过去，似乎过去的人都一无是处，这很不客观。

当时大家承认古建筑的价值，比如故宫，尽管宫殿是为皇帝服务的，但它是劳动人民劳动的结晶，要很好地保护。但具体到一些古建筑和城市发展有了矛盾，如三座门、四牌楼等。当时市委认为，既要保留和发展它合乎人民需要的风格和优点，又要打破旧的格局所给予我们的限制和束缚，所以不得不加以拆除。

这是必要的，也是可以理解的。

采访者　　回顾新中国成立后北京的第一轮规划，总体来讲，受苏联模式影响比较深。

储传亨　　1953年11月，在都市计划委员会提出的两个方案的基础上，规划小组正式提出了北京第一轮总体规划方案，即《改建与扩建北京市规划草案》，经市委讨论通过后，报请中央审批。

　　　　　1955年4月，北京市政府聘请了以勃得列夫为组长的苏联专家工作组来北京工作，帮助我们进一步研究和编制总体规划。在苏联专家的指导下，我们开始在北京历史上从来没有过的、系统、全面、广泛的关于工业、人口、用地、建筑、河湖水系、交通流量等等方面的调查研究。

　　　　　在此基础上，形成了《北京城市建设总体规划初步方案》，我们把方案说明送给梁思成先生审阅，梁先生的意见是"很好"。

　　　　　在修订规划中，我们强调苏联经验与北京实际相结合，并采取举办大规模展览的办法，广泛征求各方面的意见。党的八大前后，先后举办了多次大规模的规划工作展览。

采访者　　从材料记载来看，当时的展览取得了非常好的效果。

储传亨　　中外各界包括八大代表，国外共产党、工人党代表，中央各部门负责同志及干部，市人大代表、党代会代表、市政协委员、市区各部门以及部分省市建设部门干部和部分高校师生等7000多人参观了展览，其中包括刘少奇、周恩来、朱德、邓小平等中央领导同志。

　　　　　1958年，北京市委向中央书记处小平同志汇报，小平同志对方案原则上加以肯定。现在回过头来看，这个规划方案为后来的规划打下了很好的基础。

对农村问题应该给予更多关注

扪心自问我们对不起农民。

作为规划工作者，保障国家利益、整体利益、长远利益，这是我们的职责所在。对农村应该给予更多的关注。

采访者　　"文化大革命"期间，您曾经在农村下放三年。

储传亨　　这段经历对我来说非常重要。搞规划的人必须熟悉生产，对工业、农业、商业都要有所了解。我在工业战线工作过，对工业比较了解。但在下放之前，对农村了解不多。

　　　　　　1969年，我被下放到怀柔北部山区，在那三年时间里，我学会了挑水、种地，体会到农村生活的艰辛，了解到农民的需要，这些对我后来的规划工作大有帮助。

　　　　　　怀柔北部山区非常典型，当时，他们没有电，不知道电是什么东西，建成小发电站有了电灯以后，农民抽烟时拿那个对火，他认为那个地方亮着，可以点烟。

　　　　　　按照我们的原来规划，小区里面每千人50辆汽车。当时中央提出要消灭城乡差别，总理讲工农结合、城乡结合。我当时回来就讲：农村那么穷，咱们怎么想象农民连电都没有，而城里每千人50辆小汽车？这个指标可能要修改。

　　　　　　现在回过头来看，我没有预料到城市会发展那么快，现在每千人300多辆汽车，几乎小区里所有空地都停着汽车。

采访者　　只能放在当时那个条件下来看。

储传亨　　我们现在的规划，特别是《城乡规划法》出台，提出规划覆盖到城乡，这是一个很大的进步。但是村镇缺乏规划设计的力量，包括管理机构。我看到报纸上宣传"江南第一村"华西村，房子建得很好，但看上去就像是一片兵营。

采访者　　它绝不能成为中国的典型。

储传亨　　韩村也有钱了，真可惜，本来可以搞成园林化，但是也搞成了"兵营"。
　　　　　　我们到国外去看，小城镇比城市还漂亮、舒适，生活也很富裕。

采访者　　总体而言，新中国成立以来，城市面貌变化很大，但是村镇发展建设相对滞后。

储传亨　　扪心自问我们对不起农民。解放全中国主要靠农民。不论是抗日战争还是解放战争，农民付出了很大的牺牲。三年"大跃进"，再加上"文化大革命"，总共死了多少人？主要是农民。改革开放以后，城市发展要圈地，圈的多是农民的地。

作为规划工作者，保障国家利益、整体利益、长远利益，这是我们的职责所在。对农村应该给予更多的关注。

规划实施比制订规划更重要

我们以前做的大量工作主要是制订规划，遇到的矛盾毕竟是纸面上的东西，但是这个规划要落实到地面上就要实施规划，实施规划看来需要有一套经济政策。

采访者　"文革"期间，北京规划停止执行。"文革"之后，着手进行新一轮规划修编。您也是从那时开始，又从农村回到规划岗位，主要开展了哪些工作呢？

储传亨　1971年，在周总理的督促下，刚回北京主管城建工作的万里同志，主持召开了北京城市建设和城市管理工作会议，提出整顿城市建设混乱状态，恢复规划机构，加强城市建设管理工作，重新修订在"文革"中被停止执行的北京城市建设总体规划。1972年年底，规划管理小组恢复为城市规划管理局，我也从农村回到规划局工作。回到规划局以后，我做的大量工作就是修编规划。

在总结经验教训、分析现状、研究国外大城市资料等大量工作的基础上，进行了全面的修订工作。1981年，根据中共中央书记处关于首都建设方针的"四项指示精神"，完成《北京城市建设总体规划方案》，于1982年12月经北京市七届人大常委会审议通过后，报请党中央和国务院审批。

采访者　规划由党中央和国务院审批？

储传亨　因为这个规划很重要，在全国都具有示范意义。规划系统总结了规划实践中的经验教训和规划人员的亲身体会，研究了国外城市规划建设的资料，提出了切实可行的方案，对北京当时的城市建设发挥了很大的作用。

采访者　　1983年，您调到建设部任副部长，主管城市规划、住宅建设和城市建设工作。在这期间，您又遇到了什么问题呢？

储传亨　　我到部里来，首先就是按照万里同志指示，举办市长研究班，解决市长的观念问题，从习惯于直接抓生产、抓企业转变为抓城市规划、建设、管理，解决重视规划的问题。接着成立城市科学研究会，帮助市长科学、民主决策。

　　　　　　之后我又遇到了一个问题：万里、胡启立同志提出要研究保障实施规划的经济政策。我们以前做的大量工作主要是制订规划，遇到的矛盾也大多是纸面上的，但是这个规划要落实到地面上，就要实施规划，实施规划需要有一套经济政策。

采访者　　实施规划遇到怎样的问题？

储传亨　　实施规划遇到了城市基础设施的问题：由于国家的配套建设资金严重缺乏，城市基础设施长期欠账。以北京市为例，非常典型的就是当时西二环路有一栋楼叫"鬼楼"，楼房盖起来了，但没有电、没有水，长期不能使用。为什么？北京每年市政建设投资就那么多，配套跟不上。

　　　　　　我们经过反复研究，提出可以考虑学习沈阳综合改革试点的经验，采取征收配套设施增容费的措施。

　　　　　　当时北京市向中央汇报，田纪云同志主持。北京市提出对建设项目征收"四源费"（水、气、电、热）的意见，刚开始财政部、计委都不赞成。问城乡建设部，我说我赞成，有两个好处：第一，基础设施不管谁出钱，这个钱是少不了的，房子盖起来总得要用，与其盖起来后再追加投资，时间拖长了不能按时投入使用、发挥效益，不如一开始就纳入计划，充分发挥投资效益；第二，有利于缩短基本建设周期。

　　　　　　我的意见得到了田纪云同志的认可。这在当时来说，初步落实了配套建设的问题。当然，发展到后来又出现了新的问题，如到底该怎么算，收多少钱。应该说这是发展中的问题。特别在住房商品化以后，哪些应该由城市负担？问题比较复杂。

为人民利益尽职尽责

> 规划是为人民谋福的崇高职业，如果只是服从于当地，违背长远利益、公众利益而追求近期效果，等同于是商业行为。

采访者　您认为规划工作人员承担着怎样的职能？

储传亨　从新中国成立之初到现在，我们规划队伍有很大发展，水平也提高很多。过去我们的规划单位有这样的职能：代表国家整体的利益，这个观念比较强。但是实行市场经济以后，这种职能有所淡化。

采访者　现在市场的力量过于强大。

储传亨　规划工作者是为人民谋福的崇高职业，如果只是服从于当地，违背长远利益、公众利益，追求近期效果的需要，等同于是商业行为：你出钱我给你做规划，你要求什么我基本按照你的要求做。

采访者　不论何时，维护公共利益是规划者安身立命之本。

储传亨　我们要对得起国家，对得起老百姓，以人为本是很深刻的，最后的一切目标都是为老百姓服务。新中国刚成立的时候经常讲，共产党是代表最大多数人的最大利益，最大利益就是长远利益，当然也包括当前利益，为这个利益服务。加入党组织为什么呢？不是为了我们本身，我们是为人民服务的，为他们的利益服务。

规划工作者就是运用我们的规划手段，为人民群众创造最好的生产、工作和生活环境，我们是为了这个公利，而不是为了私利，尽量照这个目标做。有好多制约因素做不到怎么办？我只能说：做到问心无愧，尽到自己的一份责任。

采访后记　最重要的是问心无愧

"无论做什么事儿，无论处在顺境还是逆境，最重要的是要有目标，并且为这个目标做出最大的努力。"储传亨先生说："我的目标就是四个字：问心无愧。我们要对得起国家，对得起老百姓，以人为本是很深刻的。"

作为长期从事城市规划工作的老前辈，储传亨先生为我国的城市规划事业做出了重要贡献。而他的谦虚平和、细致认真，以及对于世事的洞彻练达，更是给我们留下了至为深刻的印象。不但对过去的历史风云了然于胸，客观评判，而且，对于今天的世事纷纭，他同样深切关注，把脉准确。

"我们工作是为了什么呢？不是为了我们自身，我们是为人民服务的，运用规划手段，为人民群众创造方便、安全的环境。面对好多制约因素，怎么办？要尽到自己的责任，做到问心无愧。"

"尽到责任，问心无愧。"我想，这可以成为规划工作者的共同追求。

立足长远和全局利益考虑城市规划问题

137

要做点事情，不是一下子就能成功的，特别是规划建设的问题，包括名城保护等，要有长期打算。

朱自煊 1926.7~

安徽省休宁县生人。清华大学建筑学院教授，梁思成先生创办的清华大学建筑系第一班学生，1950年毕业留校执教至今。第二、三届城市规划学术委员会委员，第一届中国城市规划学会理事会理事，1999年起任中国城市规划学会荣誉理事。中国城市规划学会城市设计学术委员会、历史文化名城规划学术委员会的创始人。中国城市规划学会资深会员。获中国城市规划学会终身成就奖。

朱自煊先生是最早将城市设计引进我国城乡规划领域的学者之一，提倡在城市设计中保护山水格局、传承历史文脉、彰显城市文化、塑造风貌特色、提升环境品质的学科要义，推行将城市设计贯穿城市规划全过程的设计要求。在我国30多年历史文化名城保护历程中，始终是第一线的呼吁者、实践者、守望者。为人正直、品格谦和、务实勤勉、海纳百川，培养并影响了一大批城市设计和名城保护领域专业人才。

"小康不小康，关键看住房。"这是一句老话。其实，住宅就像一个晴雨表，它不仅折射出经济水平的发展变化，而且也见证着规划设计理念与实践的历史变迁。新中国的规划设计究竟走过了怎样的历程？有何经验教训？

清华大学教授、中国城市规划学会资深会员朱自煊先生就此接受了我们的采访。我们的话题就从住宅说起。

适用、经济、美观：奇形怪状不应走进日常生活

作为领导，不能盲目讲排场、相互攀比，不顾市情、省情、国情，脱离建筑空间的规律；规划设计师要充分体现社会的需求，不能唯领导、开发商意志是从。

采访者　数十年来，您一直从事城市规划和城市设计方面的工作，并在居住小区规划和住宅建设方面也做了不少工作。回顾历史，您认为有什么经验教训？

朱自煊　从住宅层面确实可以反映出我们城市规划、设计上的很多问题。从20世纪50年代末60年代初开始，我们主持了北京部分居住小区的规划设计工作。比如最早广渠门外的垂杨柳小区，在小区的布局上，我们提出了在规划上成组成团的思想，被大家所接受；随着住宅工业化的发展，到20世纪60年代末，我们又开始装配式住宅试点，比如左家庄新源里小区；70年代，又在东方炼油厂规划建设了迎风小区；90年代初开始，规划建设塔院等高层住宅。

那时住宅不像现在，还没有商品化，由于我们长期是发展中国家、短缺经济，当时的建筑方针是：适用、经济、在可能条件下注意美观。

采访者　也就是说，如果条件不允许，就可以不注意美观了？

朱自煊　这个提法有一些片面性。现在应该讲适用、经济、美观，这是建筑方针。其实美观并不一定要多花钱，比例是否合适，色彩是否协调，都是美观的重要内

容，不用多花钱就能做到。

那时候有一些片面性，盖了不少的简易楼，我们叫"窄小低薄"：进深窄，面积小，层高低，墙体薄。现在回过头来看，简易楼盖得太多，也是另一种形式的浪费。那时也谈不上有什么城市设计，没有色彩，整个住宅区都是灰颜色，就像那时候我们的着装——一片蓝、一片灰。

从20世纪90年代开始，住宅商品化以后，经济基础、建设体制、投资渠道都发生了变化，人们的需求也发生了相应的变化，住宅市场开始繁荣。

采访者　好像又走向了另外一个反面：普通百姓买不起房？

朱自煊　从规划设计上来说，过分注重形式，讲求所谓的品位，脱离了广大群众，只为少数有钱人服务。所以出现了很多别墅豪宅，号称"豪华"、"至尊"等等。

采访者　不光住宅，公共建筑上的形式主义就更厉害了，标新立异，奇形怪状。

朱自煊　这是一种片面美观，以刺激人的眼球为目的。这在西方也不奇怪，过去很多建筑设计追求时兴、新潮，但是只能在小范围里、在建筑杂志上来宣扬，多数建的房子并不是这样。当然也有盖起来的，那也只是作为学术上的一种探讨，并非大批量建设。就像时装表演，各种各样的展示，只不过是展示一种设计的风格，多数不会进入人们的日常生活。

我觉得重要的公共建筑，代表国家形象，弄成奇形怪状很不好。比如国家大剧院，放在那儿不协调，无论从政治上、艺术上还是文化上，都站不住。有的领导好大喜功，特别喜欢追求这种东西。俗话说："上有好者，下必甚焉"。领导喜欢什么，底下的人就会迎合、拍马屁，以致这种风气还很厉害。前段时间中央召开大型公共建筑座谈会，重申建筑方针，我觉得很有必要。

采访者　也算是"拨乱反正"吧，把浮夸的倾向扭转过来？

朱自煊　对，转过来。作为领导，不能盲目讲排场、相互攀比，不顾市情、省情、国情，脱离建筑空间的规律；规划设计师要充分体现社会的需求，不能唯领导、开发商意志是从。

听大师讲规划

把握大势，尊重规律：拒绝浮躁才能自主创新

过去很多优秀的作品都是在相对艰苦的岁月里创作出来的，现在条件好了，反而坐不住了，急于赚钱，急于出名。其实真正做出成果的，往往并不计较名利，不是以获奖为目的。

采访者　应该说，中央政府对当前存在的问题非常清楚，提出了科学发展观、和谐社会等非常好的理念。那么，对于规划建筑师而言，这意味着什么？

朱自煊　我觉得作为规划设计师来说：第一，对于中央这些精神，要深刻认识、认真对待，要将其作为规划的指导思想，设计的总原则。第二，要看到建筑和规划的规律，这个规律是整个世界学科的规律。比如建筑和谐规律，要体现空间的和谐和整体性，这是很要紧的。城市设计一定要讲求和谐、讲求整体，创新是建立在既有继承又有发展的基础上，这样才能融入整体环境里。

采访者　怪异的建筑往往是打了创新的旗号。那么，您怎么看待规划设计的自主创新呢？

朱自煊　我觉得主要还是得从实际出发，这是最要紧的。搞规划设计，要立足于国情、省情、市情，联系当地情况，实事求是。真正的自主创新，是建立在既了解国内外总的发展趋势，又结合实际解决当地问题的基础上。

包括城市形象也是这样，形象好不好，不在于你的建筑高不高，是否摩登时尚，而是要建设得真正符合你这个城市的特点，把城市本身自然的、人文的、社会的特点充分表达出来，而且又是老百姓喜闻乐见的，符合科学发展观，体现人与自然、人与人之间的和谐。

规划设计创新是个实践的过程，和书画艺术品不一样，它要花大量资金来建设，建成以后还要为大量的人所使用，要通过实践的检验。创新一定要和环境友好，要让公众感到赏心悦目，要为构建和谐社会起到积极的作用，而不是"搅局"。规划设计师要有社会责任感，别去"助纣为虐"。

采访者　做到这一点，需要扎实深入的调查研究。而现在的社会风气，显然有些浮躁。

朱自煊 是这样。浮躁、表面，体现在各个方面。我们过去很多优秀的作品都是在相对艰苦的岁月里创作出来的，现在条件好了，反而坐不住了，急躁、匆忙，急于赚钱，急于出名。这和我们转型期的经济社会环境有关。其实真正做出成果的，获得诺贝尔奖的，往往并不计较名利，不是以获奖为目的。

规划师和建筑师一定要有长远的社会理想，要立志为市民、城市乃至于为国家争得荣誉，为后人留下不朽的作品。尤其是一些重要的建筑、场所，历史责任感是第一位的，名和利是第二位的，是附属品。

采访者 就建筑设计而言，回顾过去几十年的历程，您认为我们留下哪些自主创新的不朽作品？

朱自煊 新中国成立10周年时候的有些建筑，集中了大家的智慧，体现了新中国的自主创新。比如民族文化宫、中国美术馆、人民大会堂等等，把现代建筑的功能、体型和中国的民族传统结合起来，又是群众所喜闻乐见的，这些建筑现在看起来仍然很不错。

规划设计是动态的过程：一定要结合当地的力量

规划设计牵扯的面很广，要跟当地的社会、经济等紧密结合，特别是要和当地的文化、风土人情等结合得非常好，外国人在短期内很难掌握。

采访者 近几年，一些地方领导非常喜欢请境外人士来做当地的规划设计，甚至对"洋规划"、"洋设计"更信任，高看一眼。但也有专家断言：请外国人做的规划，没有一例成功。对此，您怎么看呢？

朱自煊 请国外的人来做中国的规划设计，确实很不容易成功。规划设计牵涉的面很广，要跟当地的社会、经济等紧密结合，特别是要和当地的文化、风土人情等结合得非常好，外国人在短期内很难掌握。而且，规划设计是个长期的、动态的过程，并非一朝一夕之功。

比如我做安徽屯溪老街的保护规划，从1985年开始的20多年，我始终跟踪它，几乎每年都去，一直和当地保持着密切的联系。我本人就是安徽人，和当地百姓沟通非常方便；在做规划的过程中，我也特别注意充分依靠当地的规划建筑设计力量，这样有利于延续它原有的风格。

我跟当地建议：这条老街上所有的建筑方案坚持"一支笔"，请当地的一位老建筑师来把关。他退休前是当地建筑设计院的总工，很熟悉当地的情况。后来，当地政府换了几届，规划局局长也换了几届，但都尊重我对这个老街的指导，接纳我的建议。这样坚持下来，屯溪老街的风格没有乱，并带来了很好的经济和社会效益。后来建设部把它作为全国的试点。

采访者　如您所说，规划设计一定要和当地结合，要依靠当地的力量做规划，而不是盲目崇洋。

朱自煊　是这样。一定要和当地紧密结合。

采访者　在历史文化保护方面，听说北京什刹海也是一个成功的范例，而且，保护规划也是出自您的手笔。

朱自煊　北京什刹海的保护规划，也是我和其他老师带着学生做的。从1984年开始，先做了总体规划，1992年总体规划批准实施；后来我们又帮助做了详规，逐步整治。说起来，也一直跟踪了20多年。现在我退休了，这个项目主要交给年轻的同志接着做，但一些重要的会议仍经常请我去参加。

规划建设住宅小区和新农村：老百姓的利益和意愿最要紧

不管过去、现在还是将来，住宅区建设也好，新农村建设也好，一定要以老百姓的利益和意愿为主，一定要得到老百姓的支持，这是最要紧的。

采访者　这几十年，您不但在教书育人、研究理论方面颇多建树，在具体的规划设计实践上，也树立了很好的典范。屯溪和什刹海的保护规划，应该算是您最满意的作品吧？

朱自煊　也说不上最满意。要做点事情，不是一下子就能成功的，特别是规划建设的问题，包括名城保护等，要有长期打算。要深入其中，充分了解并尊重老百姓的意愿，这一点也是非常重要的。

　　这几十年我不仅有住宅小区方面的实践，也有农村建设的实践，不光有成功，也有失败。农村建设中，最大的失败就是河北徐水新农村建设试点。

采访者　失败在哪里呢？有何教训？

朱自煊　当时的指导思想就是错的。毛主席曾经到徐水视察过。建设徐水新农村试点，是1958年"大跃进"时候确定的项目，这个项目让我负责。我带了100多人到徐水去，这100多人里面，包括建筑、规划、土木等各个方面的技术人员，在土木方面，有搞材料的，有搞给排水的，也有搞暖通的，可以说技术力量非常充足。

　　当时的指导思想是：农民公社"一大二公"，取消家庭。要求我们以夫妻为单位，设计一间一间的集体宿舍，孩子全部住幼儿园，老人进敬老院，就要按这个指导思想来建设。

采访者　这样的"新农村"，农民喜欢吗？

朱自煊　这完全违背了农民的意愿和当时的实际情况，农民也很不乐意，但是每次开会讨论时又都不敢说。

　　对于这个指导思想，当时我并不同意，打心眼里不赞成。陈毅副总理也曾经讲过："我觉得还是以家庭为单位好。"我就仗着陈毅的这句话，希望能够有所改变。

　　但是没办法，胳膊扭不过大腿，上级组织还是这样决定了。我也不能不服从，只好硬着头皮做。

采访者　过去很长一段时间，对现代化的简单理解就是"楼上楼下、电灯电话"，当时作为新农村建设试点的徐水，是不是也是这样呢？

朱自煊　是的。规划设计方案是盖楼房，而且还有不少是三层楼，但实际建设起来很困难，当时农村都是平房，盖三层楼，连脚手架都没有那么多。

采访者　怎么办呢？

朱自煊　县委书记带着我们去偷人家的电线杆。当然，说是不叫"偷"，叫"借"。电业局的电线杆放在那儿没有用的，县委书记连夜带着学生、民兵搬过来，连夜捆好当脚手架用。等到第二天人家发现了，再解释：对不起，用完了再还你。

　　　　　当时脚手板也不够用，就号召农民把家里的门板都拆下来，拿来当脚手板用。农民不愿意，可也没办法，只好换一个稻草的帘子当门板。

采访者　违背农民意愿，这真是好心办傻事。

朱自煊　完全脱离实际，不符合当时的实际情况和农民的真实需求。

　　　　　上级来一次人，我就反映一次情况。直到后来，周总理来徐水视察，这个项目才停下来了。虽然勉强建成，最终不了了之。

　　　　　我记得当时周总理视察时，我和支部书记等几个人一起陪着。总理就问：中央政治局刚开过纠"左"的会议，你们知道了吧？我们说知道了。总理不再说什么。看了一圈后，他问：你们这儿的孩子都上幼儿园？老人都上敬老院？我们说是的。总理看看一起跟着的县委书记，又问：你有老人吗？你家里的老人愿意去敬老院吗？他当时非常紧张，不敢说愿意，又不敢说不愿意。

　　　　　总理也不再问了，实际上是在批评。当时我们的新农村就盖在原来老村的边上。总理又到农民家里去，一看门帘都没有了，问他们冷不冷，又去掀开锅，看看锅还在。

采访者　后来这些新农村的房子怎么样了？

朱自煊　后来房子就拆了。当时盖房子时缺少钢筋，就试验用芦苇做钢筋，实验怎么也过不了关。于是把芦苇扎成厚的，底下用"木龙骨"，芦苇铺在上面叫"芦苇拱"。食堂大跨度做"芦苇拱"。过了一段时间，"芦苇拱"塌了，房子也统统都拆掉了。

采访者　　这真是一个深刻的教训。对今天的我们来说，仍有重要的借鉴和启发意义。

朱自煊　　是的。我深深地体会，不管过去、现在还是将来，住宅区建设也好，新农村建设也好，一定要以老百姓的利益和意愿为主，一定要得到老百姓的支持。特别是现在我们搞新农村建设，一定要得到农民的支持，这是最要紧的。

采访
后记

历史就是"翻烙饼"

　　长期从事城市规划和城市设计方面的教学、理论研究和实践工作，朱自煊先生堪称是硕果累累、桃李满天下。

　　从1953年开始，他先后参加了北京，河北邯郸，河南洛阳，山西临汾、长治、河曲等城市的城市规划工作。1958年以后，他开始探索我国自己的道路和城市规划理论，提出将城市规划与区域规划结合起来，以城乡结合的观点来考虑城市的发展问题；把城市规划与城市设计结合起来，强调体型环境的设计；把规划和实际建设结合起来，重视理论与实践的结合。20世纪六七十年代，他在居住小区规划和住宅建设上做了不少工作，先后主持了北京部分居住小区规划和住宅设计工作，如广渠门外垂杨柳住宅小区、左家庄小区、迎风小区和塔院小区等居住小区的规划设计。此后，又参加了黄山风景区和圆明园的规划。进入20世纪70年代末，他开始关注城市保护问题，引入国外先进的保护思想和方法，在北京什刹海、安徽屯溪老街的保护更新工作中加以实践，取得了较大的成功。

回顾新中国半个多世纪规划设计走过的历程，不是一条顺利的直线。朱自煊先生用了"翻烙饼"（要两面烙烙）和"飞机飞行"（不是一条绝对的直线）的形象比喻——历史就是在这样的迂回曲折中发展的吧？

回顾历史，总结经验，冷静反思，拨乱反正，让我们更好地谋划明天。

规划工作者首先代表的是城市的整体利益、长远利益，这是工作之本，离开了这个本，城市规划就无从谈起。

宣祥鎏 1929.4～2012.12

上海嘉定人。1951年毕业于清华大学，在北京市委高等学校委员会工作，1955年5月调入北京市都市规划委员会工作。曾任北京市建设委员会副主任，首都规划建设委员会副主任兼秘书长、办公室主任、专家顾问，首都建筑艺术委员会主任，首都城市雕塑艺术委员会主任，北京城市科学研究会城市雕塑与环境艺术委员会副理事长，北京市旧城风貌保护及危房改造专家顾问组成员，中国市长协会咨询委员会委员，中国城市规划学会资深会员。

宣祥鎏先生数十年领导和参与北京市城市总体规划及各项重大工程规划设计、修订和审定，为北京城市规划建设事业作出重要贡献，荣获国务院颁发的政府特殊津贴。

"规划是龙头"的口号，我们已经喊了若干年。然而，接受记者访谈时，宣祥鎏先生强调的第一点却是：希望全社会各行各业都真正认可规划的"龙头"地位，这一点应该形成共识。对于城市规划如何面对复杂的社会矛盾，如何更好地发挥好作用，他也有自己的独到见解。

规划"龙头"，各行各业都应认可

在整个社会发展、城市建设中，规划应该起到什么作用？我认为是龙头、马首，要唯马首是瞻。

一定要改变"城市规划是摆房子"的片面观念。市长更不能有这种想法。

采访者　新中国城市规划事业波澜起伏，走过了丰富的历程。从20世纪50年代以来，您一直参与北京首都规划建设，回顾过去，着眼现在，有何深刻体会？

宣祥鎏　城市规划的龙头地位一定要形成全社会的共识，各行各业都应该认识规划的龙头地位。在整个社会发展、城市建设中，规划应该起到什么作用？我认为是龙头、马首，要唯马首是瞻。

城市规划具有高度的综合性、战略性，从它对城市发展的作用看，城市规划是一个城市的长远和近期发展的战略性的全面部署以及对城市各组成部门的综合安排，是指导一个城市的社会发展、经济发展、文化发展以及各项建设事业发展的蓝图。我们一定要把城市规划的龙头地位和作用向全社会宣传，达成共识。一定要改变"城市规划是摆房子"的片面观念。市长更不能有这种想法。

采访者　这几年"规划是龙头"的口号一直提得比较响，各地对城市规划工作也普遍比较重视。今天您重新强调这一点，有什么新内涵吗？

宣祥鎏　没错，从这一点上讲比过去有所进步，领导不是不抓规划。但抓规划还有一个怎么抓的问题，城市规划如何实施，如何实现决策的民主化、科学化、法制化，都有待于进一步探讨。

站稳立场，直面三组基本矛盾

城市规划矛盾重重，归根结底，就在于处理三组基本矛盾。这三组矛盾处理得好不好，决定着规划工作者的水平高低。

采访者　您认为城市规划在决策和实施中面对哪些矛盾，如何应对？

宣祥鎏　城市规划矛盾重重，归根结底，就在于处理三组基本矛盾：一是局部利益与整体利益的矛盾；二是当前利益与长远利益的矛盾；三是坚持原则性与适度灵活性的矛盾。这三组矛盾处理得好不好，决定着规划工作者的水平高低。规划工作者首先代表的是城市的整体利益、长远利益，这是工作之本，离开了这个本，城市规划就无从谈起。

对一个城市来讲，城市规划方案代表城市的整体利益，各单位、各部门都是局部。各个局部，无论地位高低、位置远近、占地大小，都是城市的一部分，也都是城市的服务对象，离开了局部，无所谓整体利益。因此必须在城市规划的指导下合理发展，一切建设行为都必须服从统一的规划管理。局部和整体一般来说都是一致的，但往往也有矛盾。有矛盾时，就要求局部服从整体，必要时要牺牲一些局部利益，服从大局。

局部利益和整体利益的矛盾往往表现为当前利益和长远利益的矛盾，每个局部也有一个当前和长远之间的矛盾。比如，总体规划确定了城市的发展方向和目标，并提出了实现目标的战略性政策和措施，控制性详细规划把总体规划的各项原则和规定细化到每个规划地块上，用于指导和控制当前建设。所以，规划往往代表了城市的整体利益和长远利益；而建设单位一般注重近期的经济效益。因此在规划工作中，要善于引导他们服从城市的整体利益和长远利益。

还有原则性和灵活性的矛盾。有人说，规划要坚持高度的原则性和高度的灵活性，对这个提法我不赞成，我认为原则性是高度的，而灵活性只能是适度的。目前，中国城市规划的法规体系已经基本建立起来了，城市规划工作有法可依的局面已经形成，所以在规划工作中是有明确的原则要坚持的，而且是必须坚持的。但是具体的规划工作中，并不是每个问题都有明确的规定，往往要求规划工作者根据法律、法规和各项政策，具体问题具体分析，灵活地运用现有的原则，创造性地解决问题。但这个灵活性一定是适度的，大原则不能违背。

采访者 您这些年一直参与北京的规划建设，在处理这些矛盾中，有何难忘的经历？

宣祥鎏 我这一辈子都在面对这三大基本矛盾，也一直都在坚持。

比如五棵松奥林匹克中心的选址。这块地在五十多年前的规划中就是一个体育公园，几十年来，不少单位想方设法希望能挪作他用，但是我们一直顶住压力，从规划的长远利益和整体利益出发，坚持把它作为体育设施用地，五十多年未曾改变。

我再给你讲一个北京北中轴线穿过总政大院的事例。1989年，为迎接第十一届亚运会的召开，在北京市区北部建设规模宏大的国家奥林匹克中心和亚运村，并开始了自元大都以来七百多年间，中轴线的第一次向北延伸。当年，就在北中轴线南北两条道路即将会师的时候，遇到了总政大院这一难题。如果打通中轴线，就要穿过总政大院。当时，不少人来说情，要求变通，有一种设计方案建议可以让中轴线从总政大院的地下穿过去。

当时我态度明确，坚持规划，坚决反对，讲道理、摆事实，顶住压力，谁说也不行。中轴线到这儿就转到地下，将来我们怎么向后人交代？很明显，这就是局部利益和整体利益的矛盾，相对北京城而言，总政大院是局部。最后，中央、部队、规划部门商量后统一了意见，中轴线打通了，这个问题得到了妥善解决。

科学规划，牢牢把握"三个三结合"

改造旧城工作中，不仅要保护固有的风貌，而且要在继承前人的成就上，创造出高于前人、富有时代气息、不愧于后代的风貌来。我们不能照搬照抄，而应该在继承的基础上有所发展。

采访者 规划工作者，确实应对城市长远的未来发展负责。那么，回顾半个多世纪的发展历程，对加强城市规划本身的科学性，您又有何见解？

宣祥鎏 什么是城市规划？首先，从城市规划对城市发展的作用看，城市规划是一个城市的长远和近期发展的战略性的全面部署以及对城市各组成部门的综合安排，是指导一个城市的社会发展、经济发展、文化发展以及各项建设事业发展的蓝图。

其次，从城市规划的主要任务看，城市规划要确定城市的性质、规模和方向，以及对各项建设的综合空间布局和形态。原建设部一位同志曾经把它概括为"五定"：定性、定量、定向、定位、定形。对此，我很赞成。一个城市的总体规划必须与国土规划、区域规划相协调，总体规划是指导其他各项规划包括土地使用规划的基础。

再则，从城市规划工作的性质来说，城市规划是一门集自然科学、社会科学、建筑园林、交通、文化艺术等学科于一体的综合性科学；它又是一种政府行为，它由政府组织编制，按程序报审，审定后则具有法律效力，因此，它是各项城市建设和管理的依据和龙头。

我一直提倡，对我国的一切建设，城市规划工作者要牢牢把握三个"三结合"。

采访者　具体是哪三个"三结合"呢？

宣祥鎏　一是建设工程要注重经济效益、社会效益和环境效益相结合；二是建筑工程要力求做到实用、经济、美观的三结合；三是建筑艺术要力求做到民族传统、地方特色、现代精神的三结合。

我认为，所有的规划建筑设计方案，只要用"实用、经济、美观"的标准来衡量，就可以排除种种迷雾，正确把握基本判断。"经济"并不完全是造价低，要节地、节能、节水、节材，这都是经济。也不能仅考虑建造时候的经济，长远的运行成本也要包括进去。

还有一个民族传统的问题。要不要传承中国传统的风格？民族的才是世界的，没有特色，就没法自立于世界之林。中华民族历史文化传统极其深厚，有鲜明的民族特色，这一点绝不能自暴自弃。当然，我们要有时代精神，不能墨守成规，但是现在崇洋媚外的风太盛。我们为什么不去追求我们自己的一些东西？

我们既反对复古，也不赞成对自己的民族传统采取虚无主义的态度。根据北京旧城的实际情况，一方面，我们反对不论精华和糟粕，对古建筑原封不动保留，对新建筑一味模仿古建筑的模样；另一方面，我们也反对把体现古都风貌的建筑统统看作是糟粕，认为已经没有保留价值，而让一些平庸的、抄袭的式样全摆在北京的土地上。同时，我们更要避免为了追求经济效益，不顾环境效益，到处乱建，破坏古都风貌的各种建筑。

我们这一代人，要有高度的历史责任感，改造旧城工作中，不仅要保护固有的风貌，而且要在继承前人的成就上，创造出高于前人、富有时代气息、不愧于后代的风貌来。我们不能照搬照抄，而应该在继承的基础上有所发展。

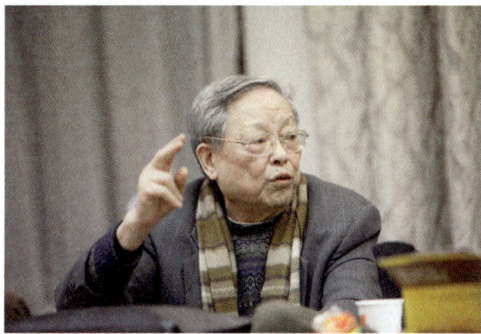

翩翩儒将　剑胆琴心

2005年，一篇题为《宣祥鎏：翩翩儒将　剑胆琴心》的长篇通讯，对宣祥鎏先生给予了高度评价，称他为："坚毅的学子"、"执着的骄子"、"刚正的赤子"、"博学的才子"。

1949年8月，宣祥鎏加入中国共产党；1955年，北京市政府聘请以勃得列夫为组长的苏联专家工作组来北京，帮助研究总体规划的编制，并成立了北京市都市规划委员会，急需调集一批学理工科的干部，协助苏联专家的工作，宣祥鎏被选中了。也就是从那时起，他进入了城市规划的大门，这一进就是几十年，城市规划成为他一生的追求。即便在退休以后，他依然没有停止工作。

2006年，正值中国城市规划学会成立50周年庆典之际，宣祥鎏先生赠送的题词让我们印象非常深刻："坚定实践自主创新发展路线，深刻总结古今中外成败得失，放手开展学术研究自由讨论，统筹兼顾各族各地城乡建设，努力独创中国特色规划学科。"

我想，这代表了规划前辈们的殷殷期望与重托，也是规划工作者们应该努力践行的方向。

规划龙头昂起来

153

相比古城墙的保护而言，城市大的布局更重要，有利有弊，选择是十分重要的。

李 准 1923.8~2010.4

生于北京，祖籍福建福州。1945年6月毕业于北京大学工学院建筑系，1948年9月参加工作。曾任北京市规划局总建筑师。中国城市规划学会资深会员，全国历史文化名城保护专家委员会委员，北京市规划委员会高级规划师。

李准先生长期从事城市规划管理，对项目选址、方案审查以及法制建设、规划管理程序等深入研究，提出了多项建议。曾参与北京市城市总体规划的初期研究工作，以及1953年、1954年北京城市总体规划方案编制工作，1957年、1958年、1982年北京市城市总体规划的研究编制工作。

回顾半个多世纪的历史沧桑，首都北京的规划建设一直受到人们的广泛关注。作为历史的见证人之一，李准先生于1953~1982年间参与并具体编制了北京市城市总体规划方案，此后，也长期关注着北京城的发展与保护工作。最近，他接受采访，抚古思今，从北京说起，谈了他对规划工作的一些看法。

替"梁陈方案"喊冤不符合事实

　　党和政府并没有对梁先生的方案置之不理。将这段历史简单地理解为党和政府完全不接受梁思成先生的方案，没有采纳，这种认识是错误的。事实上不是这样。

采访者　1953~1982年，您参与并具体编制了北京市城市总体规划方案。回顾历史，您如何评价1953年编制的北京第一轮城市总体规划？

李　准　1949年新中国成立后，经过了三年的恢复时期，从1953年开始，我们着手编制北京的城市总体规划。当时还没有"规划"这个词，成立了都市计划委员会，主任由市长叶剑英兼任，副主任有好几位，其中包括梁思成等几位专家。这时都市计划委员会开始研究规划的问题，并拨地进行建设，从整体来说，这时还是酝酿时期，请来了苏联专家组，帮助北京研究规划的事。由于当时国外的资料很少，规划方面的书也买不到，只找到苏联的一些书和信息，所以那时基本就是靠苏联的一些规划技术来支撑的。

　　今天回头看，我觉得北京市的总体规划基础还是20世纪50年代的基础，当然陆续有很多改动。城市规划也有一个与时俱进的问题。

采访者　说到1953年的北京城市规划，就不能不提到"梁陈方案"，至今人们仍在议论。有人认为：如果当时采用了"梁陈方案"，就不会造成后来北京城市建设的被动局面。对此，您怎么看？

李　准　　我不赞成这个提法。"梁陈方案"与苏联专家意见之争，核心问题在于"行政中心安排在哪"。当时梁思成先生明确主张将行政中心搬到西郊，月坛南街一直往西到公主坟一带。而苏联专家主张建在城里，这就发生分歧了，这个矛盾一直延续到现在。直到今天仍有很多所谓同情"梁陈方案"的人，在为梁思成先生叫屈：你们就不相信梁先生的方案，就不理他，就主张在城里头发展，弄得北京城乱七八糟。

　　　　　事实上不是这么一回事。党和政府并没有对梁先生的方案置之不理："四部一会"的房子就是建在玉渊潭和月坛之间，月坛南街的一大片住宅，也是按照梁先生考虑的行政中心在西郊这么一个意思而配套建设的住宅。

　　　　　将这段历史简单地理解为党和政府完全不接受梁思成先生的方案，没有采纳，这种认识是错误的。事实上不是这样。

采访者　　并不是完全不采纳，也不是完全采纳，综合各方面的情况，部分采纳了梁思成先生的方案。

李　准　　当时我们国家正值恢复生产建设时期，底子很薄，又赶上抗美援朝。如果全部采纳梁先生的方案，就相当于要重建一个像皇城那么大的区域，这需要相当大的投入，我们的经济基础非常薄弱，根本没有那么多钱，不具备这个条件。

　　　　　所以，最终部分采纳了梁思成先生的意见，没有全部采纳。

北京古城墙：折射规划的利弊权衡

　　　　关于北京拆城墙这件事，要从两个方面看。

　　　　相比古城墙的保护而言，城市大的布局更重要，有利有弊，选择是十分重要的，如今的城市中轴线已作为整个北京规划的基础。

采访者　　规划理想的蓝图不能超越经济社会的现实。城市规划一定要实事求是。面对不同的专家意见、理想与现实的冲突，对于决策者来说，是否要根据利弊得失有个权衡取舍？

李　准　　是这样。新中国建国伊始，第一个五年计划刚刚起步，又正值抗美援朝，当时只有建设较大规模的建筑，才能满足中央部门各机关办公的急需。长远计划要考虑，现时矛盾又必须解决。如果将大量房屋建在城外，就必须进行较大规模的道路、市政等基础设施建设，按照当时财力、物力的情况，确实没有可能。另一方面，从作为政治中心的北京来看，也不该把大量中央领导机关都安排在城外。这虽是个长期争论不休的问题，但是当时中央领导同志在处理这一问题时所表现出来的远景考虑与现实情况相结合的态度，我们至今仍认为是正确的。

采访者　对于当时北京拆古城墙，梁思成先生也提出了不同的意见，并据理力争。这个问题到现在仍有争执。对此，您又是怎么看的呢？

李　准　搞规划要考虑长远一些，不能太近视。编制城市规划仅从当前矛盾进行研究显然是不够的，必须从可能预见的远景考虑。

关于北京拆城墙这件事，要从两个方面看。当初我们做规划的时候，请了国家建委的一位苏联专家，叫巴拉金，每周到我们这儿来指导一次。我印象很深，他来了以后，我们把图纸准备好了给他看，他看了看，拿铅笔就画了一条线，从景山一直到鼓楼，就是北京现在"两轴"中的其中一条中轴线。

这是一件大事，到现在也有争议：当初北边就没有这条路，北边一个德胜门、一个安定门，中间是城墙，你怎么把中间的城墙给穿过去了？这条线我们不敢画。但我当时比较赞成巴拉金的意见，对他画出这条线很佩服，他是按照苏联的情形考虑的，苏联就是这么做的。

这些年我在文物保护方面也做了一点工作，回过头来看，仍然认为确实是个好方案。当然，它破坏了原来安定门、德胜门之间的城墙，确实是一个很大的损失。但假如没有这条中轴线又会如何呢？相比古城墙的保护而言，城市大的布局更重要，有利有弊，选择是十分重要的，如今的城市中轴线已作为整个北京规划的基础。

当然还有一个因素。梁思成不主张拆城墙，而我们为什么没有提出来反对拆城墙呢？那时新中国成立不久，正是因为有城墙，同时我们的攻城队伍、装备上都较差，各地攻城的时候牺牲了很多战士，所以对城墙很反感。当时就是这样一个环境，各个方面的思想都灌输、影响了我们。后来看到一篇文章，1953年8月13日，毛泽东在全国财经会议上讲话说，拆除北京城墙这些重大问题，是由中央决定、由政府执行的。

党的政策是规划的指针

城市规划首先要落实党和国家的政策，这是最主要的。

最根本是国家的发展政策，城市规划离不开国家的发展政策，最终对城市规划起决定性作用的是国家的政策。

采访者　20世纪50年代的城市规划，不但充分体现了领导的高度重视，同时，也充分体现了党和政府领导的意愿。

李　准　城市规划是和政治、经济、文化以及社会与环境分不开的，是应该贯彻、落实国家政策、方针的。20世纪50年代，我参加北京城市总体规划的编制工作，我们就住在单位，彭真、刘仁两位领导晚上有时候也不回家，也住在那里，经常过来看，和我们交谈对北京市发展的一些意见。我始终认为，他们的政治思想、政策水平都很高，是从政治的高度看规划。比如北京的发展规模问题，当时有人提出不能搞太大了。但彭真和刘仁同志说，不能太小，这是首都，要实事求是。事实证明，这是对的。

　　周恩来总理为国家呕心沥血，对北京的城市规划和建设也付出了极大的心血，作出了很多精辟、正确的指示、决定和建议，引导我们把首都规划、建设成更加美好、更为合理的现代化国际城市。

　　城市规划首先要落实党和国家的政策，这是最主要的。从20世纪50年代到现在，半个多世纪，国内、国际政治形势都发生了重大的变化。我国已从传统的计划经济过渡到社会主义市场经济，政治稳定，社会安全团结，人民生活水平有了明显提高。这些进步和发展首先归功于中国共产党的正确领导。

采访者　同样，受当时政治环境和国家政策的影响，从20世纪60年代到"文革"结束，城市规划曾经停滞了十几年。作为规划人员，这十几年您在做什么呢？

李　准　那一阶段，建筑工程部明确提出北京市的城市总体规划不再执行，基本上也就没有什么规划建设项目了。根据领导的指示，起初我们做一些总结的工作，后来总结也不让做了，我们就被下放到工厂和郊区农村蹲点调查和劳动去了。

采访者　改革开放迎来了城市规划的又一个春天。直到今天，城市规划受到了空前的重视，规划事业越来越繁荣。

李　准　这也和国家的发展政策有关。根据形势，国家制定了正确的政策方针。所以我强调，最根本是国家的发展政策，城市规划离不开国家的发展政策，最终对城市规划起决定性作用的是国家的政策。

现在国家的政治、经济、文化和社会各方面的形势都非常好，有不少非常正确的决策，包括科学发展观的落实，促使和谐社会的发展，城市规划是综合性很强的学科，更要体现和谐。这是一个核心的问题。规划和谐是一个非常重大的问题。

采访
后记

抚古话今说和谐

历史的发展是一个螺旋式上升的过程，同样，人们对于同一个问题的认识过程也会有一些迂回曲折。回顾新中国成立以来的城市发展历史，系统梳理，理性反思，有助于我们澄清对一些问题的认识，把今后的工作做得更好，共同推动社会的发展与进步。

曾在北京市规划管理局工作多年，担任过北京市政府专家顾问团顾问、北京市文物古迹保护委员会副主任，对于北京城的发展与保护，李准先生付出了诸多心血。

1953~1982年间，参与并具体编制北京市城市总体规划方案。

1953~1966年负责组织研究北京石景山钢铁厂规划及其他工业规划。

1984年作为中方代表团团长参加在巴黎举行的"北京·巴黎城市规划学术讨论会"，提出了学术论文，参与组织并参加了研讨。

1979年以后，长期从事组织研究历史文化名城保护规划工作，包括文物保护、历史文化保护区和名城整体空间环境保护等内容，并陆续提出多项研究成果，分批报北京市政府发布实施。

在采访中，谈到今天的形势，李准先生多次说到和谐，而这个和谐与党的大政方针紧紧联系在一起。欣喜之情、殷殷厚望，溢于言表。

当前城市规划领域技术政策方面的研究是个薄弱环节，应该进一步加强，要花大力气做好这件事情。

秦志杰 1919.3～2016.6

生于陕西汉中，广西桂林人。1942年自重庆大学土木系毕业后从事建筑设计，1949年到东北财委、计委工作，1954年调到国家建筑工程部，先后在城建局规划处及城市建设部、建筑工程部、国家建委所属城市规划局任工程师。1961年调到黑龙江，曾任黑龙江省城市规划设计院总工程师兼副院长、省城市建设局总工程师、省建委总工程师。中国城市规划学会资深会员。

主要学术成就：参加国家城市建设技术政策的研究和论证（1983～1984年），获得国家科委、国家计委、国家经委颁发的"城市建设技术政策研究重要贡献奖"。对寒冷地区城市环境的改善问题进行了研究，对北方小城镇及农村居民类规划问题进行了研究。

生在广西、求学在重庆，并曾在上海工作过一段时间的秦志杰先生，可以说是一个土生土长的南方人，但他大半生的岁月却是在北方度过的。他将自己人生最美好的年华，奉献给了东北这片黑土地，以及新中国的城市规划事业。

回顾历史：三条最重要的经验教训

我最近看到电视报道，有些村镇把办公楼建得跟天安门一样，这简直太浪费了！

勤俭建国、勤俭建设，应该是我们长期要坚持的方针。

采访者　您从1949年开始参加城市规划工作，个人有何最难忘的经历？

秦志杰　1949年我在上海，当时上海已经解放，上海科协组织一大批技术人员到东北去，支援那里的新民主主义建设。我也报名参加了。当时还登了报，非常隆重。

我到了沈阳，在东北财委基建处工作。从新中国成立到1953年的三年恢复时期，城市基本建设主要是治理脏乱差。北京市搞了清理龙须沟。我被国务院任命为沈阳城市计划委员会委员，和当时东北财委的主任顾德欣一起，治理了沈阳的"龙须沟"，引浑河水把运河冲洗干净。现在，它已发展成为沈阳城里很美的一个河流，两岸景观也很好。当年它可是"臭名昭著"，气味非常难闻，领导带着我们一起沿着河边走，说是让大家都来闻闻这个味儿，体验体验，看看附近的老百姓是怎么生活的。然后，请大家提出改进的方案。

1952年，中央请苏联专家穆欣、巴达金、克拉夫丘克等指导我们的城市规划工作，我们也是尽量学习苏联的城市规划学科。

1954年，我被调到北京，在国家建筑工程部城市规划处工作，后来城市规划处被改编为城市规划局。

1961年，毛主席号召"万名干部下基层"，我也写了申请并被批准，调到黑龙江从事城市规划工作，直到1988年退休。

采访者　回顾历史，您认为新中国城市规划有何最深刻的经验教训？

秦志杰　回顾这几十年的历史发展过程，经验教训很多。我觉得有三条非常重要：

第一，必须有城市规划，这是非常重要的一条，也是我们经过多少年的实践反复验证了的。

我们曾经走过弯路，"三年不搞城市规划"。为什么几年不搞？主要就是城市规划远景看得多，但是在实施过程中，对城市建设没有起到有效的监督作用。事实上这个问题现在依然存在。城市规划怎么来指导城市合理发展，确实很不容易，到现在还在讨论。

没有规划城市就会出乱子。在"三年不搞城市规划"以及"文革"期间，城市规划工作基本停滞，各地乱建设、乱砍伐、乱占地等现象非常严重，造成了无可挽回的损失。这是一个很重要的历史经验教训。

第二，城市规划的编制必须跟国民经济发展相适应，如果超越了国民经济发展，城市就会走弯路。

新中国的城市规划工作是从国家的"一五"计划开始的，配合156个重大工业项目的选址。1957年开始反"四过"（占地过多、规模过大、标准过高、求新过急），城市规划工作受到批评。

"四过"现象似乎又在今天重演，引来了一片批评之声。但和当年一样，不能将其归绺于城市规划。实际上它是经济社会发展综合性的反映，是管理部门的问题，特别是城市的领导头脑发热。

那时我们到基层去，帮助编制城市规划，城市领导往往都提出要"高标准"。如果你对城市发展的规模缺少所谓的"远见"，地方领导就会不满意。这和今天的一些现象非常相似。

第三，要大力提倡勤俭建国的方针。

我最近看到电视报道，有些村镇把办公楼建得跟天安门一样，这简直太浪费了！勤俭建国、勤俭建设的方针根本就不想了吗？以为我们现在好像是很发达了，经济发展很好，跟美国差不多了，这样不行。勤俭建国、勤俭建设，应该是我们长期要坚持的方针。

大庆：曾经20年没有考虑长远目标的城市规划

这些年来，在城市规划指导下，大分散的布局逐步得到调整，由分散逐步走向分片集中。

然而，由于过去分散建设所带来的问题，则需要在今后的城市规划和建设管理工作中作出更大的努力，才能更好地获得解决。

采访者　您在黑龙江工作多年，对大庆有过较多关注。当年大庆的城市发展具有一定的典型性。今天回过头来看，有何经验教训？20世纪六七十年代大庆的"工农村"建设给我们什么启示？

秦志杰　大庆我前前后后去过很多次。它的开发建设经历了十分艰苦的历程。20世纪60年代初，中央领导同志多次到大庆视察，作出了"工农结合、城乡结合、有利生产、方便生活"的重要指示。根据指示精神，结合油田面广、点多的特点和有大量可耕地的有利条件，大庆决定不搞集中大城市，分散建设居民点，也就是"工农村"。

由于受到极"左"思潮的影响，当时把分散建设"工农村"和建设石油城市的两种意见归结为缩小"工农差别"、"城乡差别"，还是扩大差别的两条路线的斗争，认为建"工农村"是为"向共产主义过渡"创造条件。这就把"工农村"的做法固定化、模式化、绝对化了，以致在长达20年的历史时期，大庆只有随着采油点的建设搞"工农村"的短期"矿区建设规划"，没有考虑长远目标的城市规划。到20世纪70年代末，大庆只形成了三个镇和遍布全油田的三百多个居民点，没有具备城市集聚效益，也没有城市的面貌。

实际上老百姓并不满意。他们不断有更高的要求，要住得好一点、吃得好一点，子女受很好的教育。但"工农村"显然满足不了这些要求：村村有个豆腐坊，可也不能每天都吃豆腐；村村办小学，有时老师不够，"工农村"因为人口不多，也请不来好的老师。

这种情况一直延续到1978年。党的十一届三中全会及城市工作会议召开，解放了思想，大庆市建立了城市规划机构，才开始着手开展城市规划工作。这些年来，在城市规划指导下，大分散的布局逐步得到调整，由分散逐步走向分片集中，"工农村"已逐渐被城市基础设施完善的、适用经济的楼房居住小区所代替。

然而，由于过去分散建设所带来的问题，则需要在今后的城市规划和建设管理工作中作出更大的努力，才能更好地获得解决。

不能忽视城市规划领域的技术政策研究

我觉得，当前城市规划领域技术政策方面的研究是个薄弱环节，应该进一步加强，要花大力气做好这件事情。

采访者　20世纪80年代，您曾经参加国家城市建设技术政策的研究和论证，并获得了国家科委、国家计委、国家经委颁发的"城市建设技术政策研究重要贡献奖"。能否介绍一下有关情况？

秦志杰　20世纪80年代初期，国家科委、国家计委、国家经委提出来要搞一系列技术政策研究论证，城市建设技术政策是其中的一个。

　　那时国家经济发展很快，城市建设有些跟不上，水、电、道路建设等都成为城市发展的"瓶颈"制约，环境保护也没有跟上。国家计划部门也感受到了：由于过去过度考虑工业建设的发展，城市建设却没有配合上，造成了当时的被动局面。

　　所以，大家提出要搞一个技术政策，指导城市建设与发展。组织了一批专业技术和管理人员集中编写，城市规划院提供了很多资料。编写过程中，时任国务院总理李鹏还接见了大家。

　　城市建设技术政策出台后，在相当长一段时期内发挥了重要作用。但由于它是在计划经济体制下编写出来的，与今天的发展形势已经不太适应。

采访者　在当前快速城镇化进程中，您在国家城市建设技术政策方面，有何意见和建议？

秦志杰　现在我们正处在社会主义市场经济的转型期，形势发生了非常大的变化，但我们在相应的技术政策方面还不太适应，没有配合好。我觉得，当前城市规划领域技术政策方面的研究是个薄弱环节，应该进一步加强，要花大力气做好这件事情。

采访后记　往事记忆犹新

　　接受我们采访时，年近九旬的秦志杰先生住在哈尔滨中央大街最繁华地段最"老"的一座房子里：70多年房龄，斑驳的墙，黑暗的楼道，无声地散发着岁月流逝的味道。——"比我年轻一些。"秦先生笑言。

　　他的起居室更像书房，除浩如烟海的书籍之外，他细心地保存着当年不少珍贵的历史资料：1949年的报纸，1952年中央人民政府政务院的任命通知书……对往事的记忆那么清晰。

床边墙上那幅油画，有着比旧报纸、任命通知书还要悠久的历史，占据着最突出的位置：画上是一位穿旗袍的年轻女子，美丽端庄，静静地、温柔地注视着。

他告诉我们，那是他的妻子，1988年去世。言语中依然饱含深情。

虽然由于身体的缘故，久已不在规划领域活动，但每天坚持看三份报纸、坚持看电视新闻以及读书散步的习惯，让秦志杰先生不仅对昨天的往事记忆犹新，对今天的现实也了然于胸。

在多元化与多层次中，城市规划不仅要关注社会的高端人群，而且应该更多地关注社会的弱势群体。

王健平 1932.11~

1956年3月毕业于天津大学。先后在国家城建总局城市设计院、建工部专业设计室、山西省建筑设计院、化工部矿山规划院、中国城市规划设计研究院，从事城市规划和建筑设计工作。曾任中国城市规划设计研究院副总建筑师、总规划师、顾问总规划师。中国城市规划学会资深会员，曾任中国城市规划学会城市更新学术委员会主任委员。

从事建筑设计、城市规划工作数十年，王健平先生在建筑设计和城市规划设计、科研、管理等方面都有所建树，特别是在历史文化名城的保护方面有独创见解。

"政治体制在改，经济发展目标在调整变化。作为一个规划工作者，我感觉半个多世纪以来，城市规划就是在不断变化之中。"回顾过去，中国城市规划学会资深会员、著名规划专家王健平深有感触。

由计划经济到市场经济，从学苏联一边倒到规划有中国特色的城市，处在经济和社会转型期的中国城市规划，究竟应该怎么变？

规划紧跟计划，计划却跟不上变化

那个时候，国家计划随着形势变化也在不断变化，当时流传的说法："计划跟不上变化，变化还跟不上电话。"听起来像是说笑话，实际上，这就是当时的现实。

采访者 新中国半个多世纪的城市规划，经历了计划经济和向有中国特色的社会主义市场经济的转型。其间，发生了怎样的变化？

王健平 新中国城市规划半个多世纪的发展变化，最重要的变化背景就是从社会主义计划经济到有中国特色社会主义市场经济。对于城市规划来说，这是非常巨大的变化，决定了如何确定城市规划的体制。城市规划不断地适应变化，同时也在探索今后怎么办。

在计划经济时期，一切都以国家计划为准，先有计划才有规划，规划要紧跟着计划。这就是当时书本和文件中所说的："规划是国民经济的继续和具体化"。同时，那时候在规划工作者中还流行着一句俗话：计划跟不上变化。第二个五年计划时期，我参加过选厂工作，结果厂址选好了，项目却取消了，这种情况不算少。最典型的是1960年，根据河北省委和建筑工程部领导的要求，做天津中心区建设规划，按照计划的要求，要把天津海河湾一带的意大利租界整个拆光，建设河北省的省会中心区。当时我们一个工作组差不多工作了一年，等到1960年北戴河会议一开，形势变了，规划停止，规划小组撤回了北京。

所以，那个时候，国家计划随着形势变化也在不断变化，当时流传的说法是："计划跟不上变化，变化还跟不上电话。"听起来像是说笑话，实际上，这就是当时的现实。

现在的社会主义市场经济条件下的城市规划就不一样了，虽然经济发展、社会发展仍然有一定的不可预知性，也在变，但不管怎么说它有一个发展规律，只要你按这个路子走，按照这个体制去做，它还是有一定规律可循的。

学习苏联一边倒，城市规划反"四过"

对于反"四过"后来是有争议的。事后重新探讨这一段历史，不少人都认为：被认为"过"的，其实并没有"过"。

采访者　这两个阶段的差异确实非常之大，您也都亲身经历过了。听说当时的中国城市规划设计研究院一直没有任命过总规划师，是苏联专家说了算？

王健平　是这样。从20世纪50年代中期到1989年，从城市设计院到中国城市规划设计研究院从来就没有正式任命过自己的总规划师。我在1989年被正式任命为中国城市规划设计研究院总规划师，可以说是开天辟地以来的第一个。

在那个时期，城市规划就是学习苏联，苏联专家是全面说了算，口号就叫："向苏联学习，一边倒。"因为那时候我们不知道什么是社会主义的城市规划，只有苏联才知道。我们要向苏联专家汇报规划方案，按照苏联专家的意见修改，最后院长拍板时最常说的一句话就是："按苏联专家说的办。"

那时几乎所有的技术部门基本上都有苏联的专家，而且也都是苏联专家说了算。国内唯一被认可的城市规划教科书也是译自苏联达维多维奇的《城市规划工程经济基础》。俄罗斯建筑史、苏联建筑史都是大学里的必修课。别的国家的城市规划的书籍只能作为参考，而且看了以后可能还会挨批评。我在上大学期间曾经找到一本法国的《现代城市》，我一直收藏着这本书，但在那时候，从来不敢明目张胆地拿出来看。

采访者　全部学习苏联，不是就没有自己的特色了吗？况且当时的中国和苏联的国情毕竟不完全相同。有没有人提出异议呢？

王健平　当时没有人提有没有中国特色这个问题。即便有不同看法，也大都不敢说出来。即便苏联专家错了，也很少有人敢公开去说。当时领导问你的，也往往都是苏联专家所说的东西是不是都贯彻好了。

现在听了这些你可能觉得有些可笑，但当时看来，这是天经地义的事儿，是不容讨论的。当时要求你不能有自己的意愿，你就是要以党的意愿为意愿，而党的意愿就是让你学习苏联。陈占祥、华揽洪为什么被划成右派？跟他们学的是西方国家的那一套城市规划理论有很大关系。而且，他们与苏联专家有不同看法。

直到赫鲁晓夫反华、撤走全部苏联专家以后，我们才开始真正搞自己的城市规划。但当时没有人宣布说学苏联学错了，倒是城市规划被认为犯了错误。

采访者　城市规划犯了什么错误呢？

王健平　说是犯了"四过"的错误：规模过大，占地过多，标准过高，求新过急。为此，中央领导同志明确提出"三年不搞城市规划"。

采访者　"四过"是当时普遍存在的问题吗？

王健平　对于反"四过"后来是有争议的。事后重新探讨这一段历史，不少人都认为：被认为"过"的，其实并没有"过"。

比如居住面积，当时苏联的标准是人均9平方米，而我们定的规划目标是人均6平方米，相比苏联的标准低多了。

现在你再看，根据统计部门公布的数字，北京的人均居住面积已经达到30多平方米，过去谁能想到会有这么大的变化呢？

市场经济条件下，城市规划要关注弱势群体

强调所谓的平均居住水平是没有太大意义的，我们更应该关注还有多少人没有住房，多少人住房条件很差。这是社会主义市场经济条件下城市规划应该正视的问题。

采访者　居住条件的变化确实很大，今非昔比。然而，现在仍然有很多人买不起房啊！有很多的无房户、缺房户。

王健平　这是城市规划应该关注的问题。当我们的社会由传统的计划经济向社会主

义市场经济转型时，城市规划的理念、目标实际上就变化了。过去我们所做的一切，就是按照苏联所定的各种标准来做好我们的规划，就是这么一个单一的目标。如果达到这个目标了，规划的目标可能也就达到了。再由国家提出下一个目标应该是多高。

现在不同了。我觉得现在强调所谓的平均居住水平是没有太大意义的，我们更应该关注还有多少人没有住房，多少人住房条件很差。怎样通过国家的调控和资助，帮助城市里的缺房户和无房户解决问题，这是社会主义市场经济条件下城市规划应该正视的问题。

采访者　社会主义市场经济条件下，城市规划要更多地关注弱势群体。

王健平　是这样。多元化和多层次是今后城市规划要长期面临的问题。在经济发展过程中，社会各层面的人在分化，社会各阶层的收入差距拉大，各个层面的人需求不同，我们不可能再像过去一样，由国家制定一个单一目标。在多元化与多层次中，城市规划不仅要关注社会的高端人群，而且应该更多地关注社会的弱势群体。另外，创造公平、合理的条件，让社会的中间阶层也能买到适合他们需求的房子。这是城市规划应该担当的责任。

采访者　城市规划能承担得了这样的大任吗？

王健平　规划本身无法包揽、解决所有的这些问题，它没有这样的功能。规划只能是通过划拨土地进行这方面的规划和建设，给国家当好参谋，让国家了解能够通过什么样的办法来解决这些问题，让社会更公平、公正、合理。

社会的很多东西要由规划来调整，你要创造一个环境和条件，能够让各种类型的人们都成为这个城市的适居者，都能得到他们最起码的生存、生活条件，这是规划应该做的事情。

规划做深做细，标准放宽放松

给城市管理者和规划师以更多的自主权，根据自己的条件来设定各种标准，这样才有利于形成城市自己的特色。

采访者　　　中国东西南北中的地域差异很大，城市规划的目标能够整齐划一吗？

王健平　　城市规划的各种标准，我不赞成搞全国统一的整齐划一。我觉得，这么大一个中国，东部和西部，南部和北部，自然环境、经济条件等，都差别很大，而且每个城市面临的情况各不相同。比如原来我们做规划时，把人均100平方米城市用地作为一个通用的标准，但对不同地区而言，100平方米的意义是完全不同的。如果全国都是以此来衡量，显然是不公正的。

　　　　　所以我觉得，将来随着城市规划水平的普遍提高，不仅要做深、做细、做好，而且各种标准可能要放宽、放松，给城市管理者和规划师以更多的自主权，根据自己的条件来设定各种标准，这样才有利于形成城市自己的特色。

　　　　　当然，改革开放以后，城市规划出现过一些不好的倾向，比如盲目贪大求洋、一窝风地要建设国际大都市等，对这些问题，国家应该抓。可是你得预见到发展的未来，过一段时间以后，随着发展水平的不断提高，随着我们认识水平的提高，很可能需要逐步放宽一些东西，不一定再做更多的约束了。

采访后记　## 在实践中多花些功夫

　　城市规划是一门实践的学问，做好规划不是一件容易的事。

　　王健平先生从事建筑设计、城市规划工作数十年，在专业技术和组织管理方面都堪称是经验丰富、成绩显著，为城市规划事业的发展作出了不可磨灭的贡献。

　　王健平认为，做好城市规划，光靠自身的专业知识远远不够，要和各种行业的人士共同探索、共同探讨，要合理地利用好各种专业之间的关系。在采访中，他特别提出，现在规划理论方面的讨论非常繁荣，除了理论探讨之外，我们更需要在实践中多花些功夫。

有问题不怕，改了就好。但是现在有的风景区，还在违法违规，违反科学，搞破坏性开发。

谢凝高 1934.12~

浙江温岭人。1964年北京大学地理系研究生毕业后留校任教。曾任北京大学世界遗产研究中心主任，中国城市规划学会风景环境规划设计学术委员会主任。建设部风景名胜专家顾问，中国历史文化名城保护委员会委员。

谢凝高先生专心研究国家风景名胜区与自然文化遗产，先后考察过200多座名山，开创了风景名胜区自然文化遗产多学科综合考察研究的先河。他主持过数十个风景名胜区的综合考察研究和规划，主持建设部的重点课题——"泰山风景名胜区资源综合考察评价及其保护利用研究"（1984~1987年），获建设部1988年科技进步一等奖。2007年获建设部颁发的"国家风景名胜区事业突出贡献奖"（位居首位），2011年获中国风景园林学会终身成就奖。

改革开放以来，城镇化进程的加快带来的不仅是硕果累累，在这一过程中，保护与开发的矛盾在自然遗产和风景名胜区内的表现也同样尖锐。时任中国城市规划学会风景环境规划设计学术委员会主任、北京大学世界遗产研究中心主任的谢凝高在接受采访时提出：对风景遗产，要坚持保护原作、科学利用、完美传世的原则，现行管理体制需要改革。

高度认识风景名胜区

未来我国仍然要不断发展风景区体系，因为我国的风景名胜资源是非常丰富的，应该积极发展，不断满足人民群众的需求。

采访者　我国从1982年开始建立国家风景名胜区，您能否介绍一下有关背景情况？

谢凝高　一百多年来，"国家公园运动"波及全世界。到1993年，166个国家的统计，共有2041个国家公园，占陆地面积的2.5%。国家公园事业已被人类普遍认同为工业文明时代的公益事业。1972年联合国教科文组织通过的《保护世界文化和自然遗产公约》还概括了各类保护性的遗产。

1982年，经国务院批准，建立了国家风景名胜区——中国的国家公园。我国的国家风景名胜区源于古代的天下名山大川，就其价值、性质、功能而言，天下名山也可以说是我国农耕文明时代的"国家公园"，也是迈向生态文明时代的自然文化遗产。

几十年来，我国风景名胜事业发展很快，已经形成风景名胜区体系，并相应地建立管理机构，制定条例，编制规划，建设服务设施和信息系统等，以满足人们对风景区的需求。

采访者　与发达国家相比，仍然有一定差距。

谢凝高　是的，如果按照人口来计算，这个差距就更大了。因此，未来我国仍然要不断发展风景名胜区体系，因为我国的风景名胜资源是非常丰富的，应该积极发展，不断满足人民群众的需求。

错误决策损害风景遗产

如果相关领导、公众和游人都能够落实风景遗产科学发展观，依照相关法规，做到保护优先、科学展示、完美传世，风景名胜事业就一定能够实现可持续发展的目标。

采访者　我国风景名胜事业取得了快速发展，但也有不少问题。您认为最主要的教训是什么呢？

谢凝高　最主要的教训是有的地区决策者对风景名胜区价值、性质认识不清，造成错位决策。包括性质错位和空间错位，把保护性价值极高的物质形态的精神文化和科教资源，作为普通的物质资源进行破坏性、掠夺性的经济开发；把保护性的风景名胜区，变成经济开发区，把公益性变为集团私有性，把展示性变为商业性，把传世性变为短期掠夺性。结果，造成自然风景区人工化、商业化和城镇化"三化"现象，导致风景区自然度、美感度和灵感度下降，损害了不可再生的风景遗产的真实性和完整性，造成不可弥补的损失。

另外，管理体制不顺，条块分割、各自为政。因管理机构为县区级，有很大局限性，高于其级别的单位都可到风景区内占地建楼、堂、馆、所，造成很多风景区少则几十个单位，多则有百多个单位。

再次，执法不严，甚至违法违规。如上述的错位开发、"割地开店"，更有甚者，违反国家规定，出让或变相出让风景区土地及其资源。不执行国务院批准的风景区总体规划，违规开发的项目不断出现。上述问题主要是在20世纪90年代产生的。

采访者　如何解决这些问题呢？

谢凝高　从近十多年的实践来看，凡要申遗的风景区都要根据《世界遗产公约》规定的标准，拆除破坏影响遗产真实性和完整性的建筑物和构筑物。如杭州西湖风景区的综合整治，由于市委、市政府的高度重视、科学决策，得到广大群众的大力支持，先后投资100多亿元，经过7~8年的努力，取得了巨大成果。可见，只要决策者下决心是完全可以解决的。

有问题不怕，改了就好。但是，现在有的风景区还在违法违规，违反科学，搞破坏性开发。

保护与发展并不矛盾

从古今中外的实践来看，明确性质定位、空间定位及处理好相关细节，加强管理，就可以实现内外协调可持续发展。保护越好，综合效益越高。

采访者　许多地方把风景区当作"摇钱树"，您怎么看？应如何处理好风景名胜区保护和发展的矛盾？

谢凝高　把风景区当作经济开发对象，这是违反风景遗产科学，也是违反相关法规的。全国人大通过的"十一五"规划大纲中，明确规定国家自然保护区、世界文化自然遗产、国家风景名胜区、国家森林公园、国家地质公园属于禁止开发区。

我国古代的天下名山、现代的国家风景名胜区和国外的国家公园，都不以赢利为目的，主要是满足人与大自然的精神文化和科教活动需求的公益事业。首先要明确风景区的性质——高价值，公益性，保护性，展示性，不可再生性，传世性和精神文化科教性。它们也必然直接连环带动区外乃至全国旅游业、交通运输业及商业等发展，并产生精神文明乃至政治文明的影响。

明确了性质定位，还必须落实空间定位。对名山风景来说，传统的功能大分区，就是"山上游、山下住"。如泰山皇帝封禅也是上山祭天、住在山下。现在可简言之为"区内游、区外住"，"区内景、区外商"。国外国家公园，也是把旅游服务城镇建在公园界外。大风景区内，必要的服务设施限制在最低限量内，并在不影响景观的地区限量建设、特许经营。从古今中外的实践来看，明确性质定位、空间定位及处理好相关细节，加强管理，就可以实现内外协调可持续发展。保护越好，综合效益越高。

多学科综合研究评价泰山价值

十六个学科的专家教授，围绕风景名胜区的主题，对泰山进行综合考察研究，对泰山价值进行多学科的综合评价。我学到了很多专业知识。

采访者　在研究和推动风景名胜区规划和保护工作中，您个人有何难忘的经历？

谢凝高　最难忘的经历是承担建设部的重点课题——"泰山风景名胜资源的综合考察及其保护利用研究"（1984～1987年）。

　　我的家乡是一个山清水秀的农村，小时候我就喜欢游览山水，中学时的理想是走遍名山大川。因此，中学毕业后，我考入北京大学地质地理系，以为学地理就可以走遍天下名山。上了大学虽与想象的不完全一样，但五年所学四十门课，为全面理解天下名山大川打下了良好基础，尤其是参加各种区域的考察与规划工作，给我创造了游名山大川、看风景名胜的机会，直到"文革"结束时，全国各省区都已跑到了。"文革"后期，北京大学成立了城市与环境学系，有了风景研究方向，我也从业余爱好风景名胜进入专业研究方向了。从此以后，我不断地参加建设部和相关学科的业务和学术活动。

　　根据我对风景名胜区的理解，同时也根据北大综合大学的特点，1984年，我们组织了16个学科的专家教授，包括：地质、古生物、地貌、植物生态、风景、园林、建筑、美学、文学、书法、历史地理、规划设计、管理、旅游、遥感、制图等专业，围绕风景名胜区的主题，对泰山进行综合考察研究，对泰山价值进行多学科的综合评价。我学到了很多专业知识。

采访者　16个相关领域的专家，对一个风景名胜进行多角度的综合研究和评价，这样的活动可以说是史无前例吧？

谢凝高　可能是第一次，以后这样多学科的深入考察也比较少。

　　作为建设部的重点课题。这个活动得到了山东省泰安市委、市政府以及泰山管委会、文物局、泰山志办公室等领导和专家的大力支持，他们也愿意从更高层次充分认识并发掘泰山的价值。我们协作得很好，没有发生任何矛盾。

　　我们在认识上很一致，我们的研究成果，应泰山市领导的要求，先后三次向领导、各级干部及给基层干部作介绍。在此基础上，我们还编制了泰山风景名胜总体规划，在评审会上，得到了专家们的高度评价。

采访者　多学科综合研究为科学规划奠定了坚实的基础。

谢凝高　从此以后，凡我主持的规划，都要组织我们风景研究室多学科的专家教授等，包括研究生和当地专家，参与资源考察评价。在此基础上，按程序研究编制规划。

国家风景名胜区原则上不建索道

根据中国名山大川求美求真的山水观和现代风景遗产的科学审美观，我国国家风景遗产，原则上不能建索道。

采访者　20世纪80年代初，泰山曾因修建索道引起巨大争议。对于名山大川修索道的现象，您怎么看？

谢凝高　20世纪80年代初，因为泰山要建索道缆车，引起建筑大师们的强烈反对，也引起了我的关注。

我的观点是：在国家风景区内，原则上不建索道。我曾经参加风景区交通研究，了解到国外国家公园建索道的情况，有些国家不准建，有的国家严格控制，都没有随便建索道的情况。世界上的索道主要建在滑雪场地或游乐园内。

我坐过多次缆车，体验其利弊，通过几十年对索道的了解，有利者，就是盈利高，但国家风景遗产受损的代价太大。

采访者　主要有哪些损害呢？

谢凝高　第一，索道强加于自然美学价值极高的国家风景遗产之上，是审美者难以接受的视觉污染物和干扰物。比如在故宫、天安门广场、北京古城中轴线上空，架索道坐缆车观古城风光，能让人接受吗？

第二，索道缆车是两点一线的快速交通工具，违背"旅要快、游要慢"的旅游原则。有人给我写信说："索道上，索道下，索然无味"。它也不符合世界生态旅游的定义："着重通过体验大自然来培养人们对环境和文化的理解、欣赏和保护，从而达到可持续生态旅游"。体验大自然主要通过徒步旅行的方式亲近自然，接触原住民来实现，体验应是全过程中的体验，并非只是到达终点时的那一点体验。

第三，索道破坏地形与生态。索道加剧了游人在上下站的集聚，促使山顶"三化"，误导游人"消费"，污染山顶，波及山下。

第四，登山览胜，是古今中外名山、风景、国家公园的重要功能。泰山从红门的"登高必自"，到极顶的"登峰造极"，留下许多登山为题的石刻和诗词，是世界上无与伦比的。只要有兴趣者皆可登，如果没有足够兴趣，又何必以破坏国宝为代价拉到岱顶？！中国最需要建索道的是风景遗产保护区外的滑雪场和高山深谷中的村落城镇，尤其是不通公路和桥梁的山区，这是影响他们物质生产、生活和生存的必须交通工具，太需要了。

第五，国外国家公园建索道的概况，一是不准建，二是严格控制，三是没有像中国那样一个风景区可建三、五条索道。韩国的韩相壹博士考察过世界各大洲（除南非洲外）著名的国家公园和世界自然遗产40～50个，没有看到过在国家公园和世界遗产地内建有索道和大面积服务设施的现象。韩国有20个国立公园，共有两条索道，而且建在离主峰较远的景观平淡的小山上，在这里可以观赏主峰全景，起着观景台的作用。

根据中国名山大川求美求真的山水观和现代风景遗产的科学审美观，我国国家风景遗产，原则上不能建索道，90%以上的风景区不能建。按风景遗产的价值排序，价值越高越不能建，价值相对低的，不影响景观的原则下，可允许适当建。

别把遗产当作下金蛋的"母鸡"

把遗产比作"下金蛋的母鸡"，并进行"杀鸡取卵"，破坏国家文明者，要进行教育。要防止误区，走到申遗正道上来。

采访者　　近几年各地申报世界文化和自然遗产的风景名胜区一直热度不减。对这个现象，您怎么看？

谢凝高　　我国的世界遗产资源非常丰富，这是客观事实。从构成世界遗产的条件来看，一是疆域广大；二是地形复杂；三是气候多样；四是生物多样和珍稀动植物种类多；五是悠久和连续的中华五千年文明史；六是文化多样性。在国际上，同时具备上述六个条件的，只有中国。所以，我们应该积极申遗，让遗产得到世界确认，成为人类文明的见证，成为依法保护、科学展示、世代传承的新起点。

采访者　世界遗产是不是申报得越多越好？成功之后应该怎么办？有人把世界遗产称作下金蛋的"母鸡"：平遥古城1997年列入世界文化遗产名录后，第二年门票收入就从18万元增加到500多万元；黄山被评为世界遗产后，旅游收入也由数百万元猛增到2亿元。

谢凝高　保护好世界遗产，使之世代传承、永续利用，这是现代文明的标志，也是我们的历史责任。申遗过程，同时也应该是一个提高对遗产价值、性质、功能及其保护利用的再认识的过程。按照对《保护世界文化自然遗产公约》的承诺，需要竭尽全力做好遗产的"鉴定、保护、保存、展示并传之后代"的工作。

把遗产比作"下金蛋的母鸡"，并进行"杀鸡取卵"，破坏国家文明，要进行教育。要防止误区，走到申遗正道上来。

最重要的是加强管理和监督，坚持优先保护、科学利用、完美传世的原则，始终坚持功能分区原则，以区内的精神文化和科教活动，连环带动区外经济社会的协调发展。

荔波的经验值得借鉴

我走了荔波这条景观非常丰富的喀斯特森林生态系统的步游道，感触很深。列入《世界遗产名录》以后，吸引了大量国内外游人和专家。而他们的保护工作还在不断加强。

采访者　您能否列举我国在世界遗产保护中做得较好的典型案例？成功的关键点何在？

谢凝高　近些年来，国家和有些省市、风景区的领导干部，高度重视风景遗产的问题，开始整治"三化"，保护风景遗产，尤其结合申遗工作，开展大规模的整治，效果很好。据我实地看到的，如武夷山、都江堰、九寨沟、杭州西湖、南岳衡山、五台山、荔波樟江、扬州瘦西湖等。

很有代表性的是世界自然遗产、中国南方喀斯特荔波樟江风景区，一直坚持执行景区总体规划，尤其结合申遗整治，拆除了小七孔景区四座梯级水电站，还河流瀑布的本来面目，拆除三家宾馆，以及影响遗产真实性和完整性的其他建筑物和采石场。

我走了这条景观非常丰富的喀斯特森林生态系统的步游道，感触很深。列入

《世界遗产名录》以后，吸引了大量国内外游人和专家。而他们的保护工作还在不断加强，继续完成过境公路的改道，不断扩建风景区外的旅游服务基地——荔波城，是功能分区明确、协调发展的典型案例。

采访者　一个贫困县能实现这样协调发展的目标，很不容易。

谢凝高　主要得益于各级领导的重视，以及风景区管理局长十多年来坚持实施规划，并以更高的目标实现申遗。今天荔波的喀斯特自然遗产真是非常完善，吸引着世界热爱大自然的人们，令人鼓舞。

改革现行管理体制

现状管理的问题，一是站错平台，认识错位，造成条块分割，各自为政，难以统一管理；二是行政级别太低，权力有限，难以管理到位。因此，建议改革现行管理体制。

采访者　您如何看待目前我国的世界遗产保护与管理体制？有何建议？

谢凝高　研究、保护、利用和管理国家风景名胜区、世界遗产，必须站在国家和人类的平台上进行研究，并以风景遗产科学和相关法规为指导，具体落实到时空点上。这就需要建立代表国家的管理体制。

现状管理的问题，一是站错平台，认识错位，造成条块分割，各自为政，难以统一管理；二是行政级别太低，权力有限，难以管理到位。因此，建议改革现行管理体制。

根据国家风景遗产的价值、性质、保护、展示和传承的原则，国家风景区、世界自然文化遗产、国家自然保护区、国家森林公园及国家地质公园，都属国家所有，都有其共性，即具有国家级或世界级价值，以及保护性、公益性、展示性和传承性。建议设立国家级遗产管理部或国家遗产管理局，直接管辖国家遗产和世界遗产。并相应成立由相关学科组成的遗产专家委员会，参与科研和科技决策。在国际上，有的成立遗产部，有的成立国家公园管理局或管理公团，都直接管辖国家和世界遗产，实践证明是有效的。

我为山川“狂”

小时候就喜欢浏览山水，中学时的理想就是走遍名山大川。至今为止，谢凝高先生已经走访了两百多座名山大川，被称作是“现代的徐霞客”。

显然还不仅仅这些。他主持过20多个风景名胜区的综合考察研究和规划，获得该领域专家的普遍赞誉，可以说是名副其实的中国“风景大师”。1984年至1987年间，他主持了建设部的重点课题——“泰山风景名胜区资源综合考察评价及其保护利用研究”（1984~1987），组织了北京大学16个相关学科的教授共同参与，其成果获建设部1988年科技进步一等奖。专家认为，“这是我国风景区发展史上具有里程碑意义的成果”。他曾出版的著作有《中国的名山》、《中国名山大川》、《山水审美——人与自然的交响曲》等，发表论文30多篇。

接受采访之时，谢老已是75岁高龄，他仍然不畏奔波劳苦，行走在各地的风景区和世界遗产保护区域，进行各项考察研究工作。

为了自己热爱的名山大川，为了我国的风景遗产保护，谢凝高先生可以说是倾注毕生心血。

我们确定了在新的城市规划中，以天津市的自然景观——海河，作为城市中轴线。

王作锟 1922.3~2014.6

河北易县人。1955年开始从事城市规划工作，曾任天津市规划局副总工程师，天津市城市科学研究会秘书长，中国建筑学会理事，中国城市规划学会理事，天津市环境科学会副理事长。中国城市规划学会资深会员。1992年被中国科协授予"先进科技工作者"称号。

王作锟先生长期从事城市规划、城市建设研究与管理。配合苏联专家参与编制首都北京城市总体规划，参与主持编制天津市历届城市总体规划，参与国家建委国土整治规划研究，参加全国海岸带及海涂综合调查，在城市科学研究会主持"天津市旧城改造途径的研究"、"城市土地利用规划与土地管理体制改革的研究"、"城市土地利用与交通模式的研究"等课题研究。

天津城市路网的布局结构，究竟是"棋盘式"好？还是"环形放射式"好？20世纪50年代，曾有强烈争议。作为历史的见证人，中国城市规划学会资深会员、著名规划专家王作锟先生接受采访，向我们介绍了当时的有关情况。

规划一稿：独具特色受关注

1953年版的天津城市规划，因为独具特色受到了全国各地的关注。当时所描绘的若干年后天津市的美丽图景，使人精神振奋、倍受鼓舞。

采访者　1953年编制的城市规划，被称之为天津城市总体规划的初稿。能否介绍一下有关情况？

王作锟　新中国成立后，天津市百废待兴。新成立的城建委全力投入天津城市建设。1953年，城建委组织力量测绘天津市地形图，开始着手大规模建设规划的编制。现存档案中1953年之前的"总体规划一稿、二稿……"，由于当时档案管理人员的文化水平，因而误把一事一议的大工程项目当作了城市总体规划。实际上只有1953年和1957年编制的规划，才是天津市总体规划的初稿和二稿。

记得1953年年底的一天下午，市政工程局办公室通知开会，我们从四楼蜂拥跑到二楼会议室，看到几位同志正帮助悬挂一张1∶10000比例的天津市规划图。我平时所见不过是图版大小的工程设计图，这样从屋顶一直垂到地面的巨幅图，还是第一次看到。

建委规划处裴萍处长和他的助手沈鹰雏工程师穿着整齐，好像参加庆典一样，前来宣讲1953年天津市的城市规划。我们全神贯注地盯着这张大图，认真听讲。

采访者　1953年版的天津市城市总体规划，有什么特点呢？

王作锟　他们讲这个规划，主要有三个特点：一是"三环十八射"；二是选定海河北岸凸岸部为中心广场；三是从中心广场穿过海河，沿着四平道直达水上公园某岛的一条城市中轴线，市区道路向中轴线两侧对称地展开，之间布置花红柳绿的绿地。

　　在当时，这样的描述非常激动人心吧？

王作锟　　当时他们所描绘的若干年后天津市的美丽图景，使人精神振奋、倍受鼓舞。从此我对城市规划产生了浓厚的兴趣。后来才知道，该规划设计主持人是高治枢工程师，之前读过他带病做规划等爱国事迹的文章，心中十分敬佩。

　　　　1955年，华北局在北京西苑召开城市规划建设会议，天津市建委裴萍处长和沈鹰雏工程师，带着天津市1953年版的城市规划参加会议，我随李森同志也参加了会议。天津市的城市规划因为独具特色，引起广泛关注，并得到了苏联城市规划专家穆欣的赏识。此后穆欣专程来到天津，拜会了天津城市规划的设计人高治枢工程师。

规划二稿："环射结合"奠良基

　　　　1953年和1957年的天津城市规划，被认为是实现了"新中国成立以后总体规划零的突破"。那时确定的"环形放射状式"的路网结构，一直影响到今天。

采访者　　1955首都规划开始编制，天津又有何学习借鉴呢？

王作锟　　1955年，北京彭真市长请来八九位苏联城市规划建设专家，开始编制首都城市规划。并向包括天津在内的几个大城市征集工程技术人员，一方面参加首都规划的编制；另一方面在苏联专家指导下培养我们自己的规划人员。天津市委书记黄火青同志决定派人参加学习。

　　　　当时天津派出建委工务科长王士忠、市政府秘书丁丁与我三人去北京市长专家工作室报到（1956年还曾派陈咏扬、黄秀玲、叶槐秋、刘惠霖、杜文雁五人到北京参加学习，学习结束后一起返津）。王士忠同志作为天津三人组的组长，分在编制首都规划的第二组"总体规划组"，我分在第八组"水组"，丁丁同志对施工有兴趣，要求跟施工专家去搞施工。王士忠同志认为，总体规划组都是些高级工程师和清华大学的高才生，而自己文化低怕学不好，就指定我兼学总体规划，他则去做熟悉的党支部工作。于是我有了兼学两门的机会。

采访者　　这次学习，受益匪浅吧？

王作锟　　两年参与首都规划的学习，受益匪浅，它奠定了我一生的专业道路。

　　　　　　1957年，我们从北京回到天津，正逢撤销"第五办公室"，成立新的市建委。王培仁同志任建委主任，毛昌五、马驰等同志任副主任。李森任规划处长，王士忠任副处长，我任总体规划科长，与高治枢工程师及沈鹰雏、陈月波工程师在一起工作。李森处长对规划工作很钻研、很有见地。

　　　　　　我们带着北京规划的经验，在建委主任及处长领导下开始了天津市规划的编制。

采访者　　对1953年的天津城市规划，大家有没有不同意见呢？

王作锟　　我们首先分析了1953年的规划，认为"三环十八射"的布局结构很好，应当肯定。但是也有人不同意，认为它不符合我国传统的"棋盘式"的布局结构。中国的城市大都是"棋盘式"的道路网。规划处的副处长王士忠请来北京都委会总规划师陈干同志，来天津画了一张规划草图：以天津旧城的鼓楼南北大街为轴线，延伸到八里台，成为一个棋盘式方格图。

采访者　　这与天津1953年城市规划的路网格局大有出入吧？

王作锟　　是的。一个是"棋盘式"，一个是"环形放射式"，两个方案意见并不统一。

　　　　　　究竟是"棋盘式"还是"环形放射式"？两种不同意见各自坚持己见。李森处长认为，"棋盘式"布局是中华民族的传统特色，但基础须是正方位。天津市因为近代开辟租界时，修路都是平行海河或垂直于海河修建的，与旧城的方格网不衔接，已形成外来文化的特点。1953年的规划，就是按照已建成的租界道路，注重现状而形成的"放射性"路网。如果再搞成"棋盘式"路网，不仅与原有"环形放射式"路网格格不入，而且涉及大量拆改，实施难度大。

采访者　　最终采取了哪种方案呢？

王作锟　　当时市建委主任王培仁同志听取了两派意见，并和前任分管建委的宋景毅副市长商量后认为，相比之下，"环形放射式"路网更经济合理，并能适应未来发展需要。于是主张采用1953年规划中"环行放射式"路网结构。

在做1957年城市规划时，我们兼收并蓄，提出"环行放射式"与"棋盘式"相结合的布局方式。为了吸取"棋盘式"布局的长处，城市道路大结构采用"环形放射式"，而在次干道以下的居住区内尽量采用方格式，以利建筑物正方位布局。原租界地内已建成的道路仍保留不变。这就是1957年规划的"环行放射式"大布局。

北京规划的大布局实际上也是"环行放射式"，是在传统"棋盘式"基础上，向外逐步发展形成了六个环路，比天津的三环多一倍。

海河作为中轴线

通过实地勘察分析，我们对1953年规划的中轴线不敢苟同，因为拆房子太多了。

穿越市区中央的海河，就应该是天津发展的天然中轴线。

采访者　过去的规划设计师们都非常重视中轴线。1957年的天津城市规划，相比1953年的城市规划，城市中轴线有无调整变化？

王作锟　确实，过去的规划设计师都非常重视中轴线。例如被称作"世界三大轴线"的北京、巴黎、华盛顿三大城市，其规划中的中轴线因公认美丽而有名。

通过实地勘察分析，我们对1953年规划的中轴线不敢苟同，因为拆房子太多了。经过认真讨论，高治枢工程师也忍痛放弃了曾受到苏联城市规划专家穆欣赏识的中轴线。

采访者　当时您是持什么观点呢？

王作锟　当时我认为，穿流市区中央的海河，就应该是天津发展的天然中轴线。历史上天津市区的发展就是沿海河两岸，基本上对称地向下游发展。从"三岔河口"起始，左岸有最早的"直沽寨"，后来在右岸建起死回生"天津卫"。旧城延伸了南市商业娱乐区，左岸的"老龙头"车站后身形成了"沈王郭汪"商业地段。以后的"八国租界"也是左岸有意、俄、奥、比，右岸有日、法、英、德等，逐步向下游发展。到郊区的自然镇，也是左有军粮城，右有咸水沽。

本着这个思路，在新的城市规划中，我们确定了以天津市的自然景观——海河，作为城市中轴线。

采访者 相比1953年版的城市规划，还有其他的变化吗？

王作锟 1953年规划的18条放射路中，只有14条与市外公路相连。在1957年规划中，我们把其他4条改为次干道，确立了三环十四射的道路格局。14条放射线的间距都在3～5公里。其间可以布设次干道，间距约1公里。次干道划分了居住区。在居住区内的各个小区、街坊内的居民都可只用500米左右的步行距离到达公交站，便于出行。

后来，我们又把市区的路网分成三个交通体系：一是地面主干道和地铁、轻轨共同组成的城市快速交通系统；二是次干道组成的地面公共交通系统；三是以"三级道路"和居住区内部支路构成的供小汽车、自行车行驶的个体交通系统。

采访者 现在，您如何评价1953年和1957年版的天津城市规划？

王作锟 天津1953年和1957年版的城市规划，实现了新中国成立以后总体规划零的突破，对天津市城市建设起到重要的指导作用，并为今后的总体规划编制打下了基础。

**采访
后记** 规划老人　远见卓识

这是一篇有些遗憾的访谈文章。考虑到王作锟先生的身体状况，我们不忍心让他过于劳累。一直陪在他身边的老伴，也屡屡投以关切的目光，时间久了，这目光便带着些焦灼——担心已经中风偏瘫的王先生说得多了、太激动了，对健康有害无益、雪上加霜。

因此，我们的采访不是那么深入。对于历史事件的追寻，更多地依赖于王老2005年撰写的回忆文章：《天津市总体规划初稿与"环射结合"路网结构的初步确立》。

听大师讲规划

在这篇文章的后记中，王作锟先生写道："我认为，天津规划的重点应在滨海新区。海岸带每年平均以2公里的速度退海，沧海桑田，大有发展余地。中央决定在21世纪发展珠江、长江两大三角洲和环渤海三大经济区，天津仍是大有可为的。建议以海河为轴线，继往开来，从'海河闸'连接'大沽灯塔'为新城市轴线，射向太平洋，发展宛若月牙形船的滨海新城，逐步推建。"

看到后来的天津滨海新区开发，不能不佩服王作锟先生的远见卓识。

我们交了很多学费，得到很多教训，
大家才开始觉醒。而城市建设是不可逆的。

董鉴泓 1926.6~

　　甘肃天水人。同济大学建筑与城市规划学院教授，博导，《城市规划学刊》主编。1949年3月在上海参加地下党，1951年毕业于同济大学土木系市政组。1952年留校后协助金经昌、冯纪忠教授创办国内最早的城市规划专业，历任同济大学城市规划教研室主任、建筑系副主任、城市规划研究所所长。第三届城市规划学术委员会副主任委员，第一、二届中国城市规划学会常务理事，中国城市规划学会资深会员。获中国城市规划学会终身成就奖。

　　董鉴鸿先生长期从事城市规划与城市建设史的教学与科研工作，1958年首次开设《城市建设史》课，并开始系统调查研究。1980年《中国城市建设史》作为大学教材出版，至今已修订四版，多次获建设部、教育部和上海市优秀教材奖。1984年在台湾出版，成为海峡两岸第一部关于中国城市建设史的学术专著。参编《城市规划原理》，完成学术专著十余本，发表论文九十多篇，曾任《中国大百科全书》城市规划分部副主编等。2004年创办的"中国城市规划学科发展论坛"至今已成功举办十二届，年逾九十仍工作在学科发展的前沿。

"城市规划的教训不是短期能够发现的，要放长远了看。回顾历史，我们交了很多学费，得到了很多教训……"

说起新中国半个多世纪的城市规划，董鉴泓先生如数家珍。经验教训，历史以及现实的问题，娓娓而述，一切都那么清晰。

"一五"规划"春天"无法重复

改革开放以后，一些老同志提出要全面恢复"一五"春天，我认为情况已发生变化，不可能重复过去。对那时的做法不能全部照搬。

采访者　从20世纪50年代以来，您一直从事城市规划的教学与科研？

董鉴泓　1945年，我考入当时位于四川宜宾的李庄同济大学土木系，1946年随学校迁到上海。后来师从金经昌先生、冯纪忠先生等。1952年开始从事城市规划的教学研究和实践工作，直到今天。

采访者　对那时候的规划，您有什么深刻印象呢？

董鉴泓　新中国成立前，上海、南京等城市也搞过城市规划，但从来都没有真正实现过。真正完整地搞城市规划，还是从新中国成立以后才开始的，"一五"时期才建立规划机构，集聚技术力量开始"八大城市"的规划。"一五"时期的城市规划，被公认为是我们的第一个春天。

　　当然，"一五"规划以苏联模式为主导，我们学习了解不少苏联的先进经验，然而，苏联的规划也有形式主义倾向，对我们并不完全适用。而同济大学许多专家都曾到欧美留学，更倾向于工程实用方面。那时候学苏联是政治问题，但金经昌先生却特别敢于直言，对苏联专家有些并不太适用的做法，明确表示反对。

采访者　那时苏联专家和同济专家的观点有冲突？

董鉴泓　是有一些冲突。不过我想，从历史的角度看，"一五"时期，新中国城市规划从无到有，在那时的政治条件下，由于是完全不同的政治和经济体制，我们不可能去学英美。而苏联经验，帮助我们建立了计划经济体制下规划体系的基础，虽然有形式主义、古典主义倾向，可能算是缺点，不过我觉得，基本上是应该予以肯定的。

　　但是，这里面有一个什么问题？改革开放以后，城市规划工作重新恢复，1978年在兰州召开规划工作会议，有一些老同志提出：要全面恢复"一五"时期城市规划的"春天"。他们认为，"一五"时期是我们城市规划的第一个"春天"，改革开放是第二个"春天"，要恢复"一五"时期城市规划的做法。对此，我不赞成。我认为，与那时候相比，现在情况已经发生变化，我们不可能重复过去。

采访者　"一五"时期城市规划的辉煌确实值得怀念，但历史不能复制，我们不可能原样恢复"一五"的"春天"。

董鉴泓　对那时的做法不能全部照搬，因为形势已经发生了很大变化。"一五"时期的规划主要围绕156个工业项目的空间落实，这些项目都是国家投资，中央政府直接来管，也就不存在现在我们所面临的中央与地方关系上的矛盾。而改革开放以后，我们走出去、请进来，汲取一些发达国家的理论和经验。特别是现在，投资渠道多元化，出现了越来越多的民间投资项目，同时也出现一些矛盾，中央和地方的关系也与过去有所不同。

　　另外，"一五"时期是计划经济体制，项目选址要考虑接近原料、接近产地、方便运输，对内地开发也有好处。而改革开放以后呢？我们更多的是考虑市场。

正确对待历史文化

　　城市里面有历史价值的东西已经不多了。一些历史街区能够保留下来，我觉得就很不错了。不能说什么都不能动。

采访者　中国许多城市有着两三千年的历史。然而最近几年来，随着城镇化进程的加快，越来越多的城市特色不再那么鲜明，城市建设"千城一面"。对这种现象，您怎么看呢？

董鉴泓 　最近几年，城市建设日新月异，但也出现了一些问题，"千城一面"就是一个很重要的方面。为什么会出现"千城一面"？我感觉，与历史文化遗产保护工作做得不够到位有关。当然，这几年人们在这方面的思想认识已经有了很大进步。我个人认为，对历史文化遗产问题，要通过提高全民文化素养及采取制度管治有效措施来解决。

　　记得1981年我和阮仪三一起去平遥，当地正准备拆掉城门城墙，以便拓宽街道。我们很着急，问为什么要拆？县领导回答说，很多领导来平遥视察，都提出批评：怎么这么多年了，城市还是老样子，一点变化也没有？没有"旧貌换新颜"。我们再三解释，告诉他们平遥古城的宝贵价值，并且提出可以帮他们做规划，保护老城、另建新区。

采访者 　这就是"刀下救平遥"的故事吧？

董鉴泓 　"刀下留城"是新闻界的说法，这方面阮仪三做了许多后续工作。那时我们到不少地方去，呼吁保护历史建筑，不光当地政府，甚至老百姓也反感。历史街区大都是老房子，居住环境和生活条件比较差，他们急于改变现状。

　　现在，城市里面有历史价值的东西已经不多了，历史街区能够保留下来就不错了，并不是说一点都不能动。但怎么个动法？

　　有些地方做得不好。究其原因，开发商作怪，背后有政府。有的城市，城外有地，偏要在城区内做文章，把老宅院成片拆掉！一了解，那些房地产商的背后，就是政府的人在追求"政绩"。

采访者 　那就是利益驱动，甚至是官商共谋了。

董鉴泓 　说实话就是这些问题。现在有历史文化遗产留下的城市和村镇，要特别注意做好规划，通过规划手段，保护好历史文化遗产。我觉得苏州这一点做得比较好。

规划反面教训 短期难以发现

城市规划的经验教训，要放长远了看。

"千城一面"的问题，"过热"的问题，并不是城市规划技术层面的问题，而是领导层的决策问题。

采访者 　对治"千城一面",您有何良方?

董鉴泓 　"千城一面"的现象,政府领导、专家和学者、老外都这么说,老百姓好像不大关心,提问题的人多,找出症状的不少,但除了谈一些原则性的空话外,也没开出什么有效的药方。设计有地方特色的建筑,需要高手,否则会成为败笔,"抢救古都风貌"时,成为败笔的例子不少。在信息化、全球化的时代,建筑形象趋同似乎是个世界性的问题。

采访者 　苏州老城保护得比较好,主要得益于一体两翼的保护模式。

董鉴泓 　关键在政府。最近这些年苏州对老城保护很重视,在老城区内部一块一块整治维修,没有建许多高楼,主要是政府重视、规划引导。
　　不是有一句老话吗?"成也萧何,败也萧何。"其实苏州在这方面也有过反面的教训。1958年"大跃进"的时候,苏州要拆城墙,当时提的口号很奇怪:反封建。

采访者 　反封建和拆城墙有什么关系啊?

董鉴泓 　哎,它就是一个政治口号嘛!说城墙是封建社会留下来的,我们是社会主义,不要城墙,拆城墙就是反封建。而且这个口号就是当时的政府领导提出来的!利用了革命的激情。
　　这样一来,拆城墙就成了革命行为,而且全都分段布置好了,再请金经昌先生、陈从周先生以及几位苏联专家来,让他们当场表态,表完态就拆。当时专家们一致反对。金先生说:苏州城墙是春秋战国时候留下的,非常宝贵。而苏联专家说:为什么拆?是不是你们盖房子没砖头了、没材料了?
　　结果就顶在那儿了。专家们坚决不同意,一直在现场死守到凌晨三点才离开。结果他们前脚刚走,后脚就在当时政府领导的召集下,开始锣鼓喧天地拆城墙。一天时间,几乎全拆掉了。

采访者 　这真是一个历史的遗憾!

董鉴泓 　现在这位领导还健在,是个老干部。几十年后,再谈起这个事情,他后悔得不得了！而当时，他确实认为拆城墙是革命行为，自己那么做是革命的。

采访者　是无知之过，想想也挺可怕：一些无知行为决定了城市命运，造成无法挽回的损失，今天这样的情况仍时时可见。

董鉴泓　城市规划的经验教训，不是短期能够看出来的，它往往反馈很慢，好的效应、坏的效应，要放长远了看。从新中国成立以来城市规划的历史来看，真的需要好好总结。我们交了很多学费，得到了很多教训，大家才开始觉醒过来。而城市建设是不可逆的，它不像一个产品，做不好可以再重新造一个。

　　现在人们的思想认识有了一定程度的提高，对城市规划和历史文化遗产的保护工作很重视。但还有另外很重要的一点：科学决策中的群众参与度不够，领导的权力太大。城市规划是一门科学，但往往到了最后，就是几个领导在那里拍板。

采访者　归根到底是体制问题？

董鉴泓　是的。"千城一面"的问题，"过热"的问题，并不是我们城市规划技术层面的问题，而是领导层的决策问题。

　　现在一任市长做四年，往往都是短期行为。而城市规划是"前人种树后人乘凉"。

　　所以有些人就说，规划无用，搞得再好，没多大意思。你搞了半天又怎样了？你研究得很科学了，考虑得也足够长远，可是人家不听你的，不照你的做，有什么用？有些城市做规划时，人口规模、占地规划，就是领导拍脑袋拍出来。这样的情况还不少。

采访者　由于这个原因，我们常常重复缴纳同样的"学费"。

董鉴泓　已经交了很多次了。有些问题我们10年甚至20年以前都说过，但今天却又在上演，而且愈演愈烈。

　　20世纪50年代我们就在反"四过"（规模过大、占地过多、标准过高、求新过急）。现在看不是还有这类问题吗？当然，时代背景及产生原因并不相同，但至少从现象上看，现在"四过"的问题更严重，可以说是有过之而无不及。

城市规划工作是职业更是事业

城市总体规划是"永久牌",不是"飞鸽牌"。
规划工作者一定要有敬业精神。

采访者　最近几年,中央提出科学发展观、和谐社会等思想,并陆续有一些新的举措,这些都是科学规划的良药。

董鉴泓　的确是有效良药,但真正发挥作用,可能还需要一段时间。

中央三令五申,限制大学城、开发区,可有些地方政府为什么还是热衷于搞这些?有些问题并不是没有意识到,而是说了好像也没有什么明显的效果。

所以我常常对我的学生说:只能是我们自己尽可能学得好一点,把规划方案做得更科学一点。而有些却不是我们所能把握的。

采访者　规划人员只能发挥有限作用。

董鉴泓　是这样。当然,现在我们规划市场非常繁荣,看起来搞规划很"热",项目多,各大规划院所的产值普遍很高。比如同济规划设计院,一年产值达到2亿左右,过去哪里有过?

但在这繁荣里面,我们要保持清醒冷静的头脑。要始终坚持真理,坚持科学规划。现在做规划方案,是按照面积和人口收费,而地方政府领导也常常希望能做得很大,而从规划的理念和原理来讲,不应如此。

采访者　不仅盲目求大,前几年还有一个倾向:有些地方领导盲目崇洋,非常热衷于请外国人做自己的规划。

董鉴泓　就城市规划而言,老实讲,请外国人做方案,我觉得本身就是一种失策。当然,请外国专家做一些局部地段的投标未尝不可。但是一个城市的总体规划、概念规划,怎么能请外国人来做呢?做规划一定要深入了解其历史、地理和现状条件,外国人不了解当地情况,只是过来看短短的几天,就做一个方案出来,怎么可能搞得好?钱花得不少,结果却未必理想。我们有很多这样失败的例子。其实我们中国的规划师完全有能力做，不必非得请外国专家。

我提倡城市总体规划要地方化，要"永久牌"，而不是"飞鸽牌"，要不断地坚持下去，不断地付诸实施。

采访者　在当前的社会环境中，规划人员始终坚持真理并不是件容易的事情，您有何期望和要求。

董鉴泓　现在我们国家正处在一个大建设的时代，以上海为例，一年的建设量甚至都超过了全欧盟。这样大规模的建设，在世界绝无仅有，作为规划人，我们应该感到很自豪。

作为规划工作者，一定要有一种敬业精神。要把城市规划工作当成一项事业，而不仅仅是职业。要深入了解历史，了解我们的传统文化，要勇于坚持真理，认真做好每一个规划方案。

采访后记　把规划当作事业

同济大学的规划专业可说是举足轻重，目前在中国城市规划界活跃着的许多专家及管理人员，相当一部分来自同济。董鉴泓先生，就是同济大学城市规划专业的创始人之一，并毕生耕耘。

除此之外，对董鉴泓先生的认知，还来自于《城市规划学刊》，这是一份高质量、高水准的学术刊物，我们一直是它的忠实读者。而董鉴泓先生是其主编。

对董鉴泓先生，可以说是心向往之、神交已久。而近两个小时的娓娓而谈，他给我们讲述了太多精彩的故事和观点。由于学识水平的局限以及刊出篇幅的限制，我们只能择其要点、蜻蜓点水，留下些许遗憾。

董鉴泓先生的认真细致也给我们留下深刻印象。对于年轻的规划师，他认为，不要提奉献不奉献的口号，但一定要有敬业精神，要认真、仔细把每一个规划做好。要把城市规划当作一个事业，而不仅仅是一个职业。

城市规划这门科学，需要领导、专家和公众紧密地结合在一起。

柴锡贤　1925.10～

浙江慈溪人。1948年毕业于上海交通大学土木系，同年在上海都市计划委员会工作。新中国成立后，曾在上海市都市计划委员会、市政建设委员会、上海市城市规划管理局工作，曾任上海市城市规划设计院副院长、上海市城市规划管理局总工程师。享受国务院特殊贡献津贴。

柴锡贤先生的多项设计研究获建设部科技进步二等奖，上海市科技进步一等奖。中国城市规划学会资深会员。

"城市政府重视城市规划的历史延续性和时代的创造性是会给人民带来幸福和愉快的。""不能使城市规划不现实，考虑形式太多，现实太少；考虑远景太多，近期太少。旧城规划特别要注意实事求是的精神。"在接受采访时，中国城市规划学会资深会员、著名规划专家柴锡贤强调了这样的观点。

他说："城市规划实质是为了一个政治目标，通过艺术加工，使城市成为值得回忆留恋而为之终生奋斗奉献的人民家园。"为了这个目标，他奋斗奉献了半个多世纪，亲身经历着上海这座城市的伟大变迁。

新中国成立前的规划方案，新中国成立后咋办？

回顾新中国建国初期，陈毅市长以伟大政治家的风范，慨然同意刊印上海都市计划"三稿"，具有重要的历史意义。

一个城市政府重视城市规划的历史延续性和时代的创造性，是会给人民带来幸福和愉快的。

采访者 据了解，早在1946年，上海市就成立了都市计划委员会，并开始了都市计划的编制工作。新中国成立以后，对原有的都市计划委员会和都市计划是如何处置的？

柴锡贤 1948年大学毕业后我就在上海市都市计划委员会工作。记得1949年3月间，上海解放前夕，都市计划"三稿"编制工作还在进行之中，国民党上海警备司令部的一个曾参加上海都市计划工作的军官到都市计划委员会来，要把"三稿"带到台湾去。当时程世抚先生等借口"三稿"编制还没有完成，拒不交出"三稿"，后来程先生索性把"三稿"资料带到家里工作，以利安全。

1949年5月，上海解放；同年12月，经陈毅市长批准，改在市工务局下设上海市都市计划研究委员会，继续研究。1950年6月，"三稿"编制工作最终完成；7月，经陈毅市长批准同意，将"三稿"刊印出版。

采访者　"三稿"对上海城市规划产生了什么样的影响？

柴锡贤　首先是有机疏散的理论，也就是我们今天所说的综合分区发展，把工业区、生活居住区、绿化区及高速干道和快速有轨交通融合成为有城市生态活力的生命有机体，分散在城市中心区的周围。

采访者　有机疏散，至今仍是上海市规划建设的重要指导思想。

柴锡贤　是这样。另外，新中国成立初期的上海城市规划，不仅考虑到上海市，而且已经考虑到周边金山、南汇、松江等地区，从区域规划的角度研究港口城市；研究城市的便捷性，提倡建设高速公路，发展快速有轨交通。

　　还有非常重要的一点：回顾新中国建国初期，陈毅市长以伟大政治家的风范，慨然同意刊印上海都市计划"三稿"，具有重要的历史意义。说明一个城市政府重视城市规划的历史延续性和时代的创造性，会给人民带来幸福和愉快的。

规划"示意"：彻底革命还是改建改良？

"城市规划要树立由近及远、远近结合的思想，要从实际出发，反对本本主义和教条主义。"万里同志的讲话给大家吃了个定心丸。

采访者　据了解，编制"三稿"的规划专家，多曾留德、留美或留英。而新中国成立初期，特别是"一五"期间，全国上下都在向苏联学习。这是否有一定的影响呢？

柴锡贤　当然有影响，这里我想着重介绍一下苏联专家穆欣。1953年，穆欣到上海指导工作，他在短短的一个月时间里，完成了"上海市城市初步规划示意图"。穆欣提出：我们不能用改良主义来改造上海，要用彻底革命的方法来改造这座城市，重新规划，合理布局。

　　按照他的方案，要运用古典建筑艺术来布置城市的布局，非常注重形式，轴线对称。他引用一句话：莫斯科的建设和建筑形式要能充分地表现出社会主义时代的伟大和壮丽。

采访者　　有些过于理想了，在复杂的上海，能实现吗？

柴锡贤　　很困难。毕竟中国的国情和苏联不同，上海与莫斯科也有很大差异。他把上海已经存在的近郊几个工业区大部分取消了，另外在远郊规划大型工业区，与当时上海有2600多个小工厂要建设或搬迁的实际差距很大，因为远郊配套困难，小厂无法承受，影响经济发展。

采访者　　您当时认可这种观点吗？

柴锡贤　　心里有不同意见，但嘴上不敢说，那时候学苏联是政治问题。包括金经昌先生等在内的许多中国专家，意见也都非常大。

　　　　　　上海的工厂大都规模不大，数量很多。1953～1956年，受穆欣规划思想的影响，上海的小厂经济很难搞上去。另外，由于为穆欣的规划示意图所提供的现状资料不完整，也造成了一些被动和损失。

　　　　　　后来意见反映到上海市委，市委又向万里同志汇报，1956年，万里同志到上海做了一个报告，非常振奋人心，拨开了我们心中的迷雾。

采访者　　当时万里同志是怎么说的呢？

柴锡贤　　万里同志说，他同意上海城市规划局所提出的城市要树立由近及远、远近结合的思想，要从实际出发，反对本本主义和教条主义。他明确提出，所谓采用彻底的革命路线、进行上海改建规划、反对改良主义，这是不对的。城市规划示意图，只能是示意而已，不能使城市规划不现实，考虑形式太多、现实太少；考虑远景太多、近期太少。旧城规划特别要注意实事求是的精神。

采访者　　这就给上海的专家们吃了个定心丸。

柴锡贤　　现在回过头来看，这个所谓彻底革命还是改建改良的争论，是上海城市规划的一件大事，也是一个重要的历史经验。城市规划的指导思想应该是由近及远，远近结合。现在看起来，今天我们有一些城市是在用远景目标来指导近期建设。

一部电影两张蓝图：市长亲自抓规划

总体规划向中央汇报时，时任上海市市长的江泽民同志亲自带队。他说："搞好城市规划是我作为市长的重要责任。"

采访者 后来上海的规划又是如何发展的呢？

柴锡贤 1959年的规划是上海城市规划的另外一个转折点。当时上海的市委第一书记和王文克同志很熟悉，就打电话给他，说上海城市规划现在要搞到6000多平方公里，你来帮我们搞一个上海的规划。当时是周干峙同志和王文克同志一起来的，帮上海做了一个区域规划示意草图和上海城市总体规划草图。

王文克同志非常钻研，在上海调查了6000多家工厂，他提出了三条：上海要控制近郊工业区的规模，建设卫星城镇；工业要向高新尖技术发展；上海是中国的重要工业基地，最大的港口城市。这个指导思想一直发展演变到今天。

后来就是"文革"，不谈了。

1986年，国务院批准上海城市总体规划，我有很深的体会。

采访者 是什么体会呢？

柴锡贤 深深体会到信息传播的重要性。我们从1982年就开始编制上海市城市总体规划，1983年向城乡建设环境保护部汇报，周干峙副部长就提出来：你们的汇报不能光是书面的，应该拍一部电影，更直观地展现上海的今天和明天。

当时的信息技术远不像今天这么发达。回去以后，我们就组织拍电影。那时国务院改造振兴上海调研组正在上海工作，江泽民同志就在这个组里。我们正好利用这个条件，把电影素材剪切一下向调研组汇报。这部电影素材把当时上海建设资金缺口非常大、欠账很多的情况，又把上海住房紧张的情况，基础设施建设滞后的情况，通过电影画面展现出来。中央调研组同志看了之后说：我们对上海关心不够。

所以，我很佩服周干峙同志，他常常提出来的问题很尖锐，也很起作用。当时上海的状况虽然有书面资料，但不生动，电影画面却可以直观地反映出来，更能打动人心。比如，住房紧张，相当多的老百姓人均居住面积2平方米以下，很多人结了婚却没房子住；公交车上，每平方米要站11个人；黄浦江码头不够，相当于每天把20万美元扔到了黄浦江里；等等。

听（看）完我们的汇报后，调研组起草了《上海经济发展战略汇报提纲》，主要内容就是反映上海必须重点改造，否则要影响整个国家的经济——当时上海经济总量占全国经济总量的五分之一。

这样一来，一部电影两张蓝图，使我们城市规划的地位就有了很大的提高。

采访者　哪两张蓝图？

柴锡贤　一个是经济发展战略汇报提纲，一个是上海市城市总体规划。

采访者　地位提高，上海城市规划引起了领导的足够重视。

柴锡贤　汪道涵同志担任上海市市长期间就非常重视城市规划，他到任后下基层到的第一个单位就是规划局，并将他在美国期间别人送他的规划书籍转赠给规划局，语重心长。后来江泽民同志担任上海市市长的时候也非常重视城市规划，总体规划向中央汇报时，他亲自带队，并且明确提出：搞好城市规划，是我作为市长的重要责任。

为人民的城市，就是负责任的城市

城市规划这门科学，需要领导、专家和公众紧密地结合在一起。为人民的城市，就是一个负责任的城市，创造性的城市。我感觉这是很重要的。

采访者　领导重视未必带来的都是益处。分级管理据说也是由市长、书记提出来的。

柴锡贤　分级管理是上海带的头，全国有很多反映。我觉得要一分为二地看，和北京等城市相比，上海的城市规划工作相对有些滞后，分级管理等于是分层次管理，有助于提高效率。但是有一条，就是要有权威的规划委员会，加强统一协调。

分级管理也可能产生一些负面影响。比如，最近这些年上海的城市蔓延很厉害，是不是和分级管理有关？当然，也有人说城市蔓延是一种必然的趋势。这也是一种观点。

我个人感觉，大概1982年、1983年的时候，上海郊区的土地是每亩2万元，现在大概是每亩30万～150万元也不够（指外环附近郊区），地价涨得如此厉害，未必和城镇分级管理没有关系。县区政府为了得到更多的土地有偿使用费，土地使用可能就会失控，规划也失控。

现在大家都在提建设资源节约型、环境友好型的社会，这对上海规划建设意味着什么？当前上海提出的是建设节约型城市、生态型城市、创新型城市。我也曾经写过一篇文章：《节约型城市就是创造型城市》。我认为，像上海这样一个大城市，不搞节约型城市，土地资源没有办法解决。而节约型城市很重要的就是循环经济、整合（集约）经济，你搞循环经济、整合（集约）经济，城市规划管理能不能够适应？当然，光靠城市规划不行，但是城市规划应该在这方面起综合作用。

采访者 　上海要建设生态型城市，而北京提出的是宜居城市的口号，这应该是如出一辙吧？

柴锡贤 　什么是宜居城市？我理解为四个尊重：尊重自然，尽可能地保留自然资源；尊重人文，坚持以人为本、讲究人性化；尊重文化；尊重教育，把思想道德建设放在首位。

提出宜居城市，这是一个很好的发展方向。能真正做到很不容易。我感觉要在三方面努力：要从改善全球环境出发，尽心、尽力、尽责，把宜居城市建设成为一个负责任的城市；要从参与全球经济竞争出发，创新、创意、创景，建设一个创造型的城市；要从动员全民参与出发，善始、善终、善果，建设一个为人民服务的城市。

城市规划这门科学，需要领导、专家和公众紧密地结合在一起。为人民的城市，就是一个负责任的城市，创造型的城市。我感觉这是很重要的。

采访后记　规划情结依旧

柴锡贤先生的谦逊、平和、认真，给我们留下了深刻的印象。前往上海，采访在他的家里进行，他热情地接待我们，自始至终，他都是那么温厚、和蔼，说起新中国成立以来上海城市规划的历史，他娓娓道来、如数家珍，担心我们弄错，他还搬出厚厚的资料，供我们查阅。

虽然十几年前就已从行政岗位退休，但在采访中，我们依然感觉到他浓浓的规划情结，他一如既往地关心城市规划工作，为某些现状而烦神、忧心，时常还会为规划事业而劳碌奔波。

在新中国城市规划事业的这个大舞台，他的心，从未走远。

先进文化的代表是我们要做好的一篇大文章，规划建筑界需要深刻反思。

张绍樑 1932.12~

上海人。1955年毕业于同济大学。曾任上海市城乡规划环境保护委员会、上海市建设委员会副主任，上海市城市规划管理局局长，上海市政协八届常委兼城市建设委员会主任。中国城市规划学会资深会员，上海市规划委员会专业委员会委员、上海市城市科学研究会常务副理事长。

在张绍樑先生主持、参加的规划、建设、管理的设计、研究项目中，作为第一得奖人获得十几个奖项，参加组织编制的《上海市城市总体规划方案》获国家科技进步二等奖，上海市重大科技成果一等奖，上海市优秀设计一等奖。

"确实现在我们的城市和过去大不一样了，过去想做的事情现在好多都实现了，甚至大大超过我们原来的想象。但是反过来说，我们的问题也很多……"

"为什么现在许多城市里有那么多宽马路、大广场，政府大楼越盖越气派？我觉得还应该从文化上评判，不能单纯着眼于建筑、用地……"

接受采访，回顾新中国成立以来的城市规划事业，张绍樑先生反复强调了这样一个观点：还应从文化的角度看规划。

回顾过去：四大"兴奋点"

"从改革开放到现在，上海城市建设发展空间的拓展相对来讲比较紧凑，个人认为，1986年获批的城市总体规划发挥了很大作用。"

采访者　回顾新中国成立以来上海城市规划事业几十年的发展，您有哪些印象最深？

张绍樑　从纵向来看，半个多世纪以来，我们城市规划事业取得了很大成就，现在迎来了第三个"春天"。但同时又是一个曲折的过程。就上海而言，我个人有四个"兴奋点"：

第一个"兴奋点"，是1956年万里同志到上海，并发表讲话。

上海的城市规划从抗日战争胜利到新中国成立初期就开始搞了，在工程界前辈赵祖康主持下，一批曾经留学欧美的专家，历时几年，数度编制上海都市计划，其中运用了区域规划、有机疏散、快速交通等理论。1953年苏联专家穆欣到上海，他工作很勤奋，用三个星期搞了一个规划，提出用社会主义重新规划的方法对城市进行彻底革命的改造，其规划方案又过于注重形式上的建筑艺术构图，脱离了当时国民经济发展与现实条件，束缚了城市的经济发展与建设、改造。当时，上海相当一部分干部和专家对此有意见。

1956年，城市建设部万里部长来上海，了解情况后作了一个报告，明确提出没有彻底革命的规划，过去留下的许多建筑要利用，旧区需要改善、改良。我当时正出差上海，听了这个报告。上海的金经昌教授等许多专家对万里同志纠正教条主义、形式主义倾向非常兴奋。

第二个"兴奋点"，是1959年由建筑工程部规划局王文克副局长带领郑孝燮、谭璟、周干峙、刘达容等专家帮助上海编制城市总体规划。

基于当地发展工业的需要，上海市郊十个县刚于1958年从江苏省划入上海市，一张统筹市辖范围内综合发展的总图就形成了，称之为"上海区域规划示意图"。

这一版规划所提出的上海城建发展方针，能在后续一段政治、经济状况多变的条件下得到基本贯彻，实属不易。当时我大学毕业才几年，有幸随同参加了工作组工作。

第三个"兴奋点"，是1983年编制完成的上海城市总体规划于1986年获得批准。

这一规划体现了"组合城市"、"多心开敞式布局结构"、"切线交通"等理论。获得了国家科技进步二等奖等多个奖项。我参与了编制工作，并于1986年4月14日随当时的上海市市长江泽民、副市长倪天增向中共中央书记处汇报上海市城市总体规划方案。

胡耀邦总书记表示原则同意，他指出：上海应高瞻远瞩，面向现代化，面向21世纪，面向全世界，经过若干年努力，把上海建设成为太平洋西岸最大的经济贸易中心之一。根据这个精神，经过修订后上报，国务院于1986年10月13日批转了《上海市城市总体规划方案》，与之前的区域规划示意图一起，上海习惯称为"两张蓝图"。

这一版规划对上海的影响很大，从改革开放到现在，上海城市建设发展空间的拓展相对来讲比较紧凑，这个规划发挥了很大作用。

第四个"兴奋点"，是1987年我担任过上海"开发浦东咨询研究小组"副组长，以后的开发浦东，是上海振兴发展的一个里程碑。

上海市政府于1987年成立开发浦东的联合咨询小组（内有一批海外专家当顾问），并于次年5月召开"浦东新区国际研讨会"，我作为咨询小组副组长，代表小组在研讨会上作了"开发浦东，建设世界一流新市区"的发言。不久后通过《浦东开发》和《群言》杂志，以"从城市概念谈大浦东开发"、"浦东开发要做到国际化、枢纽化、现代化"为题发表看法。

为什么有那么多大广场？

从政策层面上，出现那么多不切实际的宽马路、大广场是一种失误。要杜绝这类问题，根本的问题是要改造我们的文化。

采访者　这确实是上海城市规划史上的几件大事儿，非常振奋人心。另外您也说过：这半个多世纪，也是一个曲折的过程。这几十年，规划理想与城市现实，似乎总是有些"摩擦"。

张绍樑　确实这些年我们的发展很快，城市面貌日新月异，和过去相比是大不一样了，过去想做而没有做成的事情，现在有好多都实现了，甚至大大超过了我们原来的想象。但是反过来说，我们的问题也很多，过去发生过的问题现在同样也在发生。

比如在当前我们的城市建设中，出现了好多不切实际的大广场、宽马路、大城市，出现了许多脱离国情的浪费现象。这和20世纪50年代我们批判过的"四过"有类似之处。有些区级、镇级政府的办公楼也相当气派！有的还学购物中心，搞了浪费大量能源的共享空间——中庭。

你想想，倘若很乐意在豪华的办公楼里工作，还有多少兴趣到贫困老百姓那里扎根搞调查研究？还能体会老百姓的生活疾苦吗？

采访者　我想很难。那么，为什么会有这样的现象？

张绍樑　宽马路、大广场的问题现在大家都在讲，都在批判。我觉得，这个问题很复杂，我们不能单纯着眼于建筑、用地，仅仅从技术层面上找原因，应该从文化上来研究，这样也许更能够找到问题的症结所在。

搞大广场，还要看看广场的中轴线及四周的建筑，是为全市人民使用的文化宫、博物馆、图书馆、影剧院、科学宫、城市规划展示馆呢？还是几个有代表性的管理机构？

在住宅群体建设上，因鼓吹"欧陆风情"所出现的"总体平面图形化，住宅内部宾馆化，建筑外形宫廷化，道路广场城市化，雕塑装饰大型化，坊内绿地公园化，楼盘入口府邸化"，也反映了一种文化现象。

文化问题有关联性，需要长期、细致地研究解决。比如"大吃大喝"问题，是受"打牙祭"的影响，与小农经济有关；讲排场，是"暴发户"行为的反映。那么，"形象工程"、"政绩工程"呢？从文化角度是否与此有联系？值得思考。

中国的小农经济、文化落后的东西在影响着我们，并且带到了城市中来。所以，要从根本上杜绝这种不良现象，一定要从文化上解决，而不是单纯从技术上来解决问题，关键是要改造我们的文化。

所以，江泽民同志所讲"三个代表"中的"先进文化"的代表，如何在城市规划建设中体现，是需要我们很好研究的问题。

反思规划建筑学界

过多地请外国设计单位当然有问题。但我们是否也反思一下：有没有权威、学派之争？有没有不公平竞争的行为？有没有眼高手低的问题？

采访者 改造文化殊非易事。如何改造？您刚才提到"欧陆风情"，这又是另外一个值得注意的倾向：盲目崇洋。另外，现在许多地方政府热衷于请外国人做规划设计，花了很多钱，有些并不成功。对此，您又是怎么看的呢？

张绍樑 是否应该请外国人来做中国的规划设计的问题，虽然一直都有争议，但不能一概而论。热衷于请外国人做规划，我想主要有以下几个原因：一是认为外国有新的理念，有的已有实施的经验；第二，感到我们国内有些设计单位突破性不够；第三，利用外国设计的品牌，有利于招商引资；第四，更有条件出访国外。

过多地请外国设计单位设计当然有问题。但我们是否也反思一下：有没有权威、学派之争？有没有不公平竞争的行为？有没有眼高手低的问题？

采访者 国内规划建筑学界确实存在一些问题，应该反思。

张绍樑 现在城市规划学界的基础理论研究是个大问题。大家都在忙于做设计、搞评审、拿学位，谁来研究基础理论？我们曾经批判过苏联的学院派，但人家毕竟有一套成系统的理论成果研究出来了，例如像"城市的合理规模"、"合理的小区规模"、"合理的建筑层数"，也出版了达维多维奇的《论城市规划经济基础》之类的著作。在现在市场经济条件下，我们更要鼓励基础理论研究。建议两院院士进一步推动这项工作。

先进文化是篇大文章

既不能复古，也不能全盘西化，要找出中国自己的文化底蕴，同时还要不断创新。

采访者　市场经济条件下，规划建筑学界也面临严峻的问题，确实应当好好地梳理、反思。

张绍樑　外国人在中国所做的规划设计，确实有很多并不成功的例子。但是，如果不叫外国人设计，让中国人自己设计，难道就没有问题了？倘若从支撑体系考虑，不切实际的规划设计，不按照批准的项目建议书、选址意见书、规划用地许可证的规定进行的，恐怕还是极少数。又有几个重复建设或者没有效益的项目，是没有可行性研究报告，或者其可行性报告是没有被批准的？说明有些规划设计问题，并不单纯是规划设计造成的。因而如何发挥好城市规划的主观能动性是个大问题。

对于创新问题，贝聿铭先生曾经说过："中国建筑师的当务之急，就是要探索一种建筑形式，它既是我们有限的物力所能及，同时又是尊重自己文化的"。创新要把西方的、中国的融会贯通起来。比如具有上海风情的里弄住宅，是在江南传统民居建筑基础上，受西方城市联排式住宅布局影响发展起来的。早期老石库门里弄住宅又发展演变到后期的新式花园里弄、公寓式里弄，构成了上海近代城市建设的一大特征。如果仅是形式上的仿外仿古，搞得多了同样也是"千城一面"。

现在我们还是要把先进文化弄清楚，既不能复古，也不能全盘西化，要找出中国文化的底蕴，同时还要不断创新。要把西方、中国的融会贯通起来。先进文化的代表是我们要做好的一篇大文章。规划建筑界需要深刻反思。

采访后记　## 做好文化的大文章

谈起城市规划，张绍樑先生有说不完的话。

自1955年9月参加工作至1999年8月退休，工作几经变动，但多数时间是在从事城市规划工作。即便是在退休之后，张绍樑先生也依然不辞劳苦，在城市规划领域继续发挥余热。

几十年的工作时光，他以城市规划的行政管理工作居多。但从事管理工作的同时，他从来不曾忘记学术的探索。不但在职期间有多个规划项目获奖，即便是在退休后，他也有多篇论文发表，多个项目获奖。

和张绍樑先生的访谈，是所有专家访谈中时间最长的采访，同时，也是印象殊为深刻的一次采访。不知不觉间，时针就从上午九点多跳到了中午一点多。采访因饥饿和时间而勉强结束，交谈却仍然意犹未尽。

记得先哲曾说："一粒沙里见世界，半瓣花上说人情"。江海虽大，取一瓢饮之。张绍樑先生的诸多精彩观点，我们无法一一展开，而是撷取"文化"之一点，用文化来把握规划。对当下规划建筑学界而言，这也是一篇需要深刻反思、认真做好的大文章。

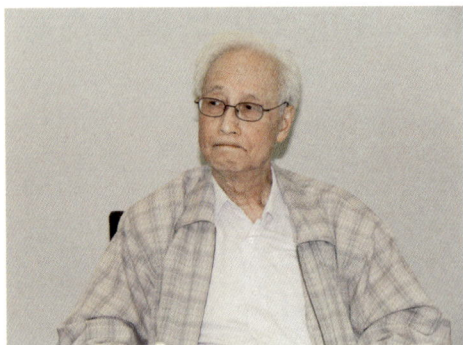

怎么保护好公共利益，同时也维护好各个利益主体的合法权益，这是我们亟须研究的大问题。

陈为邦 1939.11~

生于重庆。1963年毕业于清华大学建筑系。曾任建设部城市规划局副局长、中国城乡建设经济研究所副所长、建设部体改法规司副司长、司长，建设部总规划师，建设部科学技术委员会副主任委员，中国城市规划学会第二、三届理事会副理事长、中国城市规划学会顾问。

多年来，陈为邦先生参与制定国家城市建设技术政策，并获国家重要贡献奖。直接参与制定《城市规划法》和《城市房地产管理法》等法规；作为主要起草人，他参与编写国家标准《城市规划基本术语标准》；主编的《城市规划读本》作为国家干部培训教材。主要著作：《城市探索——陈为邦城市论述》。

"我家里人说，你是学建筑的，学了几十年，你盖了几栋房子？我说，连一个厕所也没盖过。"陈为邦先生诙谐地说。

毕业于清华大学建筑系的陈为邦先生，大半生的光阴却在探索城市规划和城市科学，见证了新中国几十年的城市规划史。今天，让他陷入深思的是：在社会主义市场经济条件下，到底应该怎么看待城市规划的地位和作用？我们应该做些什么？需要做些什么？能够做些什么？

这也是当前城市规划工作者们共同面临的问题。

城市发展矛盾突出，规划本质需深入探讨

> 城市规划是科学，是政府行为，是一项公众参与的社会实践，这三者是同时存在、不可或缺的。城市规划科学要研究政府行为和公众行为。政府则应当尊重科学、尊重群众。

采访者　在城镇化进程加快、经济和社会转型期的今天，城市规划的地位和作用正在被重新审视。我们注意到，在前几年的中国城市规划年会上，曾不止一次设立了"城市规划是什么"的分会场，专题讨论。对此，您怎么看？

陈为邦　这个题目好，说明大家在思考一些基本问题。城市规划是什么？有人认为城市规划和城市各方面密切相关，可肩负城市发展全局之重任；也有人认为我们就管技术，别的管不了。一方面，觉得需要我们做的事情很多，但另一方面，我们真正能做的，可能也就是用地性质、红线、容积率这么一点点。

中国的改革发展到今天，城市中各个利益集团的矛盾这么复杂、尖锐，群众的想法各种各样，政府面临诸多矛盾。在土地和空间资源利用上，城市规划处在矛盾旋涡的中心。城市规划到底应该怎么看待自己的地位和作用？我们应该做些什么？需要做些什么？能够做些什么？这些问题需要深入讨论，不要急于下结论。

采访者　您从事城市规划工作多年，对城市发展也多有研究。那么，对城市规划的本质，您有什么看法？

陈为邦　　　城市规划同时具有三重属性：

首先，城市规划是科学。城市规划是一门综合性很强的科学，它既包含自然科学的内容，也包括社会科学的内容，我们不能也不应否认它的科学性。比如，城市不能建在滑坡地带，地质情况不好的地方不适于搞建设，这里就有自然科学的规律。城市规划还涉及经济学、社会学、美学等，都有规律可循。规划管理也有科学规律，涉及法学。

我觉得，当前需要强调的，是城市规划要加强对经济与法制的深入。现在，我们往往对经济与法制问题研究不够。在市场经济条件下，难免会发生一些经济方面的问题。比如阳光遮挡，本来是自然科学方面的问题，现在也变成经济利益、法律纠纷了。人家花辛辛苦苦一辈子挣的钱买了一套房子，结果你在里面盖一栋房子，把他的阳光都给遮挡了，这就侵犯了人家的阳光权。这不仅仅是建筑学的问题了，而是牵涉到法律问题、经济问题。

其次，城市规划是政府行为。它是政府的行政职能，从国家到省、市，特别是具体的城市，一定要有城市规划的行政管理，否则就是政府失职，就要出问题。我认为：城市规划应该是政府综合性很强的、具有公共政策属性的法制行为。

城市规划决不仅仅是建设规划，更不是专业规划，而是既有经济，又有社会，既有建设，更有保护的非常综合的规划。明确城市规划的综合性，对国家发展和城市发展非常重要，更是当前城乡规划立法的前提。改革开放以来，我国城市规划逐步发展成为国家调控城市发展的重要手段，即通过对城市土地和空间资源利用的调控，达到城市合理发展的目的。

随着市场经济的发展和改革的深入，城市规划需要发展成为城市的公共政策。解决社会公正和公平问题方面，市场是缺位的。资本总是偏爱富人的，资本是不爱穷人的。因此，建设和谐社会，主要应当依靠政府的力量。当城市政府在向公共服务型政府转变的过程中，发挥城市规划的公共政策职能，就变得更加重要和迫切。

第三，城市规划是一项公众参与的社会实践。要让公众了解规划科学，了解政府规划行为，并参与进来。只有公众能够充分参与的城市规划，才是现代的城市规划。

过去，在计划经济时期，我们的城市规划是一种"关门规划"、"神秘规划"，群众根本不了解，更谈不上参与。改革开放以来，我们在城市规划的公众参与方

城市规划呼唤法制

面，初步做了一些工作。但从总体上讲，我国的城市规划公众参与与现代化国家的要求还差得太远，应该逐步建立起公众能够知情、参与、监督城市规划的一系列公众参与制度。

总之，城市规划是科学，是政府行为，是一项公众参与的社会实践，这三者是同时存在、不可或缺的。城市规划科学要研究政府行为和公众行为。政府则应当尊重科学、尊重群众。

城市规划是调控手段，具有公共政策属性

城市规划要努力体现各方面的合理需求，但必须突出公共利益，突出对公共利益的保护和发展。你首先要为了多数人的利益，而不是少数人。

采访者　那么，您怎么看待城市规划里的政府行为呢？

陈为邦　改革开放以来，我们经历了几十年的探索，认识上有两次大进步。第一次是20世纪90年代第一次房地产热之后，1996年，国务院发出关于加强城市规划工作的通知，提出要"切实发挥城市规划对土地及空间资源的调控作用"，明确城市规划是调控手段，这是一次非常重要的进步。

最近我们又处于新一轮的房地产调控之中，在这一次调控里我们又有了新的认识，即城市规划具有很强的公共政策属性，公共政策是调控的出发点和归宿。城市规划要努力体现各方面的合理需求，但必须突出公共利益，突出对公共利益的保护和发展。你首先要为了多数人的利益，而不是少数人。

当然，促进中低收入和最低收入阶层所需住房的发展、促进基层商业网点及社会设施的发展、促进公交优先的发展等，都是城市规划公共政策属性的本质需求，它们关系到社会的公正、公平与和谐。

采访者　如何界定公共利益？

陈为邦　据悉，公共利益的法律界定比较复杂。就城市规划而言，要体现城市的公共利益，首先要保护城市公共安全。城市要发展，安全放首位。比如水源地、防洪设施的保护，有污染的工业区和居住区之间设置防护隔离带的保护，城市防灾

"生命线"工程的保护，以及关系国家安全的特殊需要等，都是城市发展的"高压线"，是不容许侵犯和破坏的。

其次，公共空间也应是"高压线"，比如滨水地带，车站、机场、码头等大型公共设施，以及道路、广场、公园、公共绿地等，要保证用于公众，便于公众。对城市公共利益的范畴，还需要深入探讨。

采访者　您所说的滨水地带等，恰恰也常为部分利益集团所垂涎，风景区的核心区域被圈占起来搞高档别墅或宾馆的事件也时有发生。

陈为邦　这是我们要认真研究的，维护公共空间的公共属性是城市规划的天职，随着社会的进步，公共空间总的趋势是应该越来越多、越来越开放，政府的管理应该跟上去。

市场经济发展以后，资本有侵犯公共空间的趋势。表现在很多方面，比如前几年北京的开发商建别墅向西山景区逼近，上海有些开发商提出"向太湖进军"，城市规划和园林部门为保护景区而奋斗；江西庐山新建的别墅拆了；有些城市的公园景观成了邻近高楼的卖点，而这些高楼往往损害了公园的景观。

加强法制建设，规范客体和主体

城市规划一定要加强法制建设，通过法制来规范市场，同时也规范政府自身的行为。

采访者　这就涉及规划立法的问题。在公共利益的保护中，不仅单纯保护一个地段，还要把与其相关的视线与景观保护也列进去？

陈为邦　我们已经面临这样的矛盾。举一个例子，就像我们刚才说到的，一个很漂亮的公园，周围盖了一圈高楼，把它全围起来了，而这些高楼，全都把公园的景观作为它们的卖点。但对公园来说，景观被破坏了，不再像原来那么漂亮。出现这种情况，我们应该怎么办？客观上，这些高楼没有占用公园的土地，但却造成了事实上的景观破坏。这种情况在很多城市都有。

欧洲一些国家在这方面的法制比我们健全。我在德国了解到，如果你家庭院的一棵树长高了，遮挡了邻居的景观视线，就会有政府相关部门通知你修剪，他们有非常详细和明确的法律规定，人人都要遵守，政府只是依法行政。

所以我觉得，怎么保护好公共利益，同时也维护好各个利益主体的合法权益，这是我们亟须研究的大问题。比如，住房阳光遮挡的法律纠纷现在就很多，还有拆迁的事，都涉及公权和私权、私权和私权的法律关系，是非常复杂的法律问题。

城市规划一定要加强法制建设，通过法制来规范市场，同时也规范政府自身的行为。

采访者　您认为政府规划行为也需要法制来规范吗？

陈为邦　现在城市规划部门权力不小，又在矛盾中心，已经成为寻租的一个领域，依法规范城市规划行为也就成为紧迫的事。

如果城市规划这个政府行为自身不规范，特别是如果领导的规划行为不规范，又不接受监督，这个权力就会被滥用，资本就会侵入，腐败就会蔓延，在问题严重的地方，城市规划公共政策属性就会受到损害，这是我们必须坚决防止的。所以，城市规划的问题，说到底还是法制的问题，我们一定要通过健全法制来保障城市规划科学修编和严格实施。

采访后记　平和沉静说"风云"

访谈在陈为邦先生家里进行。客厅，满满几大橱的书，墙上的字画，以及小条几上的紫砂茶具，共同营造了一种静谧而深沉的气息。就像他本人一样：平和，沉静。

面对近几年城市规划的风起云涌、热热闹闹，面对人们关于规划"有用"还是"没用"

的困惑与争执，陈为邦先生保持了他一贯的沉着。由于他曾经多年在体改法规部门工作，对规划的体制和法制思考，也更见深刻。

"城市规划肩负重任，我们面对各种各样的艰险。当然，在尖锐和频繁的矛盾中，我们有时难免无奈。但不要着急，中国这么大，又处于转型期，城市又是国家矛盾的集中地，面对生机勃勃、千变万化的现实，城市规划做了大量工作，可以认为，我国城市在空间布局基本是有序的，讲改革和发展，城市规划功不可没！当然，形势严峻，问题必须解决，我们要有危机感！"陈为邦说。

明确城镇化速度不是越快越好、城镇化水平不是越高越好的观念，也许更有利于国家的长远发展。

周一星 1941.5~

生于江苏常州。北京大学教授，博导。1959~1964年就读于北京大学经济地理专业，毕业后留校任教，1978年后致力于城市地理学的教学与科研。曾任北京大学城市与环境学系副主任、北京大学地理科学研究中心主任。第三届中国城市规划学会副理事长，中国城市规划学会顾问。获中国城市规划学会终身成就奖。

周一星先生是我国最早研究城市化的学者之一、城市体系规划的创导者。代表性著作之一《城市地理学》，是国内发行量最大、影响最广的城市地理学著作。他于1992年首先发现北京已进入郊区化进程，掀起和推动了我国郊区化研究。作为《山东半岛城市群发展战略研究》的主持人和第一执笔人，他运用都市连绵区、主要经济联系方向等城市化理论对山东半岛进行系统研究，被列为规划经典案例，代表作有《城市地理学》、《城市地理求索》和《城市规划寻路》等。

什么是中国特色的城镇化道路？中国的城镇化速度，究竟是快了还是慢了？北京大学教授周一星在接受采访时提出，中国特色的城镇化道路，不应简单化，不是口头禅，城镇化速度不是越快越好。

健康城镇化：与经济发展水平协调

有两种不协调的城镇化，一种是过度城镇化，城镇化速度超越了经济的承受能力，带来一系列城市病；另一种是低度城镇化，城镇化速度远远低于经济发展，导致农村劳动力的大量过剩，整个社会的低效率，及一系列"农村病"等。

采访者　2005年9月，中共中央政治局第二十五次集体学习，您讲解了中国城镇化现状与未来发展的建议。之后，第十六届五中全会将促进城镇化健康发展作为"十一五"期间的重要战略之一，写入《公报》。现在回想，那次讲课，您印象最深的是什么？

周一星　我印象最深的有两点，一是胡锦涛主席接见我们时讲到他在墨西哥访问看到大片贫民窟的感受；二是在讨论中，胡主席又首先向我提问，城镇化年增1.44个百分点是怎么回事。我体会，中央领导十分关注我国的城镇化进程，力求城镇化健康发展，努力避免有些发展中国家发生过的过度城镇化现象。

采访者　力求"城镇化健康的发展"，您个人如何理解？我们有过度城镇化的倾向吗？

周一星　按照城镇化进程的一般规律，一个国家的城镇化水平与经济发展水平是相互促进、互为因果的关系，但相互影响的重点前后不同：前期，主要侧重点是经济发展带动城镇化发展；后期，高度的城镇化水平推动经济发展的作用更加明显。

健康的城镇化是城镇化与经济发展相协调的城镇化。有两种不协调的城镇化，一种是过度城镇化，城镇化速度超越经济承受能力，带来一系列"城市病"，如贫民窟、高犯罪率及城市环境越来越恶化等，这是一种病态的城镇化；另一种是低度城镇化，城镇化速度远远低于经济发展，导致农村劳动力的大量过剩，整个社会的低效率及一系列"农村病"等。

我国在很长时期里处于低度城镇化。有两方面原因造成，一是改革开放前，在利用工农业剪刀差优先发展重工业的同时，用政策人为地阻碍乡村到城镇的人口流动，推行非城镇化的工业化，形成渗透在各个领域的城乡二元社会结构；二是在改革开放后，一度在经济和城镇化水平都有较快增长的同时，提倡乡镇企业"离土不离乡、进厂不进城"，造成城镇化和非农化的严重脱节。

1958~1960年"大跃进"期间，我国有过一段过度城镇化。其他大部分时间则处于低度城镇化，但是我倾向于现在不要再强调城镇化滞后了，与经济发展水平比，我国的城镇化水平已经不滞后了。

健康的城镇化至少意味着人口聚集、经济非农化、城镇建设等三个基本要素缺一不可。如果只有农民的非农化，没有非农化了的农民向城镇的集聚，"村村点火，户户冒烟"，"离土不离乡，进厂不进城"，不但浪费土地资源，破坏环境，而且丧失了很多第三产业就业的机会。如果没有经济非农化，农民大量涌进城市却找不到工作，就会出现"贫民窟"，犯罪率上升及治安恶化等。如果只有城镇建设，盖了很多楼，结果却没有人去住，农民要么不去住，要么住不起，这是不健康的。

超高速度城镇化是一种假象

在统计上提高城镇化水平很容易，但它不能拉动内需。

我很担心这样的超高速可能对理解我国城镇化道路和解决"三农"问题的长期性和艰巨性产生误导，更害怕各地进行速度攀比。

采访者　城镇化被作为一种国家战略提出并确定之后，有些地方提出了较高的城镇化发展目标。您却泼了一盆冷水：认为城镇化速度不是越快越好，超高速增长有可能是一种假象。您是基于什么考虑做出这样的判断呢？

周一星　城镇化被作为国家战略提出来，与过去否定城镇化道路相比当然进步了，是好事。但城镇化水平被各级领导当作一种政绩指标又成了坏事。

在统计上提高城镇化水平很容易，但它不能拉动内需。根据国家官方公布的资料，1996~2003年，我国曾经连续八年每年城镇化水平提高1.43~1.44个百分点，和"大跃进"三年的过度城镇化速度相当。我通过分析认为，这样的高速度是由于主管部门把2000年"五普"得到的城镇人口比重与原来按"四普"口径在同年的城镇人口比重产生大约4.7个百分点的差值，简单地消化在1996~2000年短短五年内的结果，其中有0.94个百分点，即66%，是口径调整的因素，完全是人为造成的高速度。然后又把这种高速度延伸到了21世纪初，造成了一种我国城镇化连续多年超高速增长的假象。如果按照我的办法，把4.7个百分点的口径差值消化在17年里，一直修补到1982年，就不会出现这样掺有水分的超高速，而且比较符合改革开放以来的实际情况。

我很担心这样的超高速，可能对理解我国城镇化道路和解决"三农"问题的长期性和艰巨性产生误导，更害怕各地进行速度攀比，所以我在不少场合宣传我的观点，还有点效果。

健康城镇化不是越快越好

根据我国国情，考虑到粮食安全、能源资源，也许城镇化不必像有些发达的小国那样，60%、70%、80%那样一路攀升，而可能在达到60%后就进入后期缓慢增长。

采访者　对于未来我国的城镇化水平，您是如何预测的呢？

周一星　在对以往数据正确修补的基础上，预测我国未来城镇化水平的理论值，如果发展正常，估计2014年可能超过50%，2023年可能超过60%。再用我国改革开放以来城镇化与经济增长速度、就业岗位增加、城镇建设用地增加三个方面的实际关系进行验证，我认为，21世纪的前20年，我国城镇化仍然会有较快速度的增长，一年提高0.6~0.8个百分点比较正常，有把握实现，超过0.8个百分点就是高速度，个别年份达到1个百分点是有可能的，连续多年超过1个百分点就是超高速、有风险，连续多年1.4个百分点是有水分的。

中国的经济和城镇化不会一厢情愿地发展。根据我国国情，考虑到粮食安全、能源资源安全，也许城镇化不必像有些发达的小国那样，60%、70%、80%

那样一路攀升，而可能在达到60%后就进入后期缓慢增长。

采访者　随着城镇化战略的大力实施与推进，城镇化一度被地方政府看作政绩指标之一，部分地方出现了追求城镇化高增长率的攀比现象。对此，您怎么看？

周一星　至少在"十五"期间，各地攀比得很厉害。因为体现政绩的需要，沿海有些发展条件好的省区，认为全国都年均增长1.44个百分点，我当然要高于全国平均速度。内地有些城镇化水平比较低的省区则认为，我只有高于全国平均速度，才能逐渐缩小差距，赶上发达地区。因此，一度有不少省份城镇化率年增长超过1.4个百分点，有的中西部省份甚至超过2个百分点。对这样的数据我根本就不相信。

　　城镇化率并不是越快越好，它是由经济发展水平和就业岗位的增加所决定，一味盲目地追求提高城镇化率，会有一定风险，一些发展中国家有过教训。好在前些年我国的超高速城镇化是有水分的，真要有这么快是难以想象的。

城市规模不是越大越好

　　城市该不该发展和怎样发展的决定因素不应该是城市规模，而是要根据条件，因地制宜。具体到每一个城市而言，城市规模并不是越大越好，盲目求大可能会带来一些负效应。

采访者　目前许多城市在新一轮城市总体规划修编中，总希望把城市规模进一步做大，甚至是越大越好。对这种求大现象，您怎么看？

周一星　城市不在于大小，而在于它的功能和质量。我认为首先要明白两个道理。第一，城市规模不是想多大就多大，城市规模是由城市的职能决定的；第二，城市的经济效益和城市规模之间不过是一个"正弱相关"，并不是所有大城市的效益都是好的，有些小城镇的效益就比大城市还好。

　　我在20世纪80年代末的研究发现，影响当时中国城市工业经济效益的主要因素，第一是投资强度，即技术装备水平；第二是产业结构，第三才是城市规模。而在沿海地区，城市规模对经济效益的影响力排到了第五位。更具讽刺意义的是，这些年来城市都要"做大做强"，但是没有带来、也不会带来经济效益的明显提高。

在很长时间里，人们围绕着城市发展方针，一直在争论中国的城镇化道路应该以发展大城市为主，还是应该以发展小城镇为主。我一直以为这是很无聊的话题。国际上没有找到最佳城市规模。像我们这样一个大国的城镇体系，永远是由大中小城市和小城镇一起组成的。它们的关系是互补的，各自都有特定的、不可替代的作用，又互相联系。我国各省区城市的规模结构也存在巨大的地域差异，没有一种城市发展的规模政策能够适用于全国各省区。

在大中小城市和小城镇都面临着发展的机遇时，城市该不该发展和怎样发展的决定因素，不应该是城市规模，而是要根据条件，因地制宜。具体到每一个城市而言，城市规模并不是越大越好，盲目求大可能会带来一些负效应。

城镇化道路：从中国特色破题

中国要遵循世界城镇化的一些普遍规律，这是毫无疑问的。

什么是中国特色的城镇化道路？首先要从中国的城镇化有哪些区别于其他大国的特点来破题。

采访者 您怎么理解中国特色的城镇化道路？

周一星 我初步认为，从我国国情出发，中国特色的城镇化应该是城乡关系良性互动的城镇化，是速度和规模适度而有质量的城镇化，是多样化因地制宜的城镇化，是资源节约、环境友好的城镇化，是市场经济与政府调控相结合的城镇化。

中国要遵循世界城镇化的一些普遍规律，这是毫无疑问的。但是，世界上并没有一个城镇化的统一模式，各国有自己的国情，城镇化的时代背景、规模、速度、机制、效果会有所不同。什么是中国特色的城镇化道路？首先要从中国的城镇化有哪些区别于其他大国的特点来破题。

首先，农业、农村、农民支撑了我国的城镇化，工业反哺农业、城市支持农村是中国城镇化的必然选择。农业和农民为中国的社会主义建设、城镇化发展作出了巨大贡献和付出。进入城镇化中期阶段后，已经到了工业反哺农业，城市支持农村的时候了，在乡村层面和城市层面各地都还有许多事情要做。

其次，近于无穷大的农村富余劳动力与有限的城镇吸纳力是中国城镇化的基本矛盾。解决这一基本矛盾，既要从城市来着手，也要从农村来着手，既要从工业、第三产业来着手，也要从农业来着手。

第三，大量进城农村劳动力的流动现象会在相当长时期里存在下去，但最终要完成由农民到市民的身份转换。在农民保留农村承包地和宅基地的前提下，农民工的出现和发展以及农民工流动，是一种具有中国特色的"社会稳定器"，积极作用不可置疑。但这毕竟不是一种理想状态。建立良性互动的城乡关系，完成由农民到市民的身份转换，将会有一个较长的过程，主要依靠市场力量，政府也可以有所作为。

第四，中国在特殊的时代背景下进入城镇化的中期阶段。我判断，我国是在20世纪80年代中期，城镇化水平在达到25%左右后就进入了中期加速阶段。中国的城镇化是背负着长期大起大落不正常发展中积蓄的大量问题进入改革开放的，国情决定我们必须走资源节约型、环境友好型的城镇化道路，走主要依靠自己的发展之路。

第五，因地制宜是我国城镇化的永恒主题。地理条件、资源禀赋的差异以及历史发展基础的不同，导致了我国客观上存在经济社会发展、城镇化发展和对外经济交往程度的差异，也使我国对多种城镇化的发展模式有更多的包容而具多样化的特点。关键是在龙头与腹地之间，在东中西之间建立起有效的区域协调机制，建立起符合市场经济规律的利益分配原则。这样才能因地制宜、发挥各地优势，避免过度竞争。

第六，我国城镇化带有浓厚的政治和政策调控的色彩。半个多世纪的中国城镇化过程，影响全局变化的根本因素还是政治和政策因素。在我国政治、经济稳定的年代，城镇化的水平和经济发展水平是同步上升的，在20世纪50年代后期到70年代后期国家政治和政策出现偏差的很长时段，两者的关系完全脱离了常态。

探索自己的方向，依国情确定目标

我们要走出一条城乡关系良性互动的，速度和规模适度的，多样化因地制宜的，资源节约、环境友好的，市场经济与政府调控相结合的中国特色的城镇化道路。

采访者　历史的经验启示我们，政治稳定，避免城镇化大起大落的绝对重要性，城镇化未来的健康发展要坚决贯彻"科学发展观"，树立正确的政绩观，要依靠体制创新和正确的政策引导。

周一星　那是当然了。就像我们刚才分析的中国城镇化道路的特点，是不能以对或错、好与坏来简单评论的，它们的存在都有着深刻的内在原因。我们要从中国国情出发，汲取国外城镇化的经验教训，探索自己的方向。我们要走出一条城乡关系良性互动的，速度和规模适度的，多样化因地制宜的，资源节约、环境友好的，市场经济与政府调控相结合的中国特色的城镇化道路。

采访者　那么，您认为中国城镇化进程未来的转折点在何处？

周一星　中国城镇化进程未来的转折点在何处值得提出来研究，这涉及我国城镇化的终极目标。我国人口预测的诸多方案大体高峰人口在14.86亿到15.44亿之间。高峰年出现在2034年到2057年之间。我们人口规模这样大的国家，城镇化是不是也会按照规模小得多的西方发达国家的进程60%、70%、80%那样发展？有没有可能在城镇化水平较低的时段，例如在60%左右便进入后期缓慢增长阶段？我觉得是有可能的。

　　固然，我们看到了城镇人口比乡村人口有更高的产出和消费需求，但也要看到城镇人口比乡村人口有更高的对各种资源、能源的消耗。从粮食安全、能源资源的安全、生态安全的角度看，应该根据中国的国情来确定我国城镇化的长远目标。明确城镇化速度不是越快越好、城镇化水平不是越高越好的观念，也许更有利于国家的长远发展。

采访后记　城镇化进程的"冷思考"

　　数年前，就在许多地方政府像攀比GDP一样热衷于攀比城镇化率、追求城镇化率高速度增长的时候，周一星先生却当头泼了一盆冷水：城镇化速度不是越快越好。1996~2003年我国城镇化水平的连续高速度增长，是统计口径造成的一种假象。不真实的高速度，有可能会产生误导。

2005年9月29日下午3点，从教26年的周一星教授首次步入一个完全崭新的课堂——中共中央政治局第二十五次集体学习。在这个课堂上，他认真讲解了中国城镇化发展现状与未来发展的建议，对于中国城镇化水平的增长作了客观的、实事求是的分析。再一次表达了"城镇化速度并不是越快越好"、"要避免过度城镇化"的重要观点。

讲课回来的周一星，事后在接受媒体采访时说，他印象最深的是中央领导关注我国的城镇化进程，力求城镇化健康的发展，努力避免有些发展中国家发生过的过度城镇化现象。中央领导在关注着构建我国大中小城市和小城镇协调发展的合理的城镇体系，建设资源节约型和环境友好型的城镇。

也许，我们应该感谢周一星教授泼出的这一盆"冷水"——那是他在长期认真、严谨、细致研究的基础上，所得出的理性结论。虽然，时隔数年，这个观点今日再看已乏新意。但在当年，它应"运"而生、适逢其时。

作为专家，我们不能光批评、呼吁，要真正能够从发展的角度去做一些事情。

吴明伟 1934.4~

生于上海，祖籍浙江镇海。1957年毕业于同济大学建筑系城市规划专业，同年进入南京工学院（现为东南大学）建筑系任教。1987年任教授，1990年经国务院学位委员会批准为博士生导师。1992年获东南大学先进科技工作者称号，并获国务院颁发政府特殊津贴。建设部专家委员会委员，第一、二届中国城市规划学会常务理事，中国城市规划学会荣誉理事、资深会员。

20世纪六七十年代，正当全国各地规划机构撤销，规划专业下马，而他对城市规划在经济、社会发展中的重要作用坚信不疑，一直关注城市规划学科的发展和研究工作，保持了东南大学城市规划学科实力，为1998年恢复城市规划专业招生奠定了基础。

退休后的吴明伟先生依然有些忙碌，为了接受我们的采访，他推掉了赴外地的一个工作。

在规划设计领域从事教学、科研和实践五六十年，吴明伟先生有足够的资历对南京等城市的历史文化名城保护"说三道四"。

旧城改造不应以开发商主导

门东地区的保护与更新，具体操作主要由开发商主持。开发商是必须以赚钱为目的的。我觉得这可能是一个重要的经验教训。

采访者　从1957年至今，您一直在南京从事城市规划的教学、研究与实践工作。

吴明伟　是的，1957年我从同济大学建筑系毕业以后，一直在东南大学从事城市规划设计的教学、研究和实践工作，几十年没有间断。

采访者　南京是一个有着悠久历史的城市，有着浓厚的文化底蕴。在城市发展中，如何保护和传承好历史文化遗产，是摆在规划建设工作者面前的一项重要任务。作为一个见证人，您认为南京在这方面有何经验教训？

吴明伟　南京，不管从中国还是从世界都城建设史来说，都可以说是一个巧夺天工的杰作。2400余年的建城史，形成了南京山、水、城、林融于一体，气势恢宏、历史氛围浓郁的文化内涵。其中，最突出的是民国文化和明文化。最近几年来，我感觉，南京市规划系统的同志们对于历史文化遗产的保护和传承非常重视，做了大量卓有成效的工作。

当然，不尽如人意的地方也有。比如门东地区的改造现在看来就值得反思。当时规划局也花了很大力量，我们也都参与了，大家去做调查、做分析、做方案，方案也通过了评审。但最后的结果是门东地区的历史建筑大部分没有保留下来，基本上都拆掉了。

听大师讲规划

采访者　为什么会出现这样的情况呢？

吴明伟　　在实施过程中，由于各方面的困难，没有完全按照评审过的规划实施。主要是经济因素，在实施过程中强调经济上的困难，没有经济效益。

　　　　　门东地区的保护与更新，具体操作主要由开发商主持。开发商是必须以赚钱为目的的。我觉得这可能是一个重要的经验教训。

采访者　　这可能是一个普遍的问题。不光南京，过去很长时间，由于政府财力不足等种种原因，很多城市在旧城改造与开发中，都采用了以开发商为主导的方式。

吴明伟　　确实如此。我和历史文化名城保护委员会的王景慧同志也探讨过这个问题，我们认为，旧城改造如果以开发商为主导，那无异于与虎谋皮。不应该这样。而过去很多年，很多城市在旧城改造与开发中，大多采用了开发商为主导的方式。现在看起来，这是一个教训，应该以政府为主导。

采访者　　最近一段时间，大家在这方面有了充分的认识。

吴明伟　　确实如此。现在，不管是领导还是群众，以及各方面的专家，都对历史文化遗产传承与保护的重要性有了充分认识。我接触到的城市领导，或许对于历史文化名城保护工作本身的认识还有一定差距，但从思想意识里面，他对这项工作很重视，摆到了很重要的位置。但具体推进还有一定难度。

曾经错走一步棋

　　　　要从开发新区的土地收益中拿出一部分钱来，用于改造旧城，这样就能做到新区开发与旧城改造的平衡。

采访者　　难在哪里？

吴明伟　　已经被定为文保单位的，问题不大。问题最大的是历史街区。历史街区往往很容易被破坏，有许多居民就在那里生活，而且不是一个建筑，是一片建筑，生活条件一般都很差，市政设施、给水、排水、交通等各方面条件都不尽如人意。如果不改造，老百姓意见很大，作为市政府，你应当解决老百姓面临的水深火热的问题；如果改造，你就要投入，要在保护的前提下有机更新。但政府实际上是没有资金的，可能拿不出这笔钱。

采访者　　这确实是一个难题。这种状况是怎么造成的呢？您认为应如何解决？

吴明伟　　其实早在20世纪八九十年代，我们就提出过这个问题。当时各地都热衷于开发城市，在旧城外面开发新区。我们提出来，在开发新区的时候，要从开发新区的土地收益中拿出一部分钱来，用于改造旧城，这样就能做到新区开发与旧城改造的平衡。对开发商来说，新区开发可以取得较高的经济效益，而旧城改造很难做到就地平衡。

采访者　　通过这种机制，来取得新区开发与旧城改造的综合平衡。

吴明伟　　你吃肥肉的时候，要带两块骨头。比如南京人买盐水鸭，如果你买一个鸭腿，卖鸭子的一定还会搭个头或脖子给你。就是这个道理。

　　　　　　或许政府可以考虑从税收里面拿出一定比例的资金，留存下来，将来用于旧城改造，特别是历史街区的改造与更新。可惜大部分政府都没有这样做，采用最多的办法就是提供一点政策，或者减免什么费用。这个微乎其微，根本就不行。

　　　　　　结果，把城市里面可以开发的、好用的土地全用完了，再回过头来改造旧城、历史街区，那就比较麻烦了。

完全不动也是破坏

如果不动，实际上会损坏得更厉害。
作为专家，我们不能光批评、呼吁，要真正从发展的角度去做一些事情。

采访者　　历史街区往往处于旧城的中心，由于外围的开发，改造的成本也相应增加了。

吴明伟　　至少要提高一倍多。

采访者　　由于成本增加，改造更新的难度更大。

吴明伟　　我觉得这是一个根本的问题。政府有没有精确计算过，假如评为历史文化名城，为了做好保护工作，城市政府每年要拨款多少？有没有这项资金投入？显然是没有。也就是有些小项目，上面可能给你资助一下，也就那么一点点，杯水车薪，与整体需求差得太远。

　　　　　当然，近些年在法制方面采取了一些措施。但如果没有经济支撑，单凭法制化手段也没用。

采访者　　现在各地普遍面临这样的难题，对于一些历史街区，动也不是，不动也不是。

吴明伟　　如果不动，实际上会损坏得更厉害。再过十年，原来住在里面的年轻人不愿意再继续在这儿住了，全部都搬出来了，不知道这个街区会变成什么样子？

　　　　　如果改造，政府没有专门的资金来支撑，肯定不能完全满足保护的要求；而保护工作做不好，专家的意见又很大。往往就僵在那儿了，干脆不动。其实不动也是一种破坏。

　　　　　作为专家，我们不能光批评、呼吁，要真正从发展的角度去做一些事情。

保护没有灵丹妙药

既要保护，又要使其适应现代生活要求，历史文化街区的保护要求，远比文保单位复杂。

采访者　　历史文化街区是历史文化名城保护中的重要内容，您认为应怎样保护？

吴明伟　　这就要从历史文化街区不同于一般文保单位的特殊性谈起。历史文化街区是经行政部门核定公布应予重点保护的历史地段，它是由一片有一定规模的建筑群构成的，就历史文化街区内的单体建筑而言，并不构成重要历史价值，但其整体肌理、空间形态、组织结构却很有特点，反映了一定时期的社会生活特色。因此，保护历史文化街区是历史文化名城保护的核心内容。但历史文化街区作为社会生活的载体，它仍然在使用着，由于年代久远，长期得不到维护，造成建筑现状破败，各种设施不能满足现代生活需要。因此，它有不同于文保单位的特点，

做好历史文化街区保护的大文章

233

既要保护又要使其适应现代生活要求，它的保护要求远比文保单位复杂，这就成为历史文化名城保护中的难点。

采访者　是不是也有成功的实践呢？

吴明伟　历史文化街区保护也有很成功的。据我所知，能做成功的大致有以下几种情况：

第一种情况，现存的历史文化街区质量比较好，原有建筑和设施还能适应现代生活的要求，居住其中的居民保护意识也比较强。在这种情况下，只要通过政府组织适当投入，与社区协同做些整治工作即可，原来的住户、生活方式都不变。这是最理想的情况，比如南京的民国公馆区、苏州的一些历史文化街区，就是这样。

第二种情况，历史文化街区具有传统商业中心性质或很具特色，所处区位条件优越，有相当知名度，所在城市有旅游城市性质，历史文化街区可以作为旅游资源，借助旅游开发带动保护与更新，比如安徽屯溪老街和南京夫子庙。

第三种情况，历史文化街区原有历史建筑结构完好，有特色、有品位，所处区位条件良好，通过保护、整治后，迁出原住户，改造成高档新楼盘，或改变使用性质，虽然经济投入大，但因为能高价出售，仍然能获得经济效益，虽然社会结构"贵族化"了，但物质实体保存下来了。

第四种情况，用于历史文化街区保护的经济投入，采取政府政策性补偿方式来获得平衡，比如，提供一块能带来相对丰厚经济效益的土地，或减免某些费用。

可以看出，除去第一种情况之外，历史文化街区保护都需要有一定的经济投入作支撑，或者通过后期运作、获得经济回报才能做成。

南京城南门东地区的历史文化街区是纯粹的居住区，历史很长但特色不明显，破坏严重，经济补偿条件有限，基本不具备旅游开发和其他商业价值，是一个需要依靠经济投入才能做好的保护项目。当年改造的时候，提出经济上就地平衡的要求，而且确定由开发商来运作，这样的策划和安排注定是要失败的。开发商是不可能不获利的，结果，门东地区拆了不少传统民居，盖了一些多层、中高层住宅，与原来保护古城的初衷完全背道而驰。这是一个教训。

采访者　您认为今后应该怎么办？

吴明伟　我认为没有灵丹妙药，要想把南京城南历史文化街区保护工作做好，无非是从以下两个方面作出改变，对其他城市来说也一样：

首先，进一步提高对历史文化街区保护意义的认识。现在文保单位的保护得到普遍的认可，而对历史文化街区保护的必要性，还没有达到应有的共识。如果领导部门能把历史文化街区放到应有地位，城市政府更加重视，那么采取的政策措施和经济投入力度也可能会得到改观。

其次，要建立稳定的经济支撑渠道。没有一定的经济支撑，历史文化名城保护是不可能持久的。其实早在20世纪八九十年代，已经有不少专家提出名城保护资金筹集和城市新区开发获利挂钩，但鉴于体制、干部考核机制，急功近利和过分追求经济目标等原因都没有被采纳，现在城市土地已经很紧缺，采取这个政策也就更加困难了。另外，就是建立历史文化遗产保护基金，这种方式在国外很多由企业、团体和民间资助，但在我国好像还缺乏社会基础。最后，就是靠国家出台专项税金，这就要看国家财政政策是否允许了。总之，我现在对南京城南地区的保护工作并不乐观，好像还是处于保护的状态。

采访后记 桃李不言，下自成蹊

桃李不言，下自成蹊。自1957年从同济大学建筑系毕业之后，吴明伟先生一直在东南大学工作，他将自己所有的精力，投入于城市规划设计的教育和实践工作，从未间断。

作为一名教师，在人才培养方面，他特别注重教育、科研和生产实践的结合，许多学生已经成为规划教学和实践的顶梁柱，他和他的学生们承担的规划设计项目，也先后获得了很多奖项。

作为一位资深的规划设计专家，应南京、杭州、苏州等数十个城市政府之邀，他成为当地的规划顾问、咨询委员，为这些城市的保护与发展，特别是历史文化遗产的传承与发扬，奉献了自己的智慧。

对于造福人民、关乎建设事业的掌权者，决策的时候要慎之又慎。

张启成 1935.1～

安徽桐城人。1958年毕业于同济大学。1958～1981年在建筑工程部、国家建委、国家计委以及四川省、攀枝花市城市规划、设计、科研管理部门工作；1981年7月调入国家城建总局城市规划研究所，1982年进入中国城市规划设计研究院。1983年以来，曾先后在中央国家机关部委及直属单位任司、局、院级职务，从事城市规划、环境保护、政策法规等工作。中国城市交通规划学术委员会主任委员，中国科协第四、五届全国委员会委员。中国城市规划学会资深会员。

张启成先生参加过10多个城市的总体规划以及京津唐地区、闽浙苏地区城市发展研究；在重大工程建设项目规划上能坚持科学性，受到表彰；曾获建设部科技进步二等奖（第一完成人）。

"历史是一面镜子。你问我几十年城市规划工作最难忘的是什么？在四川19年的工作经历对我影响比较大。"

看得出，张启成先生是一个非常认真的人，虽然没有及时拿到我们提供的详细采访提纲，然而，他的思路却非常清晰，还带来了厚厚的一叠历史资料：1963年7月中小河流规划报告的编写提纲，1965年项目建设的预选厂址提纲，1975年渡口市（现攀枝花）总体规划的草图，等等。

显然，从1962年到1981年，在四川从事城市规划设计、科研和管理工作的这19年，在他生命中留下了深刻的烙印。而他的这段经历，是新中国城市规划史上的重要缩影之一。

"933"之谜，一个揭不开的历史盖子

成立于1956年的四川省城市规划设计院曾经是全国各省规划院中的第一，实力最强。然而，1971年，四川省革委会突然以933号文件通知：将四川省城市规划设计院"成建制"下放到渡口市。这个决策是如何产生的？为什么？至今已无从查证。

采访者　从1958年至今，您一直从事城市规划工作，最难忘的经历是什么？

张启成　从1962年到1981年，在四川工作的19年对我的影响特别深。为什么？历史是一面镜子，我亲眼目睹并经历了四川省城市规划设计院的盛衰、城市规划的巨大变迁。

前些天碰到曹老（原国家城建总局副局长、原城乡建设环境保护部顾问、著名规划老专家曹洪涛），他语重心长地说："启成啊，现在大家都在讲生产力发展，都在说辉煌，曲折和挫折的事儿还有没有人写啊？"我说："我写了一点。"我所写的，就是在四川工作的这段经历。

四川省城市规划设计院是1956年成立的，发展到1961年，已经有150多人，在当时所有省级规划院中名列前茅。1962年，我从国家计委城市局下放到那儿工

作，当时我们总共去了50多人，其中40人是来自国家计委城市设计院（中规院前身）。从大战略上讲，主要是为了服务于"三线"建设。

　　大家都抱了满腔的工作热情。那时候交通、通信条件都很差，有的是丘陵地区，自行车都不能骑，我们做"三线"建设的厂址调查，完全靠两条腿走，四个人一组，一人背着一个水壶，和当地的乡镇干部配合，一点点地跑，看哪些地方适合建厂，回来再画草图，附在后面，一个县形成一个考察报告。

采访者　　1961年，李富春副总理宣布"三年不搞规划"。那时候，整个的城市规划工作正陷于低潮。为什么你们会有这样的工作激情呢？

张启成　　当时，我们对城市规划事业有一种执着的追求，这个追求到现在依然没变。我们始终认为：规划是有用的，规划这个事业不可能长期处于低谷。适应国家建设的需要，你自己要有这个储备，知识的储备，实践的储备，否则到了建设高潮的时候，你怎么迎接它？

　　在当时的情况下，我们没有多少事情可干，但仍然坚持着。建设项目少的时候，我们就做维修规划，相当于现在的旧城改造规划，在四川省自贡、宜宾等城市做了很多。因此，从1962年到1966年"文化大革命"以前这几年，虽然规划设计的任务相对比较少，但是大家工作的热情都还比较饱满，做了一些业务上的储备，积累了一些经验。

　　"文革"的初期、中期，四川省城市规划设计院虽然保持建制，但全院生产基本上陷于停顿。与此同时，各地建设中无规划的恶果也已逐步呈现出来。

采访者　　如此一来，规划的地位和作用就要被重新认识了吧？

张启成　　谁也想不到的是，就在这时，四川省革委会以（1971）933号文件通知：将四川省城市规划设计院"成建制"地下放到渡口市，定名为"渡口市规划设计院"，要求所有工作人员全部进渡口。

采访者　　为什么会有这样的决策？显然有悖常情。

张启成　　这是一个谜。当时我们都不理解：最困难的时候都已经过来了，中央已经开

听
大
师
讲
规
划

始抓城市规划了，怎么能把整个院成建制下放到渡口市呢？渡口市再重要，它也只是一个市，对全省、全国来说，它只是一个局部。

这件事在广大职工中引发了很大争论："一个省要不要有一个独立的城市规划设计院？""全省可以不要，一个市却要单设，不好理解。"此时，组织搬迁者说："渡口是毛主席关心的地方！"争辩者说："毛主席只关心渡口吗？毛主席还关心着四川，关心着全国呢！"……对这件事情的争论从1971年文件出台，一直持续到1975年搬迁工作结束，而思想认识上的差异则持续很久。

从1972年到1975年，当时四川省规划院职工148人，实际进渡口的有80余人。三年多的时间里，实际上形成了"南北朝"的局面——进渡口的"南朝"职工，虽然开展了渡口的规划工作，但心情不舒畅，不断受到各种有形无形的压力；在成都的"北朝职工"，被扣发工资，受到严重影响。

我们还专门写了报告，向上级反映，但没有收到任何答复。通过各种渠道反映的意见，也都石沉大海。

最近，我也问过一些相关的老同志，大家都表示这个文件的制定过程不清楚。看起来，这个历史的盖子已经揭不开了。

作为掌权者，规划决策要慎之又慎

历史是一面镜子。"胳膊扭不过大腿"的规划决策，最终证实：错了的并不是"胳膊"。这样的例子不止一个。

采访者　也许我们可以查证历史资料，从过程来看一看为什么会有这样一个不合情理的决策？

张启成　没有会议纪要等任何可以查证这个决策过程的记录，只是一个孤零零的933号文件，至于为什么，文件里也没说。直到我回到北京两年以后，1983年7月，四川省城市规划设计院才重新恢复。然而，这个损失太大了，规划力量七零八落，不再有昔日的辉煌。

这段经历对我的刺激比较大，我始终想不明白：对城市规划工作，即便在困难时期，大家还有那么高的积极性，而条件变化了，规划工作的形势越来越好了，怎么还会有这么大的折腾呢？

我只能感叹：历史是一面镜子。对于造福人民、关乎建设事业的掌权者，决策的时候一定要慎之又慎。

采访者　确实，规划决策失误，会造成难以估量的损失。

张启成　我印象最深的还有一件事。1973年编制攀枝花总体规划，重大民用建设项目——肉联厂的选址就引发了一场非常激烈的争论。按照规划的原则，我们坚持将其安排在城市水源的下游"金江地区"，给出了用地范围和配套建设相关条件；可当时的建设单位和主管部门则选在金沙江上游"格里坪地区"，主要是强调用地和运输条件好、上马快。从实际工作者到市领导层都存在着不同的意见，展开激烈的争论。

当时我们规划人员据理力争、晓以利害，坚持厂址按要求放在金沙江下游的位置，不仅详细申述了理由，也指出了建成投产污染的危害和后果。由于当时人们的环境保护意识淡薄，加之也无治理污染的条件，特别强调布局的合理性是天经地义的；选址中有争论也属正常。但令人们震惊的是，有关领导就是不听，有个别领导甚至以"你们关不关心几十万人的吃肉问题"相威胁。虽然也有同志顶着压力反驳，但毕竟"胳膊扭不过大腿"。最终，肉联厂在格里坪建起来了。作为规划工作者，真是无奈！

后来我一直牵挂着这件事。1997年再到攀枝花市，当地同行告诉我：由于选址不当、污染严重，肉联厂好多年前就关门、转产了。我到实地去看了看，确实如此。

这是一个带有常识性的争论和不该发生的错误决策，可又确实无可奈何。只有靠时间来检验、来校正了，损失是自不待言的。

做城市规划坚定的宣传者、支持者和实践者

规划人员要有历史使命感，在规划建设的过程中一定要坚持科学的态度。
科学、民主、法治毕竟是建设社会主义强国的必由之路。

采访者　很多时候，规划工作者对于规划的决策相当无奈。

听大师讲规划

张启成　城市规划是个艰苦的过程，要加强宣传，对上有一个向领导层宣传的问题，对下还有一个普及的问题，都很重要。规划人员要有历史使命感，在规划建设的过程中一定要坚持科学的态度。

　　规划事业的兴衰与我们的寄托始终联系在一起，不管在什么条件下，我们都要做城市规划的坚定的宣传者、支持者和实践者。

采访者　决策是否科学确实影响深远。最近这些年，情况已经好多了吧？

张启成　改革开放以来，我们国家的现代化建设事业大踏步前进，国家日益繁荣富强起来。在这样的大好形势下，建设项目的选址也还有不少争论的问题，但解决的方式、解决的途径、解决的能力以及实际效果却完全不一样了，给规划工作者创造了进一步施展才华的良机。

　　我印象很深的一件事发生在1987年。当时我在国家环境保护局工作，接到国务院办公厅秘书局的通知，要国家环保局派一位负责同志参加国务院第七次民航工作会议，主要讨论几个机场的选址和扩建问题。我到城乡建设环境保护部请示（当时国家环保局归城乡建设环境保护部领导），才知道根本就没有通知建设部参加讨论！而其中的深圳机场，各方就有完全不同的意见。高层已经正式行文将深圳机场的位置确定在白石洲了，而这一选址恰恰是城市规划界最不能接受的。

　　建设部领导希望我能在会上如实讲出机场选址的观点和依据，在建设部无代表参加的情况下，反映出规划界的呼声。

　　会议召开了，在各单位轮流发言后，我要求第二次发言。我说："我长期从事城市规划工作，若机场定在白石洲，就打乱了深圳市的总体布局，不利于城市合理发展，也不利于机场的建设和发展，而且又有条件另选（我带去了黄田等三个优于白石洲的方案图）。"我还列举了国内外若干实例，说明城市机场与城市边缘保持一定距离的必要性，以及比较合理的距离是多少，建议听取主管城市规划的建设部的意见，使前期工作做得更充分一些。

　　虽然也有人提出了不同意见，但在最后的总结发言中，李鹏同志（时任国务院副总理）留下了一段重要的话：要注意城市整体布局的合理性，总体规划审批要按程序办。

　　1987年底，李鹏同志带领拟组建的运输部的负责同志、环保局负责同志和专家来到深圳，现场踏勘，听取意见，确定机场位置，最终否定了白石洲方案，采纳了在黄田建机场的方案。

采访者　这是一件很让人振奋的事情，通过规划工作者的努力，改变了决策。

张启成　当时我有这么一个机会，可以说出规划工作者的心声，如果换规划界的其他同志参加会议，一样也会据理陈述意见的。

从1973年攀枝花肉联厂的选址，到1987年深圳机场的选址，我亲身经历的两项建设项目的选址，由于两种情况导致两种结果。这也正好说明，改革开放的春风使人们向科学看齐，从领导同志到广大群众都在充实自己。随着一系列法律法规相继出台，使经济发展和建设事业逐步走上法制化的轨道，上述这类问题的争论就少有出现了，即便有争议也比较容易解决了。科学、民主、法治毕竟是建设社会主义国家强国的必由之路。

采访后记

满怀宏业向前行

采访结束，张启成先生送给我们一本书：《城市科学的足迹——张启成城市研究文集》。作为一个正式出版物，它实在朴素得有点"过分"：普通的红色卡纸封面，没有任何修饰。更为"过分"的是连前言、后记也没有，只有一个别出心裁的《自序》：

　　"我与众人相同

　　　　——一个平凡、普通的人；

我与众人也有点相同

　　——曾经有那么一段不是每人都有过的某种经历和机遇，

俱往矣！

留点，还是不留点什么？！

都不是为了个人。

——从根本上，对个人已无任何实际意义了。

为了某项事业的延续，

满怀宏业向前行。

幸许，个人经历的——

　　无论正确或错误，

　　有价值或无价值，

可能有点作用——

　　毕竟小小水珠也折射点什么？！

　　……"

是的，不管曾经历过什么、正面对什么，为了城市规划乃至更宏伟的事业，让我们前行。

如果决策者明明作出的是错误决策，你有不同意见，却又不敢提，那还要你规划师干什么呢？！

董光器 1935.10～

生于上海。1956年毕业于东北工学院建筑系，先后在北京市城市规划委员会、北京市规划局、北京市规划院工作，曾任技术员、组长、工程师、主任工程师、处长、所长、副总、副院长。第一届中国城市规划学会理事，北京市政府第八届专家顾问团顾问，首都规划建设委员会专家咨询组专家，北京市工程咨询公司第一届专家委员会副主任。中国城市规划学会资深会员。

董光器先生长期从事城市规划工作，参与了北京市1956年以来历次总体规划的修编工作，参与、审定、主持了数百项规划项目。撰写几十篇论文报告，出版了《北京规划战略思考》、《城市总体规划》两部专著。获得多个奖项。

听董光器先生说规划，时间过得真快。感觉那墙上的挂钟，时针是在用了分针的速度行走。

滴滴答答，流逝了多少光阴！规划决策经历多少是是非非？

广开言路　调查研究　集思广益　科学决策

现在搞城市规划的人普遍就是埋怨政府，埋怨长官意志。可是根据我的体会，应该承认这个现实，我们搞规划的就是社会活动家，你得去说服书记、市长听你的，而不是老在埋怨。

采访者　您从1956年起在北京从事城市规划工作。回顾过去，有何深刻体会？

董光器　我从1956年参加工作，一直到现在。我越来越感觉，城市规划是一门综合学科，几乎涉及所有领域，在实施过程中又涉及很多社会问题。

比如，北京历史名城保护，可又要建设宜居城市，那么多破房子怎么办？各方面意见很不一致。我后来了解到，它不是一个技术问题，要保护这一片区域，从编制来说，就是画一张图，说一句话，可实施规划的时候，会涉及很多具体问题。第一，有没有钱；第二，老百姓怎么安置？老百姓不都是"大款"，有很多是弱势群体，安置不好会牵涉一系列的社会问题。尤其现在搞市场经济，问题就更复杂了，牵涉法律的问题、市场的问题、引入市场机制的问题、政府的作用，等等。

采访者　搞规划的人，光有工程技术知识不行，必须要懂得经济、了解社会。

董光器　是这样。我觉得城市规划这个领域会越来越宽，你光有工程技术知识是不行的，必须懂得经济、了解社会。

另外，现在搞城市规划的人普遍就是埋怨政府，埋怨长官意志。可是根据我的体会，应该承认这个现实，我们搞规划的就是社会活动家，你得去说服书记市长听你的，而不是老在埋怨。书记市长是决策者，规划师就是参谋，是要为决策者出主意的。

采访者　如果出完主意，决策者不听，那不是白出了吗？

董光器　出完主意，你还得尽量地去说服他，摆事实、讲道理，说明利弊，让他能够吸纳你的意见。

　　我在北京工作了五十年，一共经历了十二任市委书记。我觉得，应该宣传彭真，他是领导科学决策的楷模。

　　有一段时间，我曾经参与过《彭真传》的写作，我虽然见过彭真，但并没有在实际工作中有过直接的接触。怎么办？经有关部门批准，我去查了不少过去的历史资料，包括当时北京市委常委会的会议记录，也就是当时彭真担任北京市委书记时候召开的市委常委会的会议记录。结果一查我恍然大悟：原来，过去北京城市建设的许多科学决策，都是彭真最后拍板做的决定。他做到了四条：广开言路，调查研究，集思广益，科学决策。不像有的市委书记那么武断。

采访者　彭真做到的这四条，就是科学决策的基础？能讲个具体事例吗？

董光器　新中国成立初期北京要做首都规划，对于北京市到底缺不缺水，专家就有两种意见，一个说缺水，一个说不缺水。而持这两种截然相反意见的，都是顶级的水利专家。怎么办？北京市到底缺不缺水？到底应该听谁的？彭真没有武断地拍脑袋作决定，而是组织专家组到北京的水源头去调查，调查滦河，调查潮白河，调查黄河，调查长江。弄清楚北京的水到底是从哪儿来的，为什么存不住，或者说到底是缺水还是不缺水。

　　后来根据调查结果得出结论：北京缺水。在向中央报告时就提出了一个非常明确的观点：北京是缺水城市，如果北京的城市规模将来人口要发展到几百万、上千万的，水的问题必须解决。并提出解决北京缺水问题的三步战略思想：引滦济潮，就是引滦河的水到潮白河；引黄济京，引黄河的水经过三千河进入北京；南水北调。现在大家觉得这些策略很科学，但这些观点在20世纪50年代提出来，却是非常不容易的。

采访者　很超前，也很科学。

董光器　从现在的实践来看，也已经证明他的思路都是正确的。第一，修了密云水库，把滦河水引过来，现在密云水库是北京的主要水源地；第二，从三干河把黄河的水引到官厅水库，现在北京的钢厂、电厂主要靠的就是这个水源；第三步，现在水库的水也不够了，采取南水北调。

　　这三步战略思想，都是完全按照彭真意见最后作的决定。你说这样的书记，我们有什么理由反对他？实践证明他是正确的。

　　还有北京的城市规模到底多大、马路多宽，当时也是意见分歧，最终也由彭真拍板。彭真提出来从北京的现实情况出发，那时北京做五十年规划，预测到2000年北京是600万人口、600平方公里。这也不是彭真拍脑袋拍出来的，而是做了深入的调查研究。最后事实证明，到2000年，北京的中心城区正好发展到600平方公里，人口大约600万！

采访者　这些科学决策，经过了实践的检验。

董光器　再举一个例子。北京的交通问题，20世纪50年代做规划的时候，不少人批判大马路主义，认为北京的马路太宽。当时彭真就说：你们别看现在北京只有2万辆车，当你们这些年轻人到六七十岁、车辆总数达到一两百万的时候，你们就会深刻体会到，马路确实应该宽一点，马路占的面积要多一点。

　　现在北京已经发展到几百万辆车了，马路越来越不够用。

采访者　为什么彭真能这么富有远见、作出如此科学的预测和决策呢？

董光器　面对专业问题，彭真特别注意学习，听取各方面意见，面对不同意见他给专家出题目，弄清楚到底是怎么回事，之后再做决定。每遇到一个问题，他都会听取各方面专家的意见，他所做的所有决策，都不是拍脑袋拍出来的。

　　我去查询历史资料，仅彭真和苏联专家谈话的记录，就有厚厚的十几本！

采访者　这样的书记，确实是现在学习的楷模。

董光器　关于历史保护的问题，当时毛主席说要拆城墙，彭真不好说不拆，因为主席说了，代表中央意见。但专家有不同意见，连苏联专家也提出建议，希望保留城墙。那么怎么办？当时毛主席写文章反对分散主义，提出来大事是要中央来决定的，比如北京拆城墙的问题就是中央决定的，市政府就执行。就在毛主席写这篇文章的同时，彭真在人民代表大会讲话，他说，现在很大的问题是拆城墙，要不要拆？现在北京的总体规划还没有最后确定，拆城墙不用这么急。对于新的建设要持积极的态度，对于老的建筑、历史遗存，要持慎重态度。

北京的城墙一直拖到1965年修建地铁的时候才大规模拆除。那个时候的政治形势已经有些严峻了。

用科学的规划思想影响决策者

> 我准备了一百多张幻灯片，一张张放给区长看，美国的步行街什么样，德国的什么样，步行街应该是什么样子……区长说：我出了一身汗，原来步行街是这个样子的。

采访者　现在的情况是，有些书记不太了解情况，他就乱拍板，一拍板规划就埋怨。

董光器　要我说，埋怨是没有用的。我们得敢说话，想方设法地去影响市委书记。当然我们的力量小，可这是规划工作者的道德规范、职业责任吧？我们应该多给书记、市长宣传城市规划，不要讲那些专业的理论，要用我们的规划思想去影响决策者，这是很重要的。

如果每一个市委书记都能像彭真那样，遇到问题，有不同意见的时候，能够广开言路，而不是光听上面的、仅仅是做给上面看，情况就会好很多。

采访者　不唯上，不唯下，只唯实。

董光器　对。要用我们的规划，用我们的思想，去影响决策者，这是很重要的。这也是我这么多年从事城市规划工作的一个深刻体会。

我们规划部门不过就是一个参谋部，不是一个司令部，做决策的不是规划师，可是我们能够为科学决策提供专业的服务。

采访者　规划师可以影响决策。

董光器　如果决策者明明作出的是错误决策，你有不同意见，却又不敢提，那还要你规划师干什么呢？！

采访者　但在现实中，要影响决策者也并不容易。在这方面，您有何成功的范例？

董光器　我经历过很多失败，但也有成功的，比如王府井步行街整顿。刚改革开放就把王府井都卖了，要盖300多万平方米的房子，其中100万是商业，200多万是写字楼。从1992年到1998年，几乎所有的老字号都被轰走了，一天到晚就是在那盖房子。

采访者　王府井多年形成的特色不就消失了吗？

董光器　整个成了一个大工地。而且居然还和香港一家开发商签了合同，要在王府井大街底下建三层的地下商业，真是"挖地三尺"。那会成为什么样子？当时普遍头脑发热，搞规划的人提意见也没用。眼看着本来是北京第一商业街的王府井，品位和档次越来越下降，沦落为三流的商业街。
　　后来赶上宏观调控、房地产"软着陆"。1998年，当时北京东城区分管城建的副区长，想请香港的规划师做王府井的规划，找我们一块去谈谈王府井怎么办。

采访者　您是怎么做的呢？

董光器　我提了几条：第一，明年是1999年，国庆50周年，如果王府井出不了新面貌，那就完了；第二，什么叫步行街？我事先准备了100多张幻灯片，一张张放给他看，美国的步行街什么样，德国的什么样，步行街应该是什么样子，地面怎么整治、小品怎么设计，等等。不讲大道理，就让他看图片。结果那个区长看了以后说：一看你这个，我出了一身汗，原来步行街是这样的。

我告诉他，你花冤枉钱叫香港人来做，还不如我们北京规划院给你策划，因为我们更了解北京。香港人来了，光了解情况就需要花很长时间，根本来不及。

采访者　确实很有道理。他同意了吗？

董光器　同意了。我还提出了几个条件：第一，停止一切新的建设，还没有拆的老字号就不要再拆了，保留下来，进行整修；第二，市政基础设施一步到位，全部现代化；第三，开放天空，无轨电车不能通行；第四，保持现状路的宽度，机动车禁止通行。

当时交通部门、开发部门对这几条意见很大，他做不了主，向上级汇报。当时汪光焘同志在北京分管城建工作，他在哈尔滨工作期间，中央大街整治得就非常好，他一听我提出的几个条件，一拍即合，同意这些条件。

在此基础上，我们又提出了"八字方针"：统一，人本，文化，简单。要统一规划、统一建设、统一管理，有一个专门的部门进行管理；必须以人为本，要充分满足人的需求，比如为游人提供座椅、垃圾桶、电话亭等合理设置，灯光要符合人的需要，铺地砖不能打滑等，处处体现以人为本；要有文化品位，既然是一条历史街区，就要反映历史文化，老字号尽量请回来；要删繁就简，尽可能简单，不搞繁琐的装修，广告也都要统一规划。

在实施过程中，我们要求全程陪同，从规划设计方案成立开始一直跟踪到施工完成，所有的过程严格把关。

采访者　当时媒体报道，1999年国庆前一个月，王府井重新整治后正式开街，北京老百姓扶老携幼去看，场面非常感人！

董光器　甚至有七八十岁、八九十岁的老人，让子女推着轮椅，到王府井去看。那时候的场面，让我们非常感动。

王府井重新开街第一天，也是百货大楼恢复营业的第一天，那天百货大楼一天的流水达到800多万元，而平常一天的流水也就是10多万元，整个一条街加起来也不超过200万元。晚上关门以后，营业员点钱点了一宿。其实百货大楼并没有什么特殊的商品。

采访者　对于老字号，人们有一种特殊的感情。其实，百货大楼是王府井大街的老字号，而王府井大街，又何尝不是北京的老字号呢？

董光器　是这样。对于老字号，人们有一种特殊的情结在里面，投注了感情。要不，干吗非到那儿买东西去啊？在其他地方也都买得到。

城市规划：感动决策者、感动老百姓、感动投资商

城市规划工作者任务很重，承担着重要的社会责任。

一定要善于处理和政府、决策者的关系。要感动决策者，感动老百姓，感动投资者。

采访者　在王府井大街的整治中，您成功地影响了决策者。其结果是百姓满意，经营者受益。

董光器　那个分管区长也尝到了"甜头"。后来我给他建议：一年选择一个项目，做出亮点，不要急于求成。从故宫到王府井，形成一个系列，保护历史名城，造福人民。结果王府井大街一期整治之后，又是二期，后来又整治建设了皇城遗址公园、菖蒲河公园。

采访者　这些项目都无一例外地受到了社会好评。

董光器　是的。老百姓很支持，他们的生活得到了很大改善。比如皇城遗址公园大概一共花了将近10亿元人民币，其中8亿元是拆迁安置居民，另外又搞了一个绿化带。通过整治建设，既保护了历史文化遗址，又给老百姓提供了一个园林绿化的场所。你说，像这样的"形象工程"，有什么不能搞的呢？

采访者　既保护了历史名城，又造福人民。这样的"形象工程"确实应该搞。但钱从哪来呢？

董光器　土地批租，返回区里的钱就用到这里了。我觉得这符合我们城市更新的原

理，城市建设资金从土地批租费用中来，还是用于城市建设。

所以我觉得，规划工作者一定要善于处理和政府、决策者的关系。要感动决策者，感动老百姓，感动投资者。王府井整顿，老字号请来，百姓满意，投资者效益提高，决策者也有真政绩。

采访者　也就是说，你感动了决策者，让他尝到甜头，他就会依靠你，规划就能发挥作用。而规划发挥作用，就能实现多赢。那么，您有没有影响决策者失败的例子呢？

董光器　失败的例子？那就太多了。

我经常到一些地方参加规划评审工作，我发现，现在一些城市领导不讲科学的事情很多，盲目铺摊子、搞大开发，不切实际，急于求成。比如某城市，是一个资源枯竭型的城市，现状30万人口，占了50平方公里的用地，应该说占地不少了吧？可是在做2020年规划的时候，却坚持要另外增加一个120平方公里的新区！其实不论从经济发展，还是从其他各方面来看，都不可能需要占用这么多的土地，这不符合城市发展的规律。

采访者　从一定意义上说，书记要民主一点，科学一点，这个城市就好一点。

董光器　规划工作者的任务很重，要坚持科学的发展观，宣传科学的规划思想。搞规划不能急功近利、好大喜功，更不能完全走市场，赚钱多就干。我们承担着重要的社会责任。

当然，经济发展无形之手一直在左右着城市建设，这是谁也违背不了的，我们只能在这里面去选择。另外，首都政治的影响也很大。

我们与其是埋怨现在一些社会上的问题，还不如下功夫去分析它们产生的原因，进行合理的选择，总结成功的经验，多宣传应该怎么做。

坐而论不如起而行

坐而论不如起而行。发现问题能够帮助我们进步，但在发现之后，如果仅仅停留于抱怨，那也只能是陈词滥调。说实在的，数年过去，对于规划的批评以及规划工作者们的埋怨，早就没有什么新意了。

正如董光器先生所说，抱怨决策是没有用的。不如在尽好自己职责的同时，花些心思，感动决策者。我们深信"聚沙成塔"、"集腋成裘"的古话，一丝一毫的感动，汇集起来，能够成为推动社会进步的强大力量。

城市规划：感动决策者

搞规划工作，既不能为贪好而不坚持原则，也不能怕批评和得罪人而丧失原则，必须有对国家、民族、子孙后代的高度责任心。

赵友华 1937.9~

河北鹿泉人。北京市土木建筑工程学校毕业，1957年在北京市建筑设计院参加工作，曾任天津市政府李瑞环市长办公室秘书，天津市规划设计管理局、天津市土地管理局局长、党委副书记，天津市第十二届人大代表，天津市政协第十届常委、城建环境委主任，第一、二届中国城市规划学会常务理事。多年从事城市规划和土地管理工作。建设部城市规划专家委员会委员、中国城市规划学会资深会员。

赵友华先生在担任天津市规划设计管理局、天津市土地管理局副局长、局长期间，重视发挥"规土合一"的机构优势，提出两者要由物理式结合转化为化学式融合，是我国首创规划和土地合署办公体制（规土合一）的具体实践者。

当下，在城市规划备受重视，而各种矛盾又很凸显的经济社会转型时期，做好规划局长，这可不是件很容易的事儿！

担任天津市规划局长（副局长）13年的点点滴滴，李瑞环同志的一席谈话，让中国城市规划学会资深会员、著名规划专家赵友华对此有着深深的感触与体悟。

规划局长怎么当？他坦言：作为规划局长，如果不能坚持原则，那么就将成为历史的罪人；如果只讲原则，一点灵活性没有，又将成为这个城市的"孤家寡人"。

规划是城市最重要、最关键、最基础的工作

相对规划工作来讲，其他许多工作都属于微观的。所以规划也是一个城市的市长必须重视的首要问题。

采访者　您从1986年起，在天津当了13年的规划局长（副局长），一定有很深的感悟吧？

赵友华　确实，13年对人生来说，也不是那么短暂的。我对规划工作的感情特别深，在到天津市规划局工作以前，我曾经在北京建筑设计院工作过17年，那时候就已经开始介入城市规划工作，参加过丁字街的规划，还有幸参加过人民大会堂的建筑设计。

现在虽然已经退休了，但规划情结却始终存在。我想，我终生都会热爱城市规划事业。

采访者　在到天津市规划局之前，听说您在李瑞环同志的办公室工作？

赵友华　在他担任天津市长期间，我做过几年秘书工作。

1986年10月，天津市委决定我到规划设计管理局工作。在我上任前夕，瑞环同志和我做了一次彻夜长谈。那次谈话让我受益匪浅，至今仍历历在目。

赵友华　　他反复强调城市规划工作的重要性，系统地谈了他对天津城市规划工作的意见和对城市建设的展望，以及对规划局的殷切期望。谆谆叮嘱我到规划局如何做好工作。谈话充满了对天津城市发展美好远景的憧憬，和他对城市规划工作的卓识与方略。寂然的秋夜，他不顾连日繁忙公务的劳累，聚精会神，侃侃而谈。至今回忆起来仍深受教益，倍感亲切。

瑞环同志讲，规划工作确实是一个城市最重要、最关键、最基础的工作，关系到城市的长远和全局，相对规划工作来讲，其他许多工作都属于微观的。所以规划也是一个城市的市长必须重视的首要问题。规划搞不好，其他工作再努力最终也难搞好。规划工作又是城市中各种矛盾的焦点，是一项非常困难的工作，当然也是最有意义、最为光荣的工作。

作为主管城市规划工作的规划局，是研究城市和决定城市发展战略的主要机构，是政府部门中最重要的部门之一，它掌管着比任何部门都系统、详细的有关城市的各类资料，能及时有效地获得有关城市建设和管理的最新知识和信息。它所管理的又是城市中花钱最多的事。搞规划工作，既不能为贪好而不坚持原则，也不能怕批评和得罪人而丧失原则，必须有对国家、对民族、对子孙后代高度的责任心。这种工作常常最受累而不讨好，干好而不落好。

采访者　　对于当时天津的规划工作，李瑞环同志满意吗？

赵友华　　对天津的城市规划工作，瑞环同志说，这几年有了很大进步，取得了很大成绩。人们对城市建设成绩的赞扬也包括规划工作。但由于天津过去长期没有大的建设任务，总体规划又没有确定，过去对规划的要求也从来没有像现在这样高，当然会有很多不适应和困难。

瑞环同志谈到当前工作时说，规划工作面临一个非常好的形势，但常言说，善始者实繁，克终者盖寡，我对今后城市规划是否能照此坚持下去并越搞越好，是不太放心的，其中最主要的是规划工作者是否认识到今天的局面来之不易，能自觉地维护和敬业。

他很动感情地说：我常讲，搞规划设计工作的，要对一个城市的发展负责，要对子孙后代负责，我们规划设计的每幢建筑，都应该为城市增辉，而不是减色，更不能添膩歪！如果我们不负责任，造成工作失误，把城市建乱了，将成为"千古罪人"！所以说，搞规划工作既要讲原则，又要讲具体，要一个一个楼的反反复复地去搞，不怕辛苦，不嫌麻烦，要精益求精。

规划局长：不做两种人

规划局长要敢于冒天下之大不韪。你讲的话可能当时人家不爱听，但是你讲了，也就尽职尽责了，因为你坚持的是科学的东西。你相信最终他们也一定能够认识到。

采访者　就像您前面说到的，搞规划设计工作的，要对一个城市的发展负责，要对子孙后代负责，但作为规划局长，往往也会"受累而不讨好、干好而不落好"，这个局长可不好当！

赵友华　是这样。在正式上任之前，我还专门到北京找了老规划局长沈渤同志，向他请教。老局长身体不好，但是跟我谈了一个多小时。他说：规划局长很难干，我就深有体会。你到规划局后，也要注意"两个人"：一个，如果不能坚持原则，你将成为历史的罪人；二个，如果只讲原则，一点灵活性没有，你将成为这个城市的孤家寡人。

当时我就想，这俩人都是不容易做的。

采访者　历史罪人和孤家寡人，可都不能当啊。那应该怎么办呢？

赵友华　老局长教给我一个办法：老同志、老干部甚至老上级来找你办事，怎么办？第一，热情接待；第二，把他请到相应部门，当面交代：这件事你们一定要认真、抓紧。等把客人送走，你再跟部门说：按规矩办事。

采访者　这个办法或许灵验。但如果面对的是现任的书记、市长，恐怕就不那么好使了吧？

赵友华　对上，规划局长要敢说话，坚持科学规划。首先自己得认定城市规划是一门科学，如果你这个城市规划不是科学的，你自己都不坚信，你就不敢坚持规划。既然你坚信城市规划是科学的，包括总体规划在内的各种规划都是科学的，就必须坚持。

坚持体现在哪儿？比如说规划部门有一个好条件，市政府重大决策都要参加。就在参加这些会议的时候，你要敢于冒天下之大不韪讲话。我这一点还可以，我倒是敢讲。我的体会是，你讲的话可能当时人家不爱听，但是你讲了，你就尽职尽责了，因为你坚持的是科学的东西。否则就是严重失职。我相信最终他们也一定能够认识到。

采访者　能举一个您当时工作中的具体事例吗？

赵友华　有一次我去参加市委常委会，市长们都在，各部门的主要负责人也都参加了，书记主持，研究一些项目。其中一个就是天津军粮城发电厂四期扩建项目，这个发电厂正好就在天津机场附近。当时已经讨论完毕，项目也定下来了。

我坐在那里，一直在听，思想做着激烈的斗争。后来我想，这个时候如果你不说话就是严重失职，至于领导能不能接受，你不要管。于是我就举手了，我说：建议这个项目要慎重。现在的机场，由于受发电厂的烟雾影响，能见度降低，起降都受到了一定程度的影响。书记打断我说：那你们为什么把机场规划弄到电厂旁边去？我解释说，是先有的机场，后有的电厂。

后来，由于种种原因，其中包括民航总局的干预，四期扩建项目停工。

总体上说，我担任规划局长（副局长）的13年间，当时天津的城市规划工作和政府决策的碰撞并不多。天津的城市规划很少有"纸上画画、墙上挂挂"的现象，城市建设基本上是按照城市规划来实施的。

跳出微观看宏观

如果不能摆脱事务性工作，钻研业务，这个规划局长很难当好。
要警惕打着城市规划的旗号违反规划。

采访者　那么，您认为当规划局长，最难的是什么？

赵友华　我觉得当规划局长最难的，就是你干不成事儿，想干的时候干不了。一个呢，是深陷会议，比如现在的天津规划局长，他告诉我说：一年当中要参加的各种会议，光在册的就有1000多个，你说他还怎么干事儿？再一个呢，就是深陷到办事儿这些微观的热门里面，陷到这个困境里，他还怎么去考虑宏观的事儿？

现在规划局长难就难在这儿。他不是不想多给市委、市政府决策出力，而是心有余力不足，精力有限。白天忙着开会，哪个会不去都不行；晚上一下班就忙着看件儿。依我看，如果不能摆脱事务工作，钻研业务，将来这个规划局长很难当好。

采访者 那您当时有没有这样的困惑呢？怎么做的？

赵友华 当时正赶上房地产业兴起，局里忙得不可开交。我提议，面对这个局势，我们必须有两条线。于是，抽出部分力量组建了一个业务处，所有的业务都归口到那儿，等于让他们在"油锅里炸"。我们稍微凉快点，可以考虑点别的事儿。另外，千方百计"招兵买马"，培养后备干部，分散会议，大家轮流去，减少局长的压力。

现在党的十六大以后有多大变化？科学发展观、和谐社会提出来，对咱们城市规划简直影响太大了。还有很多新的问题、新的情况。我们必须从宏观上加强研究。

另外，现在中央给城市规划提到这么高的地位，已经变成公共政策了。我相信，"规划规划、墙上挂挂"的现象全国再不会有，也不会有人公开站出来说反对城市规划。但是，我们要警惕打着城市规划的旗号违反规划，防止权钱结合搞政绩工程。比如，有权的想搞政绩工程，开发商想达到利益的需要，如果官商勾结干点事儿，它可以通过调整、修改规划来达到目的，这比"规划规划、墙上挂挂"要严重得多。比如说调整用地性质、修改容积率，房地产市场的发展给城市规划带来了很大冲击。

采访后记 忧患与责任

从北京到天津，我们风尘仆仆地下了火车，直奔赵友华先生家：事先约好，他等着我们。虽然有些惊异，上次见面他还是一头黑发呢，怎么一下全都白了？虽然他有些歉意地说，身体的原因，不能和我们一起坐沙发。然而，他那灿烂的笑容，阵阵爽朗的笑声，让少阅世事的我们，一点也没有多想。事后才知道：他刚刚动过手术，才出院三天，医生叮嘱：不能劳累，谈话不要超过半小时。然而，那天他对此只字未提，却就城市规划和我们进行了近两个小时的长谈……

这是他的开场白："本人1937年出生在石家庄，正赶上国家的忧患时代，由于日本飞机经常轰炸，7个月就早产，出生后就被母亲抱着四处逃难，辗转河北、山西等地多个城市，出生12天到了北京……"

想起吴良镛先生也做过类似的自我介绍，他难以释怀的"农民情结"："真正的知识分子，像我这样的成长，是农民养活的，或者说是人民养活的。知识越多，或者我得的荣誉越多，就越感到责任心多……"忧患，以及由于忧患而对于生命的透悟、自觉肩负起的社会责任，就是这一代老规划人身上的共性特征吗？

这样的经历，这样的心胸，这样的情结，无以复制。忧患意识与社会责任，却可以延续，代代相续。这是规划人的共有情怀，与时代无关。

听大师讲规划

　　凡是需要保护的地区，就不可能就地平衡资金，所以也不应该按房地产开发的方式进行运作。

王景慧　1940.12～2013.1

　　辽宁大连人。1965年清华大学建筑系毕业，毕业后从事建筑设计。曾任建设部城市规划司副司长，主管城市规划编制及历史文化名城保护工作，参与有关政策法规的制定。1998年调入中国城市规划设计研究院，历任总规划师、顾问总规划师。曾任全国历史文化名城保护专家委员会委员兼秘书长，中国城市规划学会古城保护学术委员会主任委员，中国城市科学研究会历史文化名城委员会副主任委员，同济大学兼职教授。获中国科协第五届"全国优秀科技工作者"称号。

　　王景慧先生曾主持编制了《历史文化名城保护规划规范》，主编《中国国家历史文化名城》，著（合）有《历史文化名城保护理论与规划》等。获法国文化部"艺术与文学骑士勋章"。

自1982年国务院公布第一批24个国家级历史文化名城之后，经过几十年的发展，国家级、省级历史文化名城数量大大提高，各地对于历史文化名城保护的认识也随之不断深化。然而，保护与发展的矛盾也从未止息。

亲历第二、三批国家级历史文化名城的申报与审批过程，数十年如一日为历史文化遗产保护而奔波，时任中国城市规划学会历史文化名城规划设计学术委员会主任、中国城市规划设计研究院顾问总规划师王景慧先生在接受采访时呼吁：保护与发展可以共赢。

历史文化遗产不是"包袱"

和许多的欧洲国家一样，中国保护文化遗产的工作是从单体的文物开始的，以后发展到文物的环境，再发展到整个古城。

采访者 回顾20世纪50年代之初，我们有过拆城墙的经历。而此后很长一段时间，对于历史文化遗产的认识也很不够。

王景慧 和许多欧洲国家一样，中国保护文化遗产的工作是从单体的文物开始的，以后发展到文物的环境，再发展到整个古城。

在20世纪50年代初，中国学者已经注意到保护历史城市的问题，清华大学梁思成教授曾经在他的著作中写道，北京作为一个历史名城，它的价值不仅在于许多古建筑是艺术杰作，更重要的是各个建筑物之间的关系，是它们所构成的整个古城的空间秩序，是它们宏伟美丽的整体风貌。他主张保护北京的古城，在西郊建设新区，并作了规划方案。由于种种原因，他的这个计划没有能够实现。

但是在那个时期，历史文化遗产也并没有被当作发展的"包袱"，保护历史城市的文物古迹和遗址已经是城市规划的重要原则。如在洛阳，新工业区的规划选址有意避开了隋、唐故都的遗址，西安在规划城市发展方向时也注意了保护汉代的长安故城。

到了20世纪80年代，文物古迹和遗址的保护事业有了很大发展，我们在工作中意识到：集中了大量文物古迹和遗址的历史城市，如果不采取高层次的综合性的保护措施，这些文物古迹和遗址就难以得到有效的保护，更谈不上保护古城的空间秩序和传统整体风貌了。在当时，正面临着大规模的快速经济建设，文物建筑和历史环境受到威胁。所以，国务院及时采取措施，将有突出价值的历史城市公布为"历史文化名城"。

采访者　　当时审定历史文化名城的条件和标准是什么呢？

王景慧　　当时审定历史文化名城的条件、标准有三条：城市要保存有十分丰富的文物并有重要价值，古城的现状仍保存着传统的格局、风貌，并有保存完好的历史地段，保护这些文物和历史地段对城市的性质、布局和建设方针有重要影响。

逐步深化对历史文化名城的认识

国家历史文化名城名单的公布，也带动了其他城市在发展建设中注意保护历史文化遗产和城市特色。

采访者　　1982年，国务院公布第一批国家级历史文化名城，新中国历史文化遗产保护掀开了新的篇章。20世纪80年代，您在建设部规划司工作，曾亲历第二、三批国家级历史文化名城的申报、审批过程，能否介绍一下当时的情况？

王景慧　　1982年第一批国家级历史文化名城公布后，影响很大，对保护我国历史文化名城、优秀历史文化遗产的工作起了重要的推动作用。国家历史文化名城名单的公布，也带动了其他城市在发展建设中注意保护历史文化遗产和城市特色。很多城市都想继续申报。

　　从1984年4月开始，我们着手第二批国家历史文化名城名单的准备工作。考虑到由国家公布的历史文化名城对国内外的影响很大，为慎重起见，采取了自下而上推荐、广泛征求意见的办法。各省、自治区、直辖市先后推荐了80个城市，我们就这些城市征求了各有关方面和专家的意见，并重点作了实地调查。全国政协文化组和经济建设组专门召集政协委员和专家对第二批国家历史文化名城的名单进行讨论，并提出了建议。此后，我们邀请全国历史、文物、考古、革命史、建筑、城市规划、地理等各界的知名专家、教授开会，对第二批国家历史文化名城名单进行审议。综合各方面意见，国务院最终确定了其中38个城市作为第二批国家历史文化名城。

采访者　这一次公布历史文化名城，与前一次相比，有什么不同，在思想认识和保护措施上又有什么样的进步？

王景慧　我记得在国务院批转城乡建设环境保护部、文化部《关于公布第二批国家历史文化名城名单报告的通知》里面，增加了几点：

第一，明确了历史文化名城的两级管理。考虑到作为国家公布的历史文化名城在国内外均有重要影响，为数不宜过多，根据具体城市的历史、科学、艺术价值分为两级，即国务院公布国家级历史文化名城，各省、自治区、直辖市人民政府公布省、自治区、直辖市一级的历史文化名城。

第二，明确了审定历史文化名城的标准，应是"保存文物特别丰富，具有重大历史价值和革命意义的城市"。在具体审定工作中，不但要看城市的历史，还要着重看当前是否保存有较为丰富、完好的文物古迹和具有重大的历史、科学、艺术价值;作为历史文化名城的现状格局和风貌应保留着历史特色，并具有一定的代表城市传统风貌的街区；文物古迹主要分布在城市市区或郊区，保护和合理使用这些历史文化遗产对该城市的性质、布局、建设方针有重要影响。

第三，强调要做好历史文化名城保护规划。保护规划要纳入城市总体规划，按《城市规划条例》规定的程序上报审批。各历史文化名城要制定保护、管理的地方法规，明确保护对象及其保护范围建设控制地带，分别采取相应的保护措施。

第四，确定了历史文化保护区保护的概念。提出对一些文物古迹比较集中，或能较完整地体现出某一历史时期的传统风貌和民族地方特色的街区、建筑群、小镇、村寨等，也应予以保护。各省、自治区、直辖市或市、县人民政府可根据它们的历史、科学、艺术价值，核定公布为当地各级"历史文化保护区"。

采访者　时隔八年，国务院又公布了第三批国家级历史文化名城。与前两次相比，又有什么样的进步呢？

王景慧　　　还是坚持原来的审定标准，但提出了一些保护的方法。明确提出要认真贯彻"保护为主、抢救第一"的方针，在涉及文物古迹的地方进行建设和改造，要处理好与保护抢救的关系，建设项目要经过充分论证，并严格按照规定履行审批手续；对于不按规划和法规进行保护、失去历史文化名城条件的城市，应撤销其国家历史文化名城的名称；抓紧编制国家历史文化名城保护规划，重点区域还要编制控制性详细规划。

发展中的问题不容忽视

中国正处在城镇化快速发展的时期，城市中时刻都在进行着大量的建设。发展经济是第一位的任务，保护工作最易受到冲击，需要正确处理保护与发展的关系。

采访者　　　截止到2009年，国务院又相继批准了11个，国家级历史文化名城的总数达到110个。做好历史文化名城的保护工作，道路还很漫长。

王景慧　　　自1982年公布历史文化名城以来，正值我国改革开放、经济快速发展的时期。历史文化名城在强调保护的同时，以其历史文化的优势使城市的经济社会都得到巨大发展，历史文化名城保护工作也有了长足发展。

　　　　　　但是，我们也要清醒地看到，中国历史文化名城的保护工作还有许多困难，面临着严峻的挑战。中国正处在城镇化快速发展的时期，城市中时刻都在进行着大量的建设。发展经济是第一位的任务，保护工作最易受到冲击，需要正确处理保护与发展的关系。在旧城改造、房地产开发中，由于经济利益的驱动，追求高容积率和高密度，把旧城成片拆光另建高楼，使保护历史地段的工作十分困难，以致有的历史文化名城再也找不到一处值得保护的历史地段了。中国的古城尚未像欧洲那样进行过基础设施的更新，值得保护的地段大多是房屋破旧、年久失修，环境也亟待改善。在许多城市中，资金的缺乏是重要的实际困难。还有一些地方错把搞仿古建筑、仿古街当成保护传统风貌，拆了真实的历史建筑，建起一批"假古董"，这种认识上的错误也是破坏历史环境的原因之一。

　　　　　　这就是我们面临的问题。当然，它是发展中的问题。我们必须深刻认识自己的历史使命，坚定信念，通过艰苦的工作，使中国的历史城市既保存了文化遗产，保持了历史的记忆，又使城市保持发展，实现城市的现代化。

保护要分层次

三个层次构成一个完整的体系，使各种形态的文化遗产都得到有效的，而又是恰如其分的保护，实事求是地减少与城市发展建设的矛盾。

采访者 您一直倡导历史文化遗产要分层次保护。这个概念是什么时候开始提出的呢？

王景慧 1986年国务院批准第二批国家级历史文化名城时，确立保护历史文化街区，形成了历史文化遗产保护的三个层次。1989年我在同济大学讲课时，提出历史文化遗产要分三个层次进行保护的观点，此后多次写文章进行详细阐述。这三个层次是：

一是保护文物。对各级文物保护单位，必须遵守不改变文物原状的原则，不得损毁、改建、增建或者拆除，原址、原状、原物保存全部历史信息。这些文物一般要经过维修公开展示，也可以在不妨碍保护的前提下，继续合理利用。根据实际需要，还可以在其周围划出一定的建设控制地带。对新建设的高度、色彩、形式等加以控制，或应禁止新的建设，目的是尽可能保存历史环境，使文物形象不受干扰、不被淹没。

二是保护历史文化街区。对有典型历史风貌的建筑群、街区、村落等，根据它们的价值定为"历史文化街区"，通过城市规划做出保护管理规定，重点保护地段的整体风貌，保护建筑外貌，允许内部改造更新。要注意改善基础设施和居住环境，提高生活水平，维持使用功能和社区传统，继续为社会生活发展起作用。

三是保护历史名城。除保护文物古迹和历史街区之外，还要"保持传统格局、历史风貌和空间尺度，不得改变与其相互依存的自然景观和环境。"

这样三个层次构成一个完整的体系，使各种形态的文化遗产都得到有效的、恰如其分的保护，减少与城市发展建设的矛盾。三个层次保护的核心不能理解为从点到线、到面保护范围的扩大，其核心的意义，是根据不同的特点采取不同的保护方式。

采访者   您认为历史文化名城的保护要点是什么呢？

王景慧   首先，历史文化名城并不是要保护城市的全部，它的保护范围、内容、要求，要通过城市规划来予以确定。对某城市冠以历史文化名城的称号，给城市以荣誉，更重要的是明确规定了城市政府的保护责任。

关于保护的原则，城市是有生命的有机体，不能把历史文化名城当成博物馆使之凝固起来，要处理好发展与保护的关系，既要使城市的文化遗产得以保护，又要不断改善居民的工作生活环境，促进城市经济社会的发展。

在保护内容方面，除了保护文物建筑和历史地段之外，还要保护和延续古城的传统格局和历史风貌。在历史文化名城中除了保护有形的、实体性的内容以外，还要保护无形的、传统文化的内容。

在保护措施方面，历史文化名城、名镇、名村应当整体保护，保持传统格局、历史风貌和空间尺度，不得改变与其相互依存的自然景观和环境。"整体保护"不是要保护整体，要从城市总体的角度，采取综合性、整体性的措施，为实施文化遗产保护创造外部条件。

采访者   城市建设中破坏历史文化遗产的现象时有发生，颇受诟病，对此，您怎么看？

王景慧   当前城市建设中出现的诸多破坏历史文化遗产的问题，除对其重要性认识不足外，保护的层次不清、方法不当也是一个重要原因。因此，要正确认定需要保护的对象是哪种类型，应属于哪个保护层次，从而正确地选择应该采用的保护方法是至关重要的。

属于文物保护单位的，不可拆改或仅保留外观，可称"原物保护"；属于历史文化街区的，重点是保护外观整体的风貌，不必强求所有建筑的"原汁原味"，可称"原貌保护"；历史文化名城中非文物古迹、非历史街区的大片地方，只求保护格局和延续风貌，不必再提过高要求，可称"风貌保护"。

要注意不能用下一层次的保护方法对待上一层次的保护内容，看到别人成功的经验，也要仔细辨认他们是哪一个层次的工作，所有吸收借鉴都应在同一层次，不能混淆。

吴良镛先生用有机更新方式的更新改造北京菊儿胡同，受到广泛赞扬并获

保护与发展可以共赢

267

得世界人居奖。菊儿胡同不属于"历史文化保护区",从保护工作的层次上来讲,是第三层次的工作,用了"延续格局和风貌"的方法,只保存传统的肌理,建筑加层做成"类四合院"。如果是"历史文化保护区"的规划设计,就不能援引此例。

北京南池子地区的改造存在争议,就是因为保护层次的问题。南池子地区属于北京的25片历史文化保护区之一,应该保存历史的真实遗存,保持完整的四合院形态,可是这里建了部分二层小楼,虽然做成传统建筑的形式,但这是"延续风貌"的做法,用在这里不合适。

保护历史街区要有特殊的方法

凡是需要保护的地区,就不可能就地平衡资金,所以也不应该按房地产开发的方式进行运作。

成功的做法是:政府主导、居民参与、动员社会、渐进改善。

采访者　历史文化街区和文物古迹保护有何异同?能否谈谈您的看法?

王景慧　历史文化街区的保护和文物保护单位的保护有什么相同或不同呢?

首先,它们都是保护文化遗产,都要保存真正的历史原物,对历史建筑进行抢救、维护、修整,不能将仿古造假当成保护的手段。

其次,历史文化街区重在保护外观的整体风貌。不但要保护构成历史风貌的文物古迹、历史建筑,还要保存构成整体风貌的所有要素,如道路、街巷、院墙、小桥、溪流、驳岸,乃至古树等。

第三,历史文化街区是一个成片的地区,有大量居民在这里生活,是活态的文化遗产,有其特有的社区文化,不能只保护那些历史建筑的躯壳,还应该保存它承载的文化。这就要维护社区传统,保持社会生活的延续,同时要改善生活环境,促进地区经济活力。

采访者　具体应该用什么方法来保护历史文化街区?

王景慧　保护历史街区应该有特殊的方法。

第一，保护外貌、整修内部。历史街区的历史建筑不必像文物那样一切维持原状，可以进行室内的更新改造，以适应现代生活之需。对历史性建筑要按原样维修整饬，对后人不合理改动的地方，维修时可以恢复原貌或原来的风格，对有悖于历史风貌的新建建筑可以适当改造，恢复历史原来的风格。

第二，积极改善基础设施，提高居民生活质量。历史街区保存了历史风貌，基础设施大多十分落后，必须改善设施、环境，否则居民很难在这里继续生活，保护就成了一句空话。

第三，要逐步整治，反对大拆大建。之所以提倡逐步整治的方法，是为了精心设计与施工，保存更多的真实历史遗存，也能减轻政府压力，更重要的是为保存和延续社区文化，保护这里的非物质文化遗产。

采访者 历史文化街区保护不是简单的规划问题，而是一个综合的社会实践。您有何建议？

王景慧 总结前一阶段历史文化街区的保护实施，可以认为，凡是需要保护的地区，就不可能就地平衡资金，所以也不应该按房地产开发的方式进行运作。一些城市的历史文化街区中制定了好的保护规划，但由开发商来主导建设，为了平衡资金、追求利润，只能是不断修改规划，其结果是达不到保护的目的。

采访者 有的地方全部迁出原住民，把房子重修再高价卖出，或变成有钱人住的新社区、高档娱乐休闲地、专供旅游参观的布景道具。对这些现象，您怎么看？

王景慧 这些都不是历史文化街区保护的方向。国外一些城市旧区的成片更新，往往针对的是已衰落的商业区、仓库、码头等，很少有大量迁出原住人口的。从避免社会分隔出发，他们也不赞成"绅士化"的改造。

采访者 理想的改造模式是什么样的？有没有成功案例？

王景慧 成功的做法是：政府主导、居民参与、动员社会、渐进改善。政府出资改善基础设施，居民出资加政府补贴改善自家住房。大家钱不够就采取渐进式的做法，先解决急需，过一段时间，政府钱多了，老百姓的钱也多了，再谋新的改善。

以商业为主的街区也是先求改善，再求繁荣。业态的提升是必要的，但应该是渐变的过程，由市场去调节。行政命令越俎代庖，窒息了商家的经营，也会改变社区环境，失去了传统的文化，往往是事与愿违。

绍兴的仓桥之街就是一个成功的案例。它就是采用政府主导、居民参与的模式，进行的是渐进式改善。街区旧房改造，政府承担55%，居民出资45%，基础设施也由政府负责。原居民愿意回迁的就选择回迁，不愿意回来的，政府给予一定补贴，购买经济适用房。最终，80%的原居民回迁，既解决了危房问题，又保留了原有的生活形态。

同样在绍兴，另外一个街区，引入商业资本，大量拆房重建，只剩下一些外在的表现形式，不再是原来的、活态的街区。

采访后记　画为心声　挚真性情

大约在十年前，便曾听过王景慧先生关于古城保护的报告，那时感觉：高山仰止，茅塞顿开。

最近几年，因工作需要，数次采访王景慧先生，当面请教，却又深切感受到他的严谨、认真，以及亲切、平和。

从《画为心声——王景慧建筑速写集》开始，又对先生有了"性情中人"的认知。"画为心声"，挚真性情，这是这本以素描建筑为主的速写集带给我的最直观的感受。

马国馨先生在这本书的序言中说："景慧作为一个长期从事城市规划和历史文化遗产保护的组织者和工作者，从遗产保护的方法与原则，历史传统文化的继承与发扬，从城市发展的长远战略上会考虑更多。"

这，也是王景慧先生留给我们的深刻印象。

城市设计的覆盖面要遍及全城，特别是在旧城区和城市边缘区、弱势人群聚居地区都应该开展城市设计工作。

郭恩章 1934.10~

1952年入哈尔滨工业大学土木系学习，1958年留校任教。1959年随院系变更转入哈尔滨建筑工程学院（后改名为哈尔滨建筑大学随后又回归哈尔滨工业大学），曾任中国城市规划学会城市设计学术委员会副主任委员，现任哈尔滨工业大学教授、博士生导师，中国城市规划学会资深会员。

郭恩章先生长期从事城市规划设计及建筑设计的教学、科研和工程实践工作，"寒冷地区住宅小区外环境质量研究"经部级鉴定达到国际先进水平；"中国陆地边境城市景观规划研究"获省部级奖励；"2000年城乡小康住宅科技产业工程"，"城市住宅小区规划设计导则研究"，经部级鉴定达到国际先进水平。

过分"化妆"不如不断改善环境，让城市适宜人居。中国城市规划学会城市设计学术委员会副主任委员、哈尔滨工业大学教授郭恩章提出，城市建设应当贯彻科学发展观，遵循人性化设计，把以人为本的思想确定为主导方向，通过城市设计，达到方便市民生活、适居的目的。与此同时，自主创新是城市设计的永恒主题。

城市规划设计的历史作用不容低估

我国600多座城市的建设，就足以说明作为"建设龙头"的城市规划设计的历史作用是不容低估的。

现代城市设计运动，是新中国成立以来在我国城市规划界发生的一项重大事件。

采访者　新中国成立以来，我们的城市设计走过了什么样的道路？您认为有什么重要的经验教训？

郭恩章　我认为，新中国的城市设计所走的道路是两个引进、学习、实践、再创新的过程，先是学习苏联，后又学习欧美。规划和设计两者一同经历了坎坷与兴衰，可以说，规划兴则设计兴，规划被折腾而萎缩，设计也随之衰落。总体而言，新中国的城市规划、城市设计事业是在发展进步的。

单说城市设计，从新中国建国至今的60多年中，大体上可分为两个阶段：前30多年是第一阶段；后30多年为第二阶段。

第一阶段是从20世纪50年代至70年代末，其特点是学习苏联经验，将实质上的城市设计融入城市规划中，二者合为一体，可以叫作规划设计一体化阶段。在建国初期，国家在1952年和1956年分别颁布实施了两个指导城市规划设计的法规性文件。文件从规划名称到内容、方法、步骤等，都是把规划和设计相提并论的，其中还特别含有城市总体艺术布局和城市风貌特色等内容。新中国首批完成的城市总体规划，如兰州、青岛、哈尔滨等城市，就是依据这些文件进行编制的，充分体现了规划设计一体化。在这些规划设计成果中虽然没见到城市设计术语，但实质上却融入了我们现在所理解的一些城市设计的内涵。

第二阶段是从20世纪80年代开始直到今天。在这后30多年中，源于欧美的现代城市设计引进我国，开始明确提出城市设计概念，并逐年予以推进。原来的规划设计一体化发生了新的变化，城市设计呈现出独立化倾向。规划与设计的关系变成了既合又分的状态，即在学科研究上将城市设计视为一个新的领域，而在实际运作上却未完全独立于城市规划体系。可以称其为规划设计既合又分阶段。

采访者　　城市设计越来越受到人们的重视。

郭恩章　　是的。吴良镛、周干峙、任震英、陈占祥、任致远等老一辈规划设计专家都积极呼吁和倡导保护城市特色，开展城市设计工作，将城市设计视为"提高城市规划质量的有效途径"。这30多年里，城市设计运动在我国各地如火如荼地快速推进，在我国城市规划事业中的重要地位和作用日益显现出来。

　　　　可以说，现代城市设计运动，是新中国成立以来在我国城市规划界发生的一项重大事件。从主流上看，它既体现了从引进学习国际经验到实践创新的过程，也体现了从传统城市设计到现代城市设计转变的过程：从关注美学形态向关注市民百姓的生活体验、关注生态、经济、社会、文化转变；从偏重建筑界面与空间形态向对所有环境构成要素整合与协调转变；从重视设计文件编制向关注实施管理与建设的全过程和导控机制转变。

采访者　　目前，城市设计的发展形势怎样？

郭恩章　　现代城市设计在我国城市建设和城市规划体系中的地位已经初步确立，对城市设计的基本概念已取得共识。这个共识的基础就是在国家标准《城市规划基本术语标准》中"城市设计"条目中所表述的，即："城市设计是对城市体型和空间环境所作的整体构思和安排，贯穿于城市规划的全过程"。

　　　　这些年来，令人可喜的是各地在城市的宏观、中观、微观各个层面各种类型的城市设计成果如雨后春笋般大量涌现，并付诸实施。其中，在历史街区复兴、滨水区改造、公共活动场所创造、新城区或开发区建设、住区环境设计以及城市整体风貌特色导控等方面尤为出色，城市设计市场繁荣。为了使城市设计成果更加规范、更具有操作性和实效性，许多省市还相继颁布了有关的地方性规范、标准、条例、导引和设计文件编制办法等，这些经验很值得推广，并可进一步提炼总结为国家规范。

除此之外，现代城市设计学术活动也空前活跃，具有创新性的理论著作相继问世，城市设计教育、科研和创作机构迅速发展，大批中青年优秀人才陆续走上设计岗位，城市设计队伍日益壮大。许多学者对城市设计的本土化、法定性、实效性、宜人性、科学性、生态性、创新性等课题进行了广泛而深入的研究，并发表了众多成果，这是十分难能可贵的。与此同时，各地的规划设计管理机构和管理程序也逐步走向完善与高效，城市设计制度建设提上日程。

让城市设计的成果惠及市民大众

城市设计的覆盖面要遍及全城，特别是在旧城区和城市边缘区、弱势人群聚居地区都应该开展城市设计工作。

采访者 城市设计在取得长足发展的同时，也存在一些问题。系统梳理一下，您认为主要存在哪些问题呢？

郭恩章 当前，在城市设计发展进程中，确实还存在不少问题，在一定程度上阻碍和削弱了城市设计效用的发挥。

第一，城市设计的法定地位问题未能完善解决。在已经颁布实施的《城乡规划法》和《城市规划编制办法》（新版）中，基本上没有提及城市设计，这不能不让人认为是一个重要缺憾。特别是在新版"办法"中把原版（1991）总纲中关于城市设计的提法全部删除，只是在详规部分留下了一笔所谓的城市设计要求，这不仅是在对待城市设计上的一种倒退，而且还容易引起人们的误解，似乎城市设计只限于在控制性详细规划微观层面上开展，而在宏观层面上则不予认可。

第二，城市设计运作机制尚不健全，难以有机、完整、顺畅地融入城市规划体系。由于城市设计属非法定项目，地方为了更好地进行城市设计，就编制了地方性法规，把城市设计融入地方城市规划法定体系中。有的城市设计项目独立进行；有的则捆绑到规划项目中同时编制、同时审批。各地方的标准要求和运作机制五花八门、深浅不一，有时也存在一定的盲目性和随意性，影响了城市设计的品质。

第三，技术创新不力，存在照抄照搬、浮华造作、形式主义庸俗化倾向。有些城市设计项目为不切实际、劳民伤财的"形象工程"、"政绩工程"推波助澜。

第四，城市设计理论研究滞后，对实践经验未能及时总结提炼。

这些问题是我国现代城市设计发展中存在的问题，影响因素很多，克服和纠正的难度也比较大，但我们对它的未来前景是充满信心的。

采访者　总结历史经验教训，应对当前存在的问题，您认为我们应当树立怎样的城市设计观？

郭恩章　我认为，首先应该进一步强调建立正确的城市设计观，发展顺应当今时代要求、与城市发展战略规划相协调的新型城市设计，使城市设计能在健康的生存环境中不断成长。不管从哪个角度认识与诠释城市设计，认为它是产品也好，是过程也好，有一点是基本的，即城市设计是城市规划体系不可或缺的有机组成部分，是城市规划的补充和完善。城市设计关注的不仅是城市的视觉形象，更是社会、经济、自然的综合环境质量，而这些关注点最终还要落实到物质实体环境上，并通过政策、导引等成果予以明确并付诸实施。

其次，应该进一步强调在城市设计中以科学发展观为统领，创建"适宜创业、适宜人居、适宜人的全面发展"的现代城市环境。贯彻以人为本的理念，以平民百姓为本。城市设计的覆盖面要遍及全城，特别是在旧城区和城市边缘区、弱势人群聚居地区都应该开展城市设计工作。城市设计成果应该首先惠及市民大众，而不是仅关注那些门面地区和迎宾车队经过的地方。通过城市设计、城市规划的实施和城市建设的发展使市民百姓更愿意在这个城市居住，以成为这个城市的市民而感到自豪。

再次，应该进一步强调保持和创新城市特色，这是城市设计永恒的主题。二十年前讲"特色不能丢"，如今在世界趋同、全国趋同的情势下更要讲城市特色，不能再搞"千城一面"了。

又次，应该进一步强调立足自主创新。通过对城市设计实践的总结和对城市设计理念的探索，不断创造与完善中国特色城市设计理论，提高城市设计的科技含量和文化含量，对城市设计的综合性、人文性、生态性和可实施性更应给予关注。

最后，还是期望在条件成熟时，将城市设计正式纳入国家城市规划法定体系，使城市设计工作得到法规和政策的保障，并进一步理顺城市设计与城市规划、建筑设计、景观设计的关系。

城市整容应叫停"面子文化"

中国城市首先就应该展现中国本土文化，而不是什么洋文化。

没有必要在中国城市里建什么外国城、外国街。当然，如果是某国侨民聚居区那将另当别论。

采访者 您如何看待城市设计中的"化妆运动"、"复古主义"、"欧陆风"？为什么会有这样的现象？

郭恩章 我的看法是，出现这些现象不应归罪于城市设计，即使是不搞城市设计，这些不良风尚也会出现。这里面有个理念问题，实质上是文化自信问题。

中国人历史上形成的弱点就是讲面子，盛行"面子文化"，热衷于"金玉其外，败絮其中"，在一些城市环境建设中往往为了面子工程而乐此不疲。每逢重大节事的举办和重要宾客的来访都要进行综合整治，为主要街路两侧的楼体进行"整容"就是重要行动之一。

对于破旧的房屋进行修缮，使其延年益寿，这本无可非议，问题在于通过整治而使其面目皆非，丢失了原真形态。本来一座城市，特别是历史城市中，都保存有各个年代建造的房屋，有旧的也有新的，这是城市发展的历史足迹。但是，有些城市的环境整治却不尊重自己的历史。不论哪个年代以何种风格建造的房屋，一律改头换面而形成某些人所青睐的某种统一的风格，或是复中国之古，或是复西洋之古，或是模仿哪个欧洲国家的建筑样式。这种以形式模仿、复制为专长的"迪士尼式"的城市化妆运动是一种很不好的现象。任其发展下去，我国的城市将变成洋而古、中而古的假文化载体，而体现21世纪新时代的具有本土特色的城市风貌将难以觅及，这将是多么可悲呀！

采访者　　有些城市领导就是以"洋"为荣，以城市里有欧式建筑为荣。

郭恩章　　这实质上是缺失本国文化自尊的表现。旧中国一些城市或城区，在殖民地半殖民地时期受到西方强势文化的冲击，曾经被动接受了"洋"文化的影响。今天没有人强迫我们了，没有理由再走这条老路，而应该在吸收国外先进理念和经验的基础上，发展和创建自己的文化，也包括创建自己的城市设计文化。

　　　　　　文化的差异性是最有意义的，城市设计应该重视并强化这种差异性。中国城市首先就应该展现中国本土文化，而不是什么洋文化。城市是活生生的市民聚居地，不是主题公园，不是迪士尼乐园，也没有必要在中国城市里建什么外国城、外国街。当然，如果是某国侨民聚居区那将另当别论。

采访者　　花巨资建外国城、外国街，不如在切实改善环境质量上下功夫，让老百姓真实受益？

郭恩章　　城市环境的整治是城市政府的永恒职责，市长可以轮换，但整治是长期的。衰落的要更新，不合理的要改造，破旧的要修缮，都是为了提高城市环境质量，这是城市设计工作所追求的目标。可是有些城市却过于偏好环境的形象是否美观，沿街建筑的风格是否统一等表面秩序的治理，而且这种治理往往是突击性的。因此，应该强调城市环境的整体治理和环境质量的全面提升，并为其建立长效机制。

保护历史遗存和展现时代风貌相辅相成

　　　　　城市并不是一座静态的历史博物馆，它是动态的。城市要发展，要建新城区、新建筑和新环境，要体现时代新特色。

采访者　　在规划设计中，应当如何处理好保护历史遗存与展现时代特色的关系？如何通过城市设计塑造富有特色的城市形象？

郭恩章　　上自国务院、建设部，下至地方领导和市民百姓都十分关注城市特色，反对"千城一面"和"零识别"的呼声一直很强烈。

在特色资源中，历史遗存是很重要的组成部分，特别是在历史文化名城和历史城市、城区中，保护好历史文化街区、历史建筑及其环境尤为重要，保护好历史遗存就是保护好城市的历史价值、文化价值。当然，城市并不是一座静态的历史博物馆，它是动态的。城市要发展，要建新城区、新建筑和新环境，要体现时代新特色。

采访者 保护历史遗存和展现时代风貌可以相辅相成。

郭恩章 可以通过城市设计在两个方面加以处理：一是按城区不同分别展现特色。旧城区以展现古城传统特色为主，新城区以展现时代新特色为主。二是在旧城区同时体现新旧特色。

采访者 在这方面，您能介绍几个成功的典型案例吗？

郭恩章 北京旧城区几条历史街道的商业门脸环境整治就具有典型意义。如东四北大街、烟袋斜街和南锣鼓巷等沿街商店门面的改造，既调动了展现时代特色的新元素如大型玻璃窗、新型牌匾等，又同时保存有原门脸的灰色砖垛、实墙和传统装饰纹样。在一条街上生动地体现了新旧元素的交融，是传统建筑文化和新时代文化的有机结合，是采取小规模的有机更新技术塑造京味浓郁独特形象的成功范例。

其实，一条街道一个广场周边的建筑就应该是丰富多样的，各个年代建造的反映各自风格的建筑都有留存，那将是多么生动！只要它们之间相互协调就好。但是，协调并不等于统一。如果一条街上的建筑都是统一的风格，一样的门面，一样的高度，一样的色彩，一样的细部，那必然会显得很呆板，缺少活力，尤其是在商业街上。北京那几条街面的修复和整治就注意了沿街建筑之间既协调又有变化，既尊重历史又反映时代，从而使商业街的文化特色与活力得以保持和张扬。

采访者 对于哈尔滨等一些老工业城市来说，在城市改造中，您认为应如何对待近现代留下的一些工业遗产？

听大师讲规划

郭恩章　　这些年来，在一些老工业城市产业调整和改制过程中，不少老工业厂区和厂房，由于原有企业的外迁或改造而被空置或被调整为新的城市用地。如何对待留下的工业遗产就提到城市建设日程上来了。

我认为，一是应该珍惜这些遗产，因为它们是城市历史的见证。新中国诞生后，像哈尔滨这些老工业城市和大量的轻重工业企业为国家作出过卓越贡献，它们曾是"中国制造"的根基，是共和国的长子。几十年来，它们的产品曾持续地支持全国的建设事业，功不可没，应该留下历史的记忆。二是经过改造，使这些工业遗产为新的城市功能服务。

为了纪念它们的历史功绩，应保留一些有代表性的老厂房、车间作为纪念地，整修后建成历史博物馆。比如哈尔滨车辆厂，这是与哈尔滨市同龄的百年老厂，工厂迁出后，保留了部分车间、水塔和蒸汽机车车头作为工厂纪念标志物和博物馆，并将这一组遗产作为以该厂区为基础而改建开发的居住区的中心绿地的组成元素，很有历史文化意义。国内也有将原工厂改为主题公园或文化创意园的成功实例，使这些工业用地改变功能，为城市社会、经济、文化发展提供空间场所。著名的沈阳铁西区，在一些老工厂拆迁并转，退二进三后，整体改建为近代制造业文化博物馆系列。

在国内外现代城市设计已经将保护、利用工业遗产列为重要的设计项目。

采访后记　以设计暖民心

贯彻科学发展观，遵循人性化设计，通过城市设计，达到方便市民生活、适居的目的，这是郭恩章教授反复强调的观点。

随着经济的发展，许多城市都在对城市中的背街小巷进行改造，有的干脆直接将原有的建筑拆除，以修建新的水泥高楼作替代；而有的则是在改造时将原居民迁出，留下一座改造一新的空城。对此，郭恩章教授明确说不："人为地将拥有百年历史的老街、旧居拆除，或是在改造时将居民都迁出的旧城改造实际是在损毁自己城市的文脉。"他认为，旧城改造应注重对城市文化的保护，改造好的古建筑也应有人居住，让这些古建筑拥有人情味。

不少城市追求大广场，一些城市广场设计普遍存在功能和形式单一的问题，重装饰轻功能，尺度大却空洞无物。郭恩章教授建议，广场应适应不同群体对公共活动场所的要求，力求体现观赏性、休闲性和文化性，增强"凝聚力"和"场所感"。他认为，广场是市民的广场，其设计应一改单纯强调宏伟、庄严、英雄主义式的布局形式，重点发展为人所实用、为人所体验的人性空间，以近人的尺度、亲切而有人情味的环境，保障各类使用者群体都能自由平等地享受广场生活。为此，要完善配置多种服务设施，如公厕、座椅、遮阳棚、无障碍通道等，从细微处体现对人的关怀。

以设计暖民心，城市设计的成果应首先惠及市民大众。这是郭恩章教授带给我们的至深体会，也是他始终践行的城市设计观。

规划师在影响决策上，大有可为，只要我们抱着一颗开放的、赤诚的心。

陈晓丽 1946.7～

籍贯四川旺苍。先后在广州市规划局、国家城建总局、城乡建设环境保护部、建设部、中国风景园林学会工作，曾任建设部规划司司长、总规划师，全国城雕委常务副主任委员，中国城市规划学会第二届理事会副理事长，推动我国建立城市规划执业制度，并任全国城市规划执业制度管理委员会主任，同济大学兼职教授、博导。现任中国风景园林学会理事长。

曾参与《城乡规划法（2008版）》的起草工作，主编《社会主义市场经济条件下城市规划工作框架研究》，著有《城市规划与城市发展问题》、《加快和深化城市规划体制改革的基本构想》、《WTO与中国的城市规划》等学术论文。

在城市规划领域工作数十年，并曾担任建设部总规划师多年，对地方情况及中央决策均了然于胸，陈晓丽说，她经常引用一句话：规划师是什么？规划师就是在错综复杂的机制和体制里面做事的人。在城市发展的关键时刻，规划师要影响决策，坚守理想。

美国之行带来震撼：规划以法律为支持

我们编制以技术方案为主的规划，并以行政手段来管理；而美国的规划是以法律来支持，在介绍规划之前，他们首先会讲到国体、政体以及法律框架。

采访者　您在城市规划管理岗位工作几十年。回顾历史，我国的城市规划体制经历了怎样的发展变化过程？

陈晓丽　新中国成立以后，我们改变了原来的规划体制，以学习苏联经验为主，这种情况一直持续到改革开放。客观地说，那时的规划体制非常符合当时我们国家的国体、政体，规划为当时的国家建设和城市发展发挥了很好的作用，因此被业界认为是新中国规划工作的"第一个春天"。

改革开放以后，特别是从20世纪80年代初开始，有些体制就不太适应了，需要改革。1980年我第一次去美国，发现美国规划部门的工作方式和我们完全不一样。我们编制以技术方案为主的规划，并以行政手段来管理；可人家的规划是以法律来支持，在介绍规划之前，他们首先会讲到国体、政体以及法律框架。

当时，这一点带给我很大的震撼，回来后写考察报告，谈的第一点就是体制问题。

采访者　进入市场经济以后，经济快速发展，给城市规划提出了许多新问题。

陈晓丽　当时有人就说：规划是计划经济的产物，现在搞市场经济，规划可以取消了。在20世纪70年代末、80年代初的时候，这个观点居然还挺热。

采访者　恰恰相反，在市场经济条件下，城市规划不能取消，必须加强。

陈晓丽　　是啊，很快事实就证实市场经济更不可能没有规划。规划不是计划，规划是在未知情况下进行研究预测，要设想未来发展可能出现的各种不同的情况，做好准备，分期分步实施，并且视情况改变及时做出调整。我们必须做若干个方案，而且一定要做远景，各种情况都要研究。这是计划吗？显然不是。

适应市场经济需要，城市规划必须走改革之路

> 城市规划是政府职能，在体制之内。我们只有适应体制，而不可能体制适应我们。国家经济社会制度发生了变化，如果城市规划还像原来一样，就不能适应了。

采访者　　为了适应经济环境的变化，政府体制也在改革。而城市规划，也必须随之改革？

陈晓丽　　城市规划是政府职能，在体制之内。我们只有适应体制，而不可能体制适应我们。国家经济社会制度发生了变化，如果城市规划还像原来一样，就不能适应了。随着国家政治体制、经济体制改革的不断推进和深化，我们的规划体制也必须改革，这是一个毋庸置疑的事实。

　　比如国家政治体制改革，提出建设有中国特色的社会主义民主与法治，我们的城市规划也得与之相适应，不能仅仅依靠行政，而是更多地运用法律手段，更广泛地听取各方面的意见，包括老百姓的意见。所以，城市规划也有了代表面较广泛的规划委员会，也有听证会了。

采访者　　城市规划必须走改革之路。

陈晓丽　　面对新的形势我们必须改变。往哪个方向改呢？只能根据大的政治体制改革的方向，不可能逆时代潮流。先研究国家的政治体制改革的方向，改革的方向是依法治国、民主政治，那么，我们城市规划工作肯定也得往这个方向走，而要走民主政治，就必须有科学决策、民主决策的程序，还要有公众参与。

　　我经常引用英国规划师手册里的一句话，城市规划师是什么？规划师就是在错综复杂的机制和体制里面做事的人，要能够发现问题，分析问题，解决问题。

采访者　规划师承担着重要的协调职能，要做很多事情。

陈晓丽　对。在这个领域做事，本身它就是体制的一部分，它是政府行为。政府的职权变化，你的规划职权就变化；政府行事的方法改变，你行事的方法也必须改变。

　　规划和纯自然、纯学术的东西不同，它涉及相当多的社会问题，涉及相当多的利益调整。既要考虑当事人的需求和利益，又要考虑相关人和公众的需求和利益，以求尽量达到整体的较好综合效益。因此，协调就成为规划工作中的重要职能和工作方法。

推进规划体制改革，法制必须加强

当城市规划没有上升到法律层面的时候，朝令夕改很正常。

有一些地方政府，对城市发展的规律并不了解，只是拍脑袋、想当然，随意调整规划。

采访者　您很早就提出规划体制一定要改？

陈晓丽　城市规划以法律为支持，更多的用法律的手段、形成法律的成果，就会杜绝找领导批条子、讨价还价。

　　当城市规划没有上升到法律层面的时候，谁都可以去改它，行政决定也可以更改，朝令夕改很正常。我们原来的城市规划成果主要是技术成果，用行政审批的手段："哎呀张局长，我们好不容易弄到这块地，你就让我们盖高一点吧？""原来这儿是做学校的，能不能让学校换个地方啊？"

　　美国的法律法规比较健全，不用讨价还价，也无法讨价还价，如果想改必须启动修改的法律程序，随意修改规划的问题就得到了较好的解决。

采访者　这样也会减少规划部门的压力，依法办事就行了。

陈晓丽　我们有一些地方政府，对城市发展的规律并不了解，只是拍脑袋、想当然，随意调整规划。规划局长压力很大，常常手上有很多条子。给你举个极端的例子：20世纪90年代初，有个规划局长告诉我，他手里曾经有过几百个市领导的批条。

采访者　我们可以借鉴美国经验。

陈晓丽　1980年从美国考察回来后，我认为将来我们肯定要建立和完善城市规划的法规体系，实行依法进行规划管理。而制定分区管制法规就是一个很有效的做法。为此，我们1985年组织成立了一个课题组，进行专门研究。这个课题由上海承担，1990年结题。周干峙副部长给予了很高的评价，认为是一个非常有创意的课题，填补了我国从总体规划到具体用地管理之间的空白。虽然后来未能完全照此进行，但上海在此基础上通过市人大出台了上海规划管理技术规定，这是我国第一个地方规划管理方面十分具体的法规。

改革开放几十年了，这么好的东西我们就是实行不了。从1985年立题到现在，我们国家仍然没有实行分区管制。

采访者　当前我们普遍实行的控制性详细规划和分区管制有什么本质上的区别呢？

陈晓丽　控制性详细规划实际上还是一种技术方案。

我比较反对"控制性详细规划"这个用法。规划本身就是控制性的，有不控制性的规划吗？

同时它不符合国际惯例，难以与国际接轨。全世界100多个国家和地区实行了土地使用分区管制等法律法规，它是法律，不是技术方案。你抓法规就抓住了主干，抓控制性详细规划就好比抓了个枝叶，它本质上还是技术方案。

规划体制改革：仍需继续深化

国家规划体制仍然有不断改进的余地。

我们还在不断深化改革的过程当中，规划体制改革并没有完成，也应该继续深化下去。

采访者　从分区管制看，理想到现实，有时是一个漫长的过程。

陈晓丽　　有些事情不是自己想得到就能做得到，社会的改革与发展是逐步推进的过程。

　　我们国家的规划体制仍然有不断改进的余地。中国正处在不断深化改革的过程中，国家的政治、经济体制改革还在不断深化完善，规划要适应、衔接，不能独自游离在外。规划体制大的框架已经有了，但适应社会主义市场经济，还需要不断调整完善。

采访者　　实践证明，城市规划不是技术问题，它必须研究体制，以体制改革为背景。

陈晓丽　　在大的社会变革当中，搞规划的人如果对体制没有兴趣，不研究体制问题，就可能找不准自己的定位，用不对方法。

　　在不断前进当中，十全十美的东西是没有的，前进的时候，可能一时认识不太一致，会有这样那样的事。但是放心，它还会往前走的，我对咱们的体制改革也充满信心。

理念、技术、手段：都要改进

　　新技术应用给我们带来了无限空间。我们在规划技术手段上有了很大提高，它反过来也促进了城市规划学科的发展。

采访者　　从可持续发展来讲，探索城市规划的理念和发展，寻求适合中国国情的可持续发展道路，并不完全是体制问题。

陈晓丽　　有体制问题，也有工作手段和内容——技术问题。

　　我们以前做的规划更多的是技术性的，侧重于基础设施、用地平衡，很少去研究决定城市发展的因素。随着20世纪70年代地理界进入规划界，再后来20世纪80年代高新技术进入，城市规划的视域大大拓宽。

　　新技术的应用也给我们带来了无限空间。我们在规划技术手段上有了很大提高，它反过来也促进了城市规划学科的发展，促进规划量化、规范化，把说不清楚的东西说清楚。

采访者　城市规划的新技术应用确实有很多新发展。与此同时，我们如何从社会学层面看规划发展？

陈晓丽　我最深的感受是直观的，改革开放之初，富人区大门紧锁、狼狗巡逻，就像是"华人与狗不得入内"，不是这里的住户就不能进去。而1980年我去美国访问的时候，看到的却是相反的景象：他们的规划原则是要种族融合、族群融合。在高档社区里一定要有普通的房子，不能低于多少比例。由于社会制度和价值观的不同，他们不可能真正解决，实际上也并未解决这些社会问题。但这是规划师应该思考和努力去做的事情，规划要讲社会公平、社会融合，而不能深化隔阂。

在城市规划工作中，社会学领域的相关问题很多，目前仍是薄弱环节。当然，我们已经尽了很大努力，而且还可以取得更大进步。

规划师要超前研究，参与决策

规划师是要自己给自己出题目的，要结合当前发展，给党委和政府出主意，建言献策，在关键时刻提出关键性意见，而不是跟风拍马。

采访者　您认为规划工作还可以在哪些方面取得更大进步？

陈晓丽　现在规划有了很大的进展，但还有一个不足：对政府的决策参谋作用发挥还远不够。

应该讲现在的环境很好，但是规划工作者自身跟上时代的步伐了吗？你有没有超前给市长、书记出主意，去影响决策？我觉得这个事情非常重要，不要等领导决策定下来了再说不行。规划师是要自己给自己出题目的，要结合当前发展，给党委和政府出主意，建言献策，在关键时刻提出关键性意见，而不是跟风拍马。

采访者　您曾经在日照挂职，在影响决策方面有何经验？

陈晓丽　1990年我到日照挂职，担任副市长，主管科技、环保、规划建设。当时日照还是个名不见经传的小城市，地图上找不到。它当时的情况和过去的北海有些相似，都是港口城市，人口规模很小，只有几万人，经济实力也比较差。

我到日照时，当地正准备在城市与大海之间的地方，建一个千万吨级的钢铁厂。我建议不要建钢铁厂，保留海边作为绿地。当时很多人有反对意见。我就去跟书记、市长说，为什么这里不能建钢铁厂，如果这里建了钢铁厂，就把城市和大海阻断了，而且离老县城还不到10公里，会带来环境污染，城市发展将永远成为负数。另外，日照是属于未来的城市，现在最大的优势就是生态环境好、有文化传统，你把生态环境保护好、文化遗产发掘好，完全可以做得更好。全国没有哪一个城市有你这样的海岸和绿带，这样清洁的空气和海水，你可以做别人都没有的，不要急于跟别的城市去拼大工业，否则把自己的优势丢了，以后想找都找不回来。书记、市长接受了我的建议，放弃了这个本来定下的项目。

当时他们还关心"桥头堡"的问题。而我认为，叫不叫"桥头堡"不重要，关键是日照要为未来发展做好什么准备。我建议先把货运铁路双轨争取下来，可以发展旅游、科技，也可以发展文化，以此吸引腹地的工业集群城市，动员他们把办公机构、休假机构放到这儿来。这个建议他们也接受了。

总的来说，我认为经济上不要只是想着到哪里去争取几个大项目。发展经济不等于发展工业，发展工业不等于发展大型重工业。争取大项目是计划经济时期城市发展的唯一动力，但在市场经济条件下，城市的发展不再单纯取决于工业，而是向多元化发展。我们也要转变自己的思维方式、发展理念。日照的气候条件和生态环境都很好，而且南北兼容，如果认死理，坚持走引进重污染大工业的道路，有可能破坏环境、丧失优势。这些建议当时基本都被采纳了。

采访者　事实证明，您当时的提议很有远见，日照的发展优势已经体现出来，良好的生态环境吸引了不少外地人投资买房。

陈晓丽　实际上在日照还有一件事情没做。第一阶段是保护环境，第二阶段是发展文化，提升生态环境文化内涵。现在文化也到了该做的时候了。

在城市发展的关键时刻，如何决策？影响决策的因素有哪些？权重应该如何摆？对这些问题需要深入研究。为什么有很多城市在关键时刻做出了错误的决定？这取决于多种因素，比如领导者的素质，决策程序是否民主，但很重要的一点：职能部门有没有发挥作用？规划人员有没有超前研究？规划局长要想政府所想，急政府所急，超前做好规划研究。

规划师不是决策者，但不等于对政府决策不需要负责。要尽可能以自己的专业知识，超前研究，影响决策，为书记、市长科学决策建言，及时提出能够影响政府决策的咨询意见。规划师在影响决策上大有可为，只要我们抱着一颗开放的、赤诚的心。

规划师一定要有理想，"标准图"是最大的悲哀

有没有根据当地特点做出有针对性、可操作的规划？有的规划图纸，一看就知道是"名牌厂家生产流水线"上下来的，看上去倒是很好看，但是好用吗？能解决当地的问题吗？

采访者　作为规划人员，既要保持学术的理想，也要直面经济社会发展的现实，二者必须紧密结合？

陈晓丽　我很坚持规划设计和规划管理必须合一，世界上还没有一个国家把规划管理变成纯行政部门，都是技术行政部门，任何一个国家的规划管理人员都是很专业的。

另外，规划的创造性和结合现实的可操作性非常重要。很多时候，规划师做规划不动脑子，稍微把底图一换就完了，你研究过吗？有没有根据当地特点做出有针对性、可操作性的规划？有的规划图纸，一看就知道是"名牌厂家生产流水线"上下来的，看上去倒是很好看，但是好用吗？能解决当地的问题吗？

采访者　值得质疑。

陈晓丽　如果把规划当成"标准图"或者是变异的"标准图"，那就是规划最大的悲哀。

规划最主要的特点之一就在于它没有具体标准，是个性的、独特的。当然，我不否认规划的大原则是共性的，但是在具体形态上，它一定是个性化的，有它自己的特色。

采访者　规划设计人员既要抱有理想，又要善动脑筋。

陈晓丽　　很多规划工作人员待遇不高，为了解决自己的生活问题，在浮躁的心理影响下，想方设法多挣钱，这可以理解。但是，在挣钱的同时不能忘记：作为规划师，一定要有理想，有职业道德。否则就成了一个工匠，一个挣钱的机器。

　　当然，有了理想之后，还得脚踏实地，解决人家的实际问题，不然就成了幻想和空想了。规划方案一定要有可操作性，要下功夫研究这个城市的具体问题是什么，急需解决的问题是什么，要怎么去解决。规划没有创意是不行的，你必须敢想，不然就是按部就班，永远不会往前走。

　　规划是做什么的？看看英国规划师的守则：规划师就是发现问题、研究问题，并且提出解决问题方法的人。如果你只考虑画图，画了一大堆很漂亮的图，但没有一个能解决问题，有什么用呢？

采访者　　"纸上画画，墙上挂挂"。

陈晓丽　　希望今后有更多的规划师做出更有创新、更有中国文化内涵的规划设计来，希望每一个城市都各具特色，千万不要再抄来抄去了。

　　我们也希望每一个管理人员都能够在自己的管理工作岗位上做出创意来，随着社会进步，随着法制建设、民主政治建设的步伐，让规划管理更富人性化、更有法律效力，该硬的硬，该软的软，该调整的调整。要以人民为重，多在心里想想老百姓，少想自己的名和利。

采访后记　规划改革　任重道远

　　对原建设部总规划师陈晓丽的采访，期待已久，却也有一点小"波折"，以及有些漫长的等待——她太忙了，虽已不在规划行政管理一线，但全国城市规划执业制度管理委员会主任、中国风景园林学会理事长的现任职务，仍然是两副不算轻松的担子。或因工作劳累而产生的眼疾，也带给她相当的困扰。

　　然而，两次采访、几个小时的侃侃而言，又带给我们太大的震动以及收获。说起我国城市规划管理机制，她如数家珍，清晰的思路，敏锐的思维，让我们深切感受到她对于规划事业的倾情投入，以及灼灼睿智。翻开那本厚厚的大书——陈晓丽主编、2007年8月出版的《社会主义市场经济条件下城市规划工作框架研究》，从中可见，她对于推进城市规划体制改革的认真研究与深入思考。

正如陈晓丽所说，城市规划与社会经济的发展密切相关，规划管理体制必须适应一定阶段的社会经济体制，并随社会经济体制的变化而不断调整、完善自身，其地位才能得到加强，其作用才能得以发挥。

作为重要政府职能的城市规划，在市场经济的新体制下只能加强、不能削弱；城市规划的管理机制必须适应社会主义市场经济新体制的要求，改革之路，势在必行。

我国城市规划管理体制改革，虽逐渐推进并已见成效，但依然是任重道远。

规划师：在错综复杂的体制和机制中坚守理想

文化遗产保护与广大民众的根本利益息息相关，是全社会的共同责任，是全体民众的共同事业。

单霁翔 1954.7~

北京市生人，祖籍江苏江宁。1971年1月参加工作，曾任北京市城市规划管理局副局长，北京市文物局党组书记、局长，中共北京市房山区区委书记，北京市规划委员会（首都规划建设委员会办公室）党组书记、主任。2002年任文化部党组成员，国家文物局局长、党组书记。2003年考入清华大学建筑学院城市规划与设计专业攻读博士学位，师从两院院士吴良镛教授，2008年获工学博士学位。2012年任故宫博物院院长，中国文物学会会长。第十届、第十一届、第十二届全国政协委员。北京大学、清华大学等高等院校兼职教授、博士生导师。2005年获美国规划协会"规划事业杰出人物奖"，2014年获国际文物修护学会"福布斯奖"。

多年来，单霁翔先生积极倡导、推动并实施在城市化加速进程条件下的各项文化遗产保护工作，推动乡土建筑、文化景观、文化线路、工业遗产等文化遗产保护新领域的研究和实践。

文化遗产保护与广大民众的根本利益息息相关，是全社会的共同责任，是全体民众的共同事业。只有全体民众都积极投入以文化遗产事业，维护和实现自身的文化权益，才能变"少数的抗争"为"共同的努力"，文化遗产保护才能取得真正的成效。

　　2009年10月，我们采访时任国家文物局局长的单霁翔先生，他强调了这样的观点。

历史文化遗产保护存在三大问题

虽然近年来通过各级政府和社会各界的不断努力，我们在文化遗产保护方面取得了一定成绩，但仍然存在一些问题。

采访者　　20世纪50年代以来，城市化进程在世界范围内明显加快，文化遗产保护与城乡建设发展之间日益突出的矛盾成为各国不得不面对的问题。您认为新形势下我国文化遗产保护仍然存在的主要问题是什么？

单霁翔　　改革开放以来，我国用30多年的时间就完成了西方经历了二三百年时间才完成的现代城市格局，在实现经济快速发展、人民生活明显改善的同时，也带来了住房、交通、环境、社会问题等城市发展难题。特别是城市化进程中大规模的"旧城改造"运动，大幅度地改变了众多历史性城市的原有面貌，在一定程度上导致城市发展功能趋同，城市文化特色出现危机。

　　虽然近年来通过各级政府和社会各界的不断努力，我们在文化遗产保护方面取得了一定成绩，但仍然存在一些问题，主要表现在：

　　第一，城市规划编制思路亟须改进。在城市化迅猛发展的浪潮中，很多城市的总体规划往往沿用单一中心的规划布局和传统的城市扩张模式，使城市中心区功能过分聚集，城区的扩展出现"摊大饼"趋势。穿城式交通道路的建设，破坏了旧城空间形态及街巷肌理。

　　第二，城市特色危机严重，"千城一面"的问题突出。不少城市规划设计手法抄袭趋同，追求大体量的建筑物、大规模的建筑群，导致城市面貌千篇一律，一些独具特色的历史性城市和历史文化街区被单调的新建筑群所淹没。一些建筑设计过分强调追求形式上的独特和怪异，与原有的整体环境极不协调，民族传统、地方特色逐渐失落。

第三，"旧城改造"引发"建设性破坏"。一些城市为了追求经济效益最大化，对旧城区古建筑大拆大建，使文化遗产及其环境遭到破坏。一些城市的发展仅仅注重经济功能而忽略其中应有的文化质量，仅仅注重物质结构而忽视文化生态和人文精神，将旧城中的居民全部迁出，把民居改为旅游和娱乐场所，使历史文化街区失去了传统的生活方式和习俗，也失去了文化遗产原真性。

城市文化遗产保护的成败关键在于决策

各地方政府领导要本着对历史、对城市、对人民负责的态度，组织开展对所在城市发展的历史和现状的分析和调查，明确城市未来发展的定位，合理设计城市传统历史区域和新兴现代区域，制定符合科学发展的城市发展规划和文化遗产保护规划。

采访者　您个人有在规划部门和文化遗产部门工作的双重经历。对在快速城市化进程中如何保护好文化遗产，您有何建议？

单霁翔　城市文化遗产保护的成败关键在于决策。作为城市发展和规划建设的决策者，各地方政府领导要本着对历史、对城市、对人民负责的态度，组织开展对所在城市发展的历史和现状的分析和调查，明确城市未来发展的定位，合理设计城市传统历史区域和新兴现代区域，制定符合科学发展的城市发展规划和文化遗产保护规划，在文化遗产得到有效保护的前提下，通过合理利用，使文化遗产为城市发展服务，为人民群众服务。具体而言，应注意以下几个方面：

第一，探索地区整体协调发展战略布局，明确城市功能定位。要通过实施区域规划，确保城市在功能定位方面作出战略性调整与部署，那些有深厚文化地域和丰富文化遗存的城市应及时由经济中心、工业中心向文化中心转变，注重保持和发扬城市特色。要通过深入研究城市的历史、文化、人文、自然和地理资源，准确提炼该城市应当突出的文化精华和其他城市不能替代的文化特征。将城市文化内涵注入城市品牌之中，形成城市文化上的品牌优势。要高度重视城市化的发展带来文化的趋同问题，重视城市文化的历史渊源和区域文化的差异，重视文化多样性的保护。

第二，采取积极有效的措施保护城市文化遗产，将文化遗产保护纳入城市规划。历史文化名城要在整体保护旧城的同时积极发展新区，要对旧城内的传统建筑加强日常修缮，对基础设施和生活条件加以改善，要动员社会资金，以自助方式进行小规模整治与改造；在重要文化遗产周围设立保护范围及缓冲区，严格控制建筑高度，并制定控高规划以保护原有城市空间形态，维护城市景观的完整性；旧城改造与道路建设中要尊重城市原有路网格局，保存好代表某一时期、有历史价值的传统街巷肌理，避免形成超大规模的街坊；在规划上要防止城市快速路穿越，避免破坏原有的路网格局；严格控制旧城内机动车数量的增长，大力发展公共交通，以形成对旧城未来交通格局的有力支撑；加强城市考古研究工作，为城市规划建设提供有效参考。

第三，在扩大文化遗产保护领域的同时，重视保护与利用的结合，使文化遗产保护成果惠及民众。在现代信息社会，文化遗产地不应将自己封闭起来，孤立于社会之外，而要让其历史气息、文化氛围为人们带来愉快、熏陶和启迪。在实施重大文物保护和考古发掘中要重视保护与利用的结合，深入挖掘文化遗产潜在的文化内涵、社会价值和对城市发展的积极意义，使文化遗产融入人类现代生活，发挥更大作用。要提升文化遗产保护事业的社会公共形象，实施文化遗产保护的全民动员。要加大宣传力度，拓展社会参与文物保护的渠道，充分发挥民众和社会组织的积极作用，形成全社会关心、爱护并参与文化遗产保护的氛围，完善文化遗产的社会监督机制。

变"少数抗争"为"共同努力"

文化遗产保护事业是全民共同的事业，文化遗产保护不能仅靠有限的专家力量去完成。

只有全体民众都积极投入到文化遗产事业，变"少数的抗争"为"共同的努力"，文化遗产保护才能取得真正的成效。

采访者　　很多老专家一直活跃在文化遗产保护一线。2009年文化遗产日期间，国家文物局对长期从事文化遗产事业的老专家进行了表彰。保护文化遗产，专家如何作为？

单霁翔　　新中国成立以来，我国文化遗产事业成就的取得与一批艰苦创业、恪尽职守、无私奉献的老专家、老同志的努力密不可分。他们有的长年面朝黄土背朝天，辛勤工作在田野考古一线，有的几十年如一日，默默无闻地耕耘于文物保护工作一线，有的不顾个人得失与安危为文化遗产保护奔走呼号。在2009年文化遗产日前夕，为表彰老一辈文物、博物馆工作者的杰出贡献，激励全国文物系统广大干部职工承前启后、开拓进取、建功立业，文化部、国家文物局为21名老专家、老同志授予"中国文物、博物馆事业杰出人物"荣誉称号。

　　近年来，他们中的很多人，在设立文化遗产日、北京四合院保护、南京古城墙保护、福州三坊七巷保护等过程中发挥了无可替代的作用。我们为他们这种执着的精神所感动，也欢迎并支持他们继续为中国文物、博物馆事业的发展续写光彩篇章。同时，我们也应该认识到，文化遗产保护事业是全民共同的事业，文化遗产保护不能仅靠有限的专家力量去完成。我们要在加强法制建设的同时，加强文化遗产保护宣传，强化政府行政责任，加强社会资源动员，使文化遗产保护行动，尤其是涉及旧城改造等危急关头的文化遗产保护行动，不仅仅是老专家们和文物工作者孤军奋战的行为，而是成为各级政府，特别是广大人民群众的自觉行为。

采访者　　您刚才提到文化遗产保护需要加强法制建设，请问国家文物局近年来在文化遗产法制建设方面取得了哪些成就，下一步还需要做哪些工作？

单霁翔　　法制建设是我国文化遗产保护的重要基础性工作。新中国成立以来，特别是改革开放以来，党中央、国务院高度重视文化遗产保护法制建设，根据文化遗产保护工作的实际需要，颁布施行了一系列法律法规及规范性文件，其中《文物保护法》至今仍是我国文化领域唯一的一部法律，奠定了我国文化遗产保护的法律基础。30年来，国务院先后颁布了《水下文物保护管理条例》、《文物保护法实施条例》、《长城保护条例》和《历史文化名城名镇名村保护条例》等。同时，各省、自治区、直辖市的人大和政府结合当地实际，制定了大量文物保护地方性法规。目前，我国已经颁布施行涉及文物保护的法律法规、部门规章和规范性文件超过

400件，文物保护法律法规体系已初步形成。

同时我们也注意到，随着保护理念的不断深入和文化遗产内涵的不断扩展，相对于文化遗产事业的发展要求，现有的法律体系尚不完善，专项法规、技术规范、管理制度缺失较多。必须针对新的文化遗产类型制定专项法规；必须开展技术标准研究，推动技术应用和规范管理，逐步建立行业质量认证和准入制度；要认真借鉴国际文化遗产保护的先进经验，进一步推动我国文化遗产保护法律框架体系的完善。当前，我们正抓紧制定《博物馆条例》、《大运河保护条例》、《世界文化遗产管理条例》、《文物认定管理办法》、《考古遗址公园保护管理办法》，修订了《水下文物保护管理条例》，以推动文化遗产保护。

采访者　目前，一些文化遗产保护的民间组织力量越来越大，您个人如何看待这种现象？您认为谁应该成为文化遗产保护的主导力量？

单霁翔　文化遗产保护作为公益事业，植根于特定的人文和自然环境，与当地居民有着天然的历史、文化和情感联系。人民群众是推进文化遗产保护工作的源头和动力，文化遗产保护与广大民众的根本利益息息相关，是全社会的共同责任，是全体民众的共同事业。我们必须尊重社会公众对文化遗产的知情权、参与权、监督权和受益权，使文化遗产融入生活、融入社会发展，推动事业不断前进。

文化遗产保护既要坚持以政府为主导，明确各级政府和有关部门的重要职责，又要广泛动员全体民众，使其真正成为全社会关心、支持和参与的公共事业。要充分利用"文化遗产日"、博物馆免费开放等平台积极取得广大民众，特别是当地居民的理解和参与，让更多人接近文化遗产并从文化遗产保护中受益。

同时，在文化遗产保护工作中，要贯彻信息公开、科学决策的原则，努力通过媒体，使广大民众参与进来，通过理性的意见表达，在尊重民意的基础上形成决策。让社会各种力量通过公众舆论的动员，成为文化遗产事业的重要帮手和监督员。只有全体民众都积极投入到文化遗产事业，维护和实现自身的文化权益，才能变"少数的抗争"为"共同的努力"，文化遗产保护才能取得真正的成效。

让公众认识文化遗产离我们并不遥远

我国现在是城镇化加速发展时期，很长时间内大规模建设都不会停止，文化遗产受到威胁的状况还可能继续发展。时任国家文物局局长的单霁翔在接受采访时坦言：这个时候把有价值的文化遗产明确地告诉社会，是我们的责任。

"我们现在很重视一个理念——要让更多的人从文化遗产保护中受益，文化遗产不能成为城市的包袱。"单霁翔说："这样才能使更多决策者认识到文化遗产是城市发展的动力、资源和宝贵财富；使公众认识文化遗产离我们并不遥远。保护它们不仅是政府的事。"

为此，他多次呼吁：文化遗产保护既要坚持以政府为主导，明确各级政府和有关部门的重要职责，又要广泛动员全体民众，使其真正成为全社会关心、支持和参与的公共事业。

我认为深圳的城市规划是成功的，而其成功，就在于它能够适应社会经济发展变化的需要。

郁万均 1939.12～

1963年8月参加规划工作，曾在深圳市规划国土局任副主任、副处长、处长、总规划师，深圳市城市规划学会会长。现任中国城市规划学会资深会员，深圳市规划局顾问。

郁万均先生长期从事林区规划设计、工矿区规划及城镇规划与设计工作，曾参与华东、中南、西南等国家主要林区的规划工作，并参加过攀枝花、昆明、开封等地市的城镇规划工作。长期参加并主持深圳市历次总体规划、分区规划、详细规划与城市设计、管理工作。

深圳的发展是一个"神话"：数十年间，它由一块名不见经传的边陲小镇，迅速发展成为经济综合实力仅次于上海、北京、广州的大城市。那么，在这一过程中，规划又发生了怎样的变革？中国城市规划学会资深会员、深圳市规划局顾问郁万均先生接受了我们的采访。

群策群力"一夜城"

从总体上来说，我认为深圳的城市规划是成功的，而其成功，就在于它能够适应社会经济发展变化的需要。

采访者 从20世纪80年代至今，深圳的飞速发展简直就是一个奇迹，有人称之为"一夜城"。在这些年里，您亲身参与了深圳的城市规划工作，亲历了这个沧桑巨变。那么，您是如何看待这种现象的？如何评论深圳的城市规划工作？

郁万均 1979年深圳的GDP只有1.96亿元，工业总产值只有6000多万元；而到了2008年，深圳的GDP已经达到7807亿元，工业总产值达到902亿元。从经济上来说，这是数千倍、上万倍的增长。

再看看人口、面积，1979年深圳县城面积不到3平方公里、人口不足3万。而到2006年，全市建成区面积713平方公里，常住人口846万。

可以说，在短短的时间里，深圳发生了飞速的发展。国内外很多人士都认为，这是一个"奇迹"，是"神话"。从世界城建史来说，也是史无前例的，在这么短的时间里，就从过去落后的边陲小镇建设成为初步现代化的特大城市。

作为深圳的城市规划建设者，我们也不是"上帝"，不能先知先觉，也是在不断的发展变化中不断地调整，调整规划以适应深圳的社会经济发展需要。从总体上来说，我认为深圳的城市规划是成功的，而其成功，就在于它能够适应社会经济发展变化的需要。

1999年，国际建筑师协会第二十届北京大会将阿伯克隆比荣誉提名奖授予深圳市，以表彰这座城市通过规划促进城市建设所取得的辉煌成就，它是四十多年来亚洲获得的第一个规划大奖——这是深圳的骄傲，也是中国城市规划建设的骄傲。

采访者 您能否说一说深圳城市规划是如何编制起来的呢？

　　　1978年，广东省酝酿在宝安、珠海设立出口加工区（后称出口特区），为此，深圳于1979年初撤县建市，市域面积2020平方公里。1980年3月，中央根据小平同志建立将出口特区改称经济特区，揭开了在中国开设经济特区的序幕，深圳城市建设亦孕育最初的躁动。

　　1979年深圳建市之初，人才奇缺，在广东省建委、省规划院的支持帮助下，先编制了一个面积为10.65平方公里的规划，人口规模20万～30万，提出建设以工业为主、工农相结合的边境城市。1980年初，根据形势的要求，又编制了一个面积约60平方公里、人口30万～60万规模的规划。

　　这种"摸着石头过河"的规划，一方面反映了改革开放之初日新月异发展变化的形势，其变化之快无人能料；另一方面也说明深圳城市发展路向不明，特区怎么办、办多大、目标是什么、资金从哪里来，大家心中无数。

　　正当大家疑问重重时，1980年8月，《广东省经济特区条例》正式颁布，中央特区办领导指示，要抓紧做好城市规划。根据特区办和省委要求，深圳进一步修订了特区城市的范围。1981年7月，中央下文进一步明确经济特区应以发展工业为主，兼营商业、农牧业、旅游业、住宅的多功能、综合性经济特区，明确了特区城市的性质，为特区发展指出了前进的方向。

　　《深圳经济特区社会经济发展规划大纲》（1982～2000年）是深圳城市规划的里程碑。这个由市政府组织制定的大纲，明确规定特区的城市性质是综合性经济特区，并进一步明确了深圳城市发展的基本指导思想、城市布局原则、城市发展目标、城市发展规模以及功能分区。大纲的重要意义在于它为特区拟订了全面发展的蓝图，也为以后特区总体规划的编制确定了明确的指导原则和方向，在历经多次规划变动后，使全市人民看到了特区发展的美好前景，是深圳特区城市规划史上的重要里程碑。

　　另外值得一提的是在特区建设初期，市政府曾先后邀请了来自境内外一百多位包括规划、建筑、工程、勘察等方面的专家，进行了多方面的讨论研究和建设论证。1982年春天，深圳规划部门还委托中科院广州地理所对深圳的自然条件、自然资源进行了全面的调查分析，编写了《深圳自然资源与经济开发》、《深圳地貌》等专著，为深圳的规划建设提供了科学依据。

　　特区第一个总体规划大纲奠定了特区城市发展的总框架。1982年末，特区发展规划大纲制定后，特区建设如火如荼。在城市建设飞速发展的形势下，深圳市邀请中国城市规划设计研究院正式编制深圳城市总体规划，自1984年10月到

1986年3月，历时一年半完成，并经广东省政府批准，成为深圳历史上第一个城市总体规划。这个规划除对1982年《规划大纲》所确定的目标、功能布局进行落实外，最大的特点是：构筑了城市发展的框架；因应特区城市急剧发展形势要求，预留弹性发展空间；重视城市交通规划，开展了第一个城市综合交通规划；重视科学技术应用，吸收国内外先进规划理论与经验，并努力结合深圳实际情况，使规划更好地为特区经济社会发展服务。

"规划赶不上变化"

在经济高速发展的条件下，难以对城市的性质、功能、规模、标准作出具有前瞻性的定位。另外，对复杂多样的市场行为缺乏相应的配套法规，也造成了一些管理上的死角和盲区。

采访者　1986版的总体规划，为深圳城市发展奠定了良好的基础。然而，深圳的发展速度太快了。规划能适应迅速发展变化的形势吗？

郁万均　1986年版特区总体规划还在待批时，深圳的社会经济突飞猛进，到1989年底，特区城市人口和国内生产产值双双突破100（万人/亿元），接近或超过总体规划所确定的2000年的规划目标。城市规划是城市建设的蓝图，但是在深圳却出现了相反的局面，刚建设的工业小区就面临要更新，辛辛苦苦做完的规划，就面临要调整。我们把这种现象称为"规划赶不上变化"，也有人嘲笑说："规划、规划，鬼画、鬼画！"

采访者　这种现象是规划的错吗？

郁万均　我们的规划人员虽不能说经验丰富，但大多数都经过严格的专业训练。

在计划经济时代，城市规划的任务是根据国民经济发展计划，全面研究地区经济发展条件，并依据城市的历史和自然条件，确定城市性质、规模及功能布局；但是在市场经济条件下，规划的权威性受到前所未有的严重挑战。在经济高速发展的条件下，难以对城市的性质、功能、规模、标准作出具有前瞻性的定位。另外，对复杂多样的市场行为缺乏相应的配套法规，也造成了一些管理上的死角和盲区。

探索规划改革之路

深圳正经历着新的经济发展转型期，从"速度深圳"向"和谐深圳、效益深圳"转变。深圳的城市规划只有进一步深化改革，才能找到一条在资源紧缺条件下发展经济、发展城市的路子。

采访者　深圳不但创造经济发展的"神话"，也是改革的"试验田"。面对这种情况，深圳规划发生了怎样的变革？

郁万均　为了探索市场经济条件下城市规划改革的路子，深圳规划部门早在1986年就组织了对香港的规划考察，了解在市场经济条件下，香港规划管理的机制及规划编制的办法。随后，又于1987年和1989年委托中规院深圳咨询中心分别研究编写了《深圳城市规划标准与准则》和《深圳城市发展策略》。

这种规划改革的尝试，为城市规划建设提供了一些积极的帮助。但是，市场经济条件下的城市规划面临的主要问题仍然严重存在。

1992年小平南方谈话发表，在全国全方位开放的新形势下，中央批准撤销宝安县，改设宝龙、龙岗两个市辖区，深圳市的社会经济和城市化加速发展，急需修编城市总体规划。1993年6月到1996年末，历时三年半，由深圳市城市规划院编写了1996年版的深圳城市总体规划。1998年，深圳市人大立法通过了《深圳市城市规划条例》，概括和总结了深圳城市规划管理体制改革的主要经验和做法。

采访者　主要有哪些经验和做法呢？

郁万均　主要有七条：

一是突出规划的法制化管理，从法律的角度确定了规划的龙头地位，确定了规划与土地的关系；

二是由市政府成立"城市规划委员会"，作为市政府城市规划的决策机构；

三是确定以"法定图则"为核心的三层次、五阶段的规划编制体系，加强总规的前期研究，提高其在城市规划中的指导地位；

四是突出城市规划与社会经济发展规划（计划）以及其他部门编制的专项规划的关系，确立了城市规划在城市建设中的综合职能地位；

五是突出以人为本和规划的民主性原则，公众参与规划和规划为公众利益服务是深圳规划条件的核心思想之一；

六是突出建立城市设计制度并贯穿于城市规划的全过程；

七是规定了对绿化用地、公共设施用地、农业保护地、水源保护地、海岸及旅游用地、发展备用地进行立法保护。

采访者　您对于当前深圳的城市规划有何期望？

郁万均　深圳正经历着新的经济发展转型期，从"速度深圳"向"和谐深圳、效益深圳"转变，要发展绿色经济、循环经济，创新经济发展理念和方法，以解决土地、人口、资源、环境"四大瓶颈"对深圳发展的制约。深圳的城市规划只有进一步深化改革，才能找到一条在资源紧缺条件下发展经济、发展城市的路子。

采访后记　改革创新深圳魂

说起深圳城市规划的昨天、今天，郁万均先生娓娓道来、如数家珍；提及明天，他满怀信心。

改革创新是深圳的根，深圳的魂。郁万均说：规划改革任重道远，改革的步伐仍在继续，随着全国经济体制改革和行政体制改革的深入发展，规划改革将会逐步发展完善，改革之路必将延续，深圳也必将在改革创新的大道上焕发出世纪的光彩。

你喜欢高楼大厦没关系，但是不能因此而否认其他建筑的文化价值。

朱嘉广 1945.11~

毕业于清华大学，教授级高级工程师、注册规划师、一级注册建筑师。曾任北京市规划委员会（首都规划委员会办公室）总规划师、党组副书记，北京市城市规划设计研究院院长，第三、四届中国城市规划学会副理事长，北京市城市规划设计研究院顾问总工。

朱嘉广先生多年从事北京总体规划、居住区规划、历史文化名城保护规划等方面的研究和规划设计，主编了《潜心细绘京城蓝图》、《历史文化名城北京》、《北京地下空间》等著作，出版了"城市住宅的防卫安全问题"、"旧城保护与危改的方法"、"北京城市交通发展战略研究"等学术论文。

新中国成立以来，北京这座千年古城的变迁充满了是是非非。时至今日，有关保护与发展的争议依然没有停止。中国城市规划学会副理事长朱嘉广在接受记者采访时提出：要科学、客观地看待历史文化遗产保护的价值，在实施机制中充分发挥政府的主导作用。

科学、客观认识历史文化遗产的价值

你喜欢洋的，他喜欢土的，这都没有关系，但是对于历史文化遗产，要慎重对待，不能从个人喜好出发，说拆就拆。

采访者　您在北京从事规划设计和管理工作多年，并发表过不少关于旧城保护方面的论文。您能否系统回顾总结一下新中国成立以来北京旧城保护走过的主要历程？有何重要的经验教训？

朱嘉广　新中国成立之初，与历史文化遗产保护有关的、最著名的有两件事：第一件事是解放军在和平解放北平之前，专门派人到清华大学去听取梁思成先生的意见，这说明了我们党和政府对保护历史文化遗产的态度。第二件事就是"梁陈方案"，关于北京行政中心选址的问题。

采访者　至今"梁陈方案"仍常被人提起。

朱嘉广　从一定意义上说，"梁陈方案"反映了梁思成先生他们这一辈知识分子的远见卓识。虽然就当时的条件看，可能有些不太切合实际的想法，由于种种原因也没有被采纳，但我觉得它最可贵的一点在于：对这座古城的历史价值、文化价值有一个很清醒、很科学的认识。

采访者　在当今市场经济发展的时候，我们也可能有各种利益的考虑，但是不能否认对历史文化遗产价值的认识。

朱嘉广　是的。包括在城镇建设中，可能你喜欢这种建筑，不喜欢那种建筑，但它们的价值不是以你的主观喜好来决定的，你喜欢高楼大厦没关系，但是不能因此而否认其他建筑的文化价值。你喜欢洋的，他喜欢土的，这都没有关系，但是对于历史文化遗产，要慎重对待，不能从个人喜好出发，说拆就拆。

我觉得，自新中国成立特别是改革开放以来，我国历史文化遗产保护的框架体系已经有了很大发展。以北京市的几轮总体规划修编为例，改革开放以后北京市第一次修编城市总体规划是在1982年，当时对北京城市性质的说法是：伟大社会主义祖国的首都，是全国的政治中心和文化中心，各项事业的建设和发展都要适应和服从这样一个城市性质的要求。虽然也提到了历史名城保护，但并没有专门的章节，而是包含在旧城改造的章节里面。

采访者　包含在"旧城改造"里面的历史文化遗产保护，给我们带来了一些遗憾。

朱嘉广　是的。那时候对于历史文化遗产保护虽然也很重视，但没有抓住真正实质性的问题，或者不那么明确。因此，出现了一些推倒老建筑、盖仿古建筑的现象，也就不奇怪了。

那时候刚刚改革开放，老百姓的住房条件相对较差，市政基础设施水平也差。北京提出的是旧城改造开发带危改的方针，同时与基础设施改造相结合，与古城保护和风貌保护相结合。那时候基本的做法是把原来的房子都拆掉，再另建新的。

到了20世纪90年代，总体规划中对北京城市性质的定义就不一样了：伟大社会主义中国的首都，全国的政治中心、文化中心，世界著名的古都和现代化国际城市。并且有专门的章节谈历史文化名城保护，明确了历史文化名城保护的各项要素。而且在20世纪90年代末，还专门编制了《北京历史文化名城保护规划》。文化遗产保护的层次也很清楚，从文物历史建筑到历史文化保护街区，一直到古城格局，到整个市域的历史文化遗产，有了比较明确的认识和具体的保护要求。

采访者　20世纪90年代末的时候，北京的旧城已经被破坏了不少。

朱嘉广　虽然是"亡羊补牢"，但还不算太晚。假如不划保护区，可能连剩下的这些也没有了。市场的力量、资本的力量实在是太大。

20世纪90年代的时候，有很多讨论，很多探索，很多实践，暴露了很多问题。

采访者　　2004年版的北京市城市总体规划，对于历史文化名城保护也可以说是大书特书，放到了非常重要的位置。

朱嘉广　　是的。我觉得这是一个很大的进步。新中国成立以来，特别是改革开放以来，我们对于历史文化遗产保护的认识是逐步深化的，而且保护的框架体系取得了很大发展。

　　我们看到名城保护的思路趋于系统、完整，但在保护的实践中还是出现了不少问题。大家知道，与一般的建设活动不同，历史建筑一旦被损毁，不管是出于何种原因或动机，都是难以挽回的，都会造成永久的遗憾。

　　我自己也认真地思考了其中的缘由：虽然近年来我们对古城的价值有了更进一步的认识，但我们的保护方法仍不够全面、科学，特别是在保护工作的实施机制中存在很大问题。遗产保护工作可以说是一个典型的"规划命题"。单纯依靠"技术性"的手段是远远不够的，它实际上是一个"文化、社会、经济、民生"纠合在一起的"复杂性"的问题。必须用综合的方法去解决，这也是从实践中得出的认识。

　　在新版总体规划中，主要的突破除了在保护对象方面充实了近现代建筑保护的内容，更重要的是在保护体系中完整详细地提出了以政府为主导的名城保护的实施机制，内容包括了管理机构、经费保障、专家论证制度、公众参与、产权制度改革等诸多方面。

不要忽视近现代代表性建筑的价值

对于近现代文化遗产，我们要有客观、清醒的认识，不然一不注意又拆了。我们要保护各个历史时期有代表性的建筑。

采访者　　一方面，保护的框架体系取得了很大发展，另一方面，对于究竟要保护什么的认识，也是在逐步深化吧？

朱嘉广　　文化遗产，不光是古代的，也有近现代的。从21世纪开始，北京市又加强了近现代的文化遗产保护。一个最有名的例子就是北京的798艺术区。

　　798艺术区所在的地方，是新中国"一五"期间建设的"北京华北无线电联合器材厂"，全国156项重点工程之一。从20世纪90年代末开始，随着产业的转型，来自北京周边和北京以外的艺术家开始集聚798厂，他们充分利用原有厂房，稍作装修和修饰，一变而成为富有特色的艺术展示和创作空间，这就是798艺术区。而当时该厂区本来是准备彻底出让改造、搞高科技产业的，但阴差阳错，形成了一个重要的文化产业聚集地。当时对798有一些争议，但最终还是幸运地被保留下来。

采访者　　798艺术区的形成与发展，可以说是一个自下而上的过程，它促进了对一些优秀近现代建筑的保护。

朱嘉广　　所以，很多事情不是谁一拍脑袋先知先觉的，实际上我们已经碰到这个事儿了，那怎么办？由此我们想到应该搞一个法定的保护名录，对一些没有列入文保单位的、较有代表性的近现代建筑加以保护。

　　　　我们以往会忽视对近现代建筑的保护。实际上，不光古代的文化遗产重要，近现代的同样重要。自鸦片战争以来，北京城发生过多少重要的历史事件，发生了多么天翻地覆的变化？对于一些重要的历史见证，当然应该好好地保护了。

　　　　城市是什么呢？城市实际上就是一本打开的历史书，如果保护好了，我们的后人就可以读懂这本历史书，如果保护不好，那也就无从认识历史了。我觉得首先还是个认识问题。

　　　　对于近现代文化遗产，我们要有客观、清醒的认识，不然一不注意又拆了。我们要保护各个历史时期有代表性的建筑。

采访者　　有代表性的，未必就是优秀的。

朱嘉广　　对，我最怕的就是说你说它优秀就优秀，这不是你说了算的，你喜欢还是不喜欢，那很正常。但是它是不是很重要？只要是有代表性的，它就很重要。CCTV新大楼是不是优秀建筑？当然有很大争议，甚至更多的人很反对、很排斥。但它是不是有代表性的？它是不是给我们带来一些思考和启发？

采访者　　它有这个时代很浓重的烙印，或者说有一个集体记忆在里面。

科学客观看待历史文化遗产保护的价值

朱嘉广　　建筑背后的故事很重要。虽然CCTV新大楼算不算优秀建筑见仁见智，但从它背后的故事看，是非常有代表性的。将来过若干年再看，它也可能被列入近现代保护建筑名录。

在实施机制中充分发挥政府的主导作用

在市场经济的体制下，怎么利用市场的规律，发挥政府的主导作用？要充分认识历史文化遗产保护的价值，同时也要考虑老百姓的利益。

采访者　　回顾几十年的发展，我们对于历史文化遗产的认识确实有了很大提高，也形成了完整的保护体系。但在具体实施中并不尽如人意。特别是从20世纪90年代开始，房地产开发热火朝天，外资引进、急功近利而造成破坏文物建筑以及历史文化名城时有发生。有专家认为：北京胡同、四合院过多消失，主要是旧城改造和开发造成的。对此，您怎么看呢？

朱嘉广　　历史文化遗产保护的实施机制非常重要，不能光是纸上谈兵。我们通常说规划就是"纸上画画、墙上挂挂"，实际上，在历史文化遗产的保护过程中，也同样存在这样的问题。

　　在实际操作中，关键是利益问题，有没有保护老百姓的利益？有没有开发商介入？开发商介入了，对于开发商的利益怎么办？如果不让它介入，你的经费来源又怎么办？这都是很实际的问题。

　　把所有四合院全部列为文物保护名录并不现实，实际操作起来不是那么容易的，但有些没有被列入文保单位的四合院，又确实有一定的典型性。挂牌以后，起码现在不会拆了。到目前为止，北京已经有658个四合院被挂牌保护。

采访者　　这个措施还是有些晚了，不少四合院在挂牌之前已经被拆除了。

朱嘉广　　虽然"亡羊补牢"，但那总比不挂好，不挂可能你连这658个也保不住。后来有些城市还专门来学习北京的这种做法。

　　另外，在"人文奥运"的带动下，北京市政府拿出一部分钱来，大概有10亿元，帮助改善旧平房、四合院，各方面反映都不错。奥运会之后，北京市在这方面继续投入。为什么呢？我觉得是因为从中尝到了"甜头"。

采访者　尝到了什么甜头呢？

朱嘉广　不管是老百姓，还是社会各界，反响非常好。不像在20世纪90年代末前后，政府搞一些项目，一会儿老百姓有意见，一会儿专家也写信反对，费了半天劲，却引发那么大的矛盾，可以说是费力不讨好。可是这一次，各方面反映都不错。

采访者　这次的做法和以往有什么不同呢？

朱嘉广　它没有采取大拆大建的方式，而是在原来的基础上进行改善，既保持了原来的风貌，原居民也可以不动，但生活条件得到了较大改善。

　　我觉得这是一个根本的转变，是历史文化遗产保护机制的转变。在这当中，究竟谁是主导？我认为应该是政府来主导，不要被开发商牵着鼻子走。

　　当然，这并不等于什么都叫政府包下来，在市场经济的体制下，怎么利用市场的规律，发挥政府的主导作用。要充分认识历史文化遗产保护的价值，同时也要考虑老百姓的利益。另外，还要给老百姓提供相应的技术服务。

危改与保护双赢：产权问题是关键

> 产权可以多样化，但房子的产权和责任一定要挂钩，要相互对应。不管是私有还是公有，都要管理好，要立下规矩，该谁负责就谁负责。

采访者　如何建立适合旧城保护和复兴的危旧房改造模式、停止大拆大建？在产权制度方面应该进行什么样的探索？

朱嘉广　过去北京大量的四合院历经数百年存在还保持一种基本完好的状态，其根本原因在于它的产权是私有的。新中国成立以后，产权制度、住房政策的反复变化，使得各方的权益和责任不清。大量公有住房由于房租很低，房管部门不能保证其基本条件的维护，更谈不上住房条件的改善和建筑风貌的保护。即使是私房主，由于其基本权益得不到保障，也谈不上对房屋的维护，因为不知何时，一旦有个开发项目，其房屋就可能会被拆迁，房主自然无心去维修房屋。另外，还有一些出租的私房，由于出租的对象、承租人应付的租金往往由政府指定，私房主自然也就没有义务和能力承担维修和维护的责任。上述情况无疑加速了四合院状况的不断恶化。

房屋质量恶化、居住人口膨胀和条件改善、风貌保护之间的矛盾虽然是复杂的，但也并非不能解决。推行产权的私有化，实现居民自主地交换并积极维护和改造房屋，就是解决问题的一个重要方法和关键环节。在这个过程中，政府还有责任做好两件事情，一是根据财力安排基础设施改造的计划，二是制定对房屋的传统风貌加以维护、修缮和改建的技术标准及相应的补贴政策。总之，要使"危改"和"保护"工作双赢，实现良性循环，产权问题是个关键。

采访者　其实这是一个很简单的道理：如果这个东西是你自己的，当然会加倍珍惜。就像看演出一样，我自己花钱买票，一定会去看，否则的话我不会花钱买；但如果是单位发票就不一定了。房子也是一样。

朱嘉广　是这样。当然，我不是推崇说一定要全都私有化，这个可以因时、因地制宜，具体情况具体分析。产权可以多样化，但房子的产权和责任一定要挂钩，要相互对应。不管是私有还是公有，都要管理好，要立下规矩，该谁负责就谁负责。

目前北京市的状况已经有了很大的改变。"文革"期间形成的一批"标准租"房（按照政府规定的标准出租的私有房屋），前几年已经逐步腾退了。过去房管局管着大量的房子，而在计划经济时期，收的那点房租根本就不够正常的维修维护之用，一到了雨季，区长都不敢睡觉，就怕塌房子。连起码的安全问题都无法完全保障，又谈何古都风貌的保护？

所以，从长远考虑，要建立一个可持续发展的、科学的运作机制，明确各方的权力、义务和责任，就可以取得双赢，就可以使至今尚留存的传统四合院住宅既古韵长存，又生机勃勃，成为北京人民安居乐业的美好家园。

古城保护，不能再沿袭老路

"北京历史文化名城的保护和危改工作，不能再沿袭老路，必须摆脱'政府和开发商主导、居民被动拆迁'的实施机制，而改为政府引导，居民自主的方式，最终实现保护与危改的双赢。"在采访中，回顾北京历史文化名城保护曾经走过的道路，朱嘉广先生强调了这样的观点。

相对于一些"激进派"的古城保护专家而言，朱嘉广可以说是温和的，但也是理性的。他对于历史文化遗产保护的态度和思路非常清晰。

> 我们在规划设计中，要更多地设计一些能够让农民直接参与城市发展的模式。

李兵弟　1950.4～

　　曾任中国城市规划设计研究院副院长，建设部城乡规划司副司长、巡视员，建设部村镇建设办公室主任，住房城乡建设部村镇建设司司长，中国城市科学研究会副理事长，中国城市规划学会常务理事。曾获中央国家机关五一劳动奖章，以及建设部有突出贡献的中青年科技管理专家称号。

　　李兵弟先生多年从事城镇化与"三农"问题、城乡统筹与区域协调、城乡规划、乡村发展与建设、农村人居环境治理与村庄整治、农村危房改造、农村住宅制度等方面的管理与研究，多次参与组织农村地区地震、水灾等灾后重建工作，负责组织汶川地震灾后重建农村建设规划和城乡住房规划（农房部分）。2006～2010年间，连续参加中央1号文件的起草工作。

回顾改革开放以来新中国村镇建设事业曾经走过的历程，反思曾经的经验教训，面对当下的机遇与挑战，时任住房和城乡建设部村镇建设司司长李兵弟在接受采访时提出，要切实转变规划观念，认真履行职责，推进村镇建设。

村镇建设，从无到有

党和政府一直高度重视农村工作，在怎样更好地处理城乡发展关系上，也一直在大胆探索。

采访者　新中国成立以来，特别是改革开放以来，我国村镇建设事业经过怎样的历程？有何重要的经验教训？

李兵弟　新中国成立以来，党和政府一直高度重视农村工作，在怎样更好地处理城乡发展关系上，也一直在大胆探索。

改革开放以后，中国的村镇建设事业开始从无到有、从小到大、从局部到整体，这么逐步地发展起来的，比较集中地体现在三个方面：

一是建立了村镇建设的基本法规体系。主要标志是《村庄和集镇规划建设管理条例》，与当时的《城市规划法》配合，解决农村地区的规划建设管理。

二是逐步形成了一支管理队伍。1993年，中央机构编委会专门发文，明确一类乡镇可设置乡村建设办公室，二三类乡镇可设置乡村建设助理员。到1996年底，全国所有的省、自治区、直辖市，98%的市、县，67%的乡镇，都有村镇建设管理机构。

三是中央财政加大投入。连续多年专门拨款两亿元，支持和帮助农村做规划，引导农民建房。

采访者　这些举措在当时发挥了非常重要的作用。

李兵弟　是的。举一个最简单的数据：当时农村农民建房的积极性一下子迸发出来，最高一年的建设量曾达到14亿平方米，现在平均每年农民建房在5亿～6亿平方米。就是在那个时候，奠定了村镇建设工作的基本管理模式、法规体系以及相应的技术和队伍。

城乡一体，曾经误区

在发展过程中出现了简单化的思想。

带来的实际后果是：农村规划编制基本停滞，农房建设管理混乱，村镇建设管理失位。

采访者　但在此后，村镇规划建设管理也曾经有过一段被"冷落"的经历。

李兵弟　随着改革开放的不断深化，最初以农村为主的改革开放逐步深化到以城市为主的改革开放，市场经济体制改革进入了全面推动的时期。

　　为了更好地支持以城市为重点的经济体制改革，我记得当时媒体一再讨论中心城市发展带动农村、带动周围地区，我们的市管县体制也就是在那个时候开始成型的。随着改革开放的深入和规划学科事业的发展，规划界也逐渐认识到城市规划已经不再是单一的城市自身的规划，它可能涉及更大的空间范围。

采访者　从认识上讲，是一个进步。

李兵弟　这个初衷和思路是对的，必须肯定。但在发展过程中出现了简单化的思想，对中国市场经济的发展、城镇化的发展过于乐观，缺乏对市场经济条件下城乡关系复杂性的深刻认识，也缺乏对解决中国"三农"问题的艰巨性和长期性的思想准备，认为只要城乡一体化规划管理，就可以解决农村发展问题。在这种大趋势下，1998年机构改革，村镇建设司与城市规划司合并，组成城乡规划司。

　　城乡规划司成立以后，也不是不重视农村规划，但毕竟在工作中有不同侧重点，特别是这些年城市规模迅速扩大、城镇化速度加快，呈现出区域性的城镇密集发展和城市的区域性拓展势头，城市规划工作任务日趋繁重，难以完全顾及农村发展与乡村规划建设管理。

　　上面这么一动，底下也跟着出问题了。尽管绝大多数省市都还保留有村镇建设处，但农村基层工作队伍受到了很大影响，用农村话讲，叫线断了、人散了。当时村镇规划建设管理工作出现了一些迷茫，不知道该怎么抓，也缺乏具体的工作抓手。

采访者　　也就是说，人们良好的一种追求，想通过城乡一体化规划和一体化发展带动农村发展的美好愿望，从实践来讲，并没有得到相应的回报。

李兵弟　　可能还是思想认识上的偏差，因为当时还没有升华到科学认识我国已经到了"城市支持农村、工业反哺农业"这样一个发展阶段，带来的实际后果是：农村规划编制基本停滞，农房建设管理混乱，村镇建设管理失位。

　　当然，这不是建设部一个系统的事情，其他有关部委也受到这种思想影响，科技部、卫生部等，凡当时独立设置的农村管理内设机构，基本上都取消或合并了，都"城乡一体化"去了。

　　从20世纪90年代末期到21世纪初，村镇建设事业受到了一定影响。那时利益的天平更多往城市靠，城市发展比较快、比较好，遗憾的是农村没有跟上来。

科学发展，重视村镇

　　"十六大"以后提出建设社会主义新农村，并作为全面实现国家现代化目标、与健康城镇化共同推动的双轮驱动战略。这是党中央、国务院的英明决策。

采访者　　这种状况是什么时候开始改变的？

李兵弟　　胡锦涛同志提出城乡统筹、城市支持农村、工业反哺农业，用科学发展观来审视城乡发展的时候吧。2003年开始，党中央国务院连续发布中共中央1号文件，专门解决农业生产、农村发展、农民致富和农村改革的一系列重大问题。"十六大"以后提出了建设社会主义新农村的重大任务，并作为全面实现国家现代化目标的、与健康城镇化共同推动的双轮驱动战略。这是党中央、国务院贯彻落实科学发展观的英明决策。

采访者　　建设部是如何贯彻落实的呢？

李兵弟　　2003年，建设部党组着手解决农村规划建设管理滞后的问题，调整了建设部村镇建设指导委员会。部领导直接带队深入农村调研，总结各地农村建设发展经验，呈报国务院领导，提出推动村庄整治，改善农村落后的居住环境。

村庄整治的提出，丰富和完善了党中央关于建设社会主义新农村的内涵，成为社会主义新农村建设的重要内容和主要抓手之一。2006年的中央1号文件，将之提炼升华为"农村人居环境改善"，做了比较完整深刻的表述。

2004年12月17日，中编办正式批复在建设部内独立设置司局级行政管理机构——村镇建设办公室，开始了建设部统筹抓农村建设工作的新局面。

2008年，在住房和城乡建设部"三定"方案中设置村镇建设司，明确了住房城乡建设部要承担规范村镇建设、指导全国村镇建设的责任。

采访者　　回顾这些年的村镇规划建设工作，您个人有何深刻体会呢？

李兵弟　　主要有四点体会：

第一，必须紧紧围绕着农村工作的大局和全局，将村镇建设工作纳入到国家"三农"工作的大盘子中统一考虑和部署。建设部负有城乡统筹建设的责任，必须更多地从中央"三农"工作的全局思考问题，才能有工作地位，才能把握工作的主动权。

第二，必须紧紧依靠广大人民群众，接触农村实际，反映农民意愿，服务农民需求。要依靠农民群众，统筹城乡力量，解决农村建设与发展问题。

第三，必须与时俱进地推动村镇建设的机制创新和变革，从体制机制、思想观念、工作方法上转变，不断推动农村从无序建设向依法有序建设、从单一工程建设向人居环境建设、从独立村庄建设向农村片区建设转变，努力实现城镇化进程中的城乡协调发展。

第四，必须坚持村镇建设工作的基本方法，按照城乡有别、分类指导的要求，抓住村镇规划、农房建设、小城镇发展和农村人居环境持续改善等工作重点，推动全面工作。

城乡统筹，勿停表面

怎样做出城市支持农村的规划，应该包含哪些内容、坚持哪些原则？需要在城乡规划中根据农村的特点认真研究，而不是把农村规划做成和城市一个样。

采访者 中央提出城乡统筹是城乡工作的发展目标，就规划行业而言，您认为应该如何推进？

李兵弟 中央说得非常明确，现在要做的主要是城市支持农村。对于规划行业来讲，城市到底怎么支持农村，怎样做出城市支持农村的规划，应该包含哪些内容，坚持哪些原则？这些都需要根据农村的特点认真研究，而不是把农村规划做成和城市一个样。

城乡统筹绝不是城乡统一、城乡统管，它真正的核心意义，就是要找准城市和农村各自的发展特点、发展重点、发展目标，通过城乡相互的支持获得更有效的发展。

在当前的发展条件下，国家的经济实力还没有富到想给农村做什么就能做什么的程度，因此，从城镇化发展过程来讲，城乡必须实现有差异、有重点的发展。即使我们国力增强到了很强的阶段，基本实现城镇化，城乡有差别的发展指导也是要坚持的。

采访者 如何理解您所说的城乡有差异的发展指导？

李兵弟 就城乡规划空间布局而言，城镇密集地区，城市特别是大中城市以上的城市，应当通过交通等网络化的基础设施建设，吸纳、集聚、升级产业和各类市场要素，并以此来融入全球化的发展，提高地区经济发展的综合承载能力，这是城市的主要作用。

农村则必须保住18亿亩耕地的底线，把确保生态安全、环境安全和粮食安全放在首位，以此保障我们社会的可持续发展，同时也为城镇化快速发展和大中城市提升综合承载能力，提供基础性的、外部环境方面的支撑与服务。

城镇化地区和大中城市，应该拿出更多的资金、技术来支持、帮助、反哺农村，解决农村落后的人居环境、生产条件等问题，实现基本公共服务的均等化。

规划观念，必须转变

城乡规划应更多关注、统筹、协调城乡发展。

想出更多的办法，让城市支持农村的理念能够真正实现。这应当是当代规划师的重大社会责任。

采访者 中央思路非常明确，规划师也应当转变观念。

李兵弟 各级政府都在不断加大对农村的反哺支持力度，作为城乡规划工作者，的确要想想我们应该怎么办？

我在城市规划工作数十年，后来转到农村的规划，当把城市规划的方法理念带进来思考以后，才发现我们应该找到农村建设的发展重点和发展目标，而不是把城市规划手法简单带进去，到农村去"造镇、造村"。

城乡规划应更多关注、统筹、协调城乡发展，把握有重点、有差异的城乡发展。当然，讲有差异的发展，不等于不让农村发展，而是应该想出更多的办法，让城市支持农村的理念能够真正实现。这应当是当代规划师的重大社会责任。

采访者 农村地区发展也不平衡，规划师应深入了解。

李兵弟 一些贫穷落后的地方，也真让人辛酸掉泪。我看过甘肃岷县一个村子，几十年来只有一户盖过新房，有些农户房子外墙倾斜、梁柱朽断、摇摇欲坠，就靠几根木棍里面支撑。

对于这样的地方，国家当然还得想办法继续帮扶，不能仅限于资金，其他各项措施也得跟上。只有转变观念，落后地区才能从根本上脱贫。

采访者 深入农村、了解民情，才能做得更好。

李兵弟 对农村、农民的思想观念不转变，很多事情就转不过来，推动起来也很难。如果我们的规划师不带规划任务，不去享受农家乐，就是去体会农村的生产生活，规划理念也会有所转变。

采访者 目前农村规划中还有一个很重要的问题，就是照搬城市，脱离实际。对此，您怎么看呢？

李兵弟 农村规划跟城市规划不一样，它就这么一个巴掌大的地方，没有那么多发展任务，画了左一块、右一块发展备用地，有多大用呢？反而有可能推动村庄往外边随意扩张。

做农村规划必须有宅基地规划和工程项目建议，以工程项目推动乡村规划的实施。这些项目建议是扎扎实实反映农村实际问题的，不是大而花的项目，更不能把城市的东西直接照搬到乡村。

建议在乡和村庄这一级规划中不要再设实施期限，只要规划科学，什么时候实现都可以，否则，弄不好就会借实施规划去拆农民的房子。这是一个不容忽视的问题。

农民利益，切实保障

从全局看，我们不可能走牺牲农民利益推进中国城镇化的道路，这绝对行不通，而应该把保护农民利益始终放在城镇化发展的关键位置。

采访者 近些年来，随着城镇化进程的推进，失地农民问题、城中村问题也越来越引起关注。对此您怎么看？

李兵弟 这类问题只能从源头解决，核心还是城镇化过程中的利益分配与协调机制。对失地农民问题，中央和各级政府高度关注，从制度上根本解决，我估计成规模的这种现象不会再有了，如果工作不到位，局部地区出现个案甚至是严重的群体性事件也不能排除。

过去我们在推进城镇化进程的时候，更多是关注城市发展，对农民利益考虑偏少。今天回过头看看，这个思路确实需要转变。在做城市规划、扩大城镇规划用地的时候，规划中应该明确表明一个重要观点——保护农民利益。从全局看，我们不可能走牺牲农民利益推进中国城镇化的道路，而应该把保护农民利益始终放在城镇化发展的关键位置。

城市规划既然是一个公共政策，就应该是一个全面的、服务全体人民的政策，而不是只服务一部分人，不服务另一部分人。尽管我们做的是空间布局规划，但也必然涉及人，这些被涉及的人（包括农民）就应该在规划的公共政策、利益格局、政策建议之中。在规划中，我们要给这些利益受到损害的农民谋发展出路，不能只要地不要人。

采访者 具体应该怎么做呢？

李兵弟　　在具体工作中要落实三点：

第一，严格土地的征收征用，尽可能减少对农民土地的征用，严格农村集体建设用地的规划管理。

第二，对失地农民补偿到位，不但能解决他本人和家庭的生存，还要想办法为他们今后的长期生存发展打下基础。

第三，让农民直接参与规划设计项目，共享城市改革发展成果。

成都市的"五朵金花"就是一个成功范例，它不是简单剥夺农民土地，而是强调城乡融合性发展，把农民从被剥夺者变成参与者。

金花之一的梅林新村在城市规划中是一个公园，按照以往建公园的做法，就是迁出农民、政府投资、封闭建设。成都没有，他们把农民留下来，政府主要做三件事：一是投资建设基础设施，改造水、电、路等；二是引导农民修缮房子，对保留的老房子进行改造，政府检查验收，挂牌接纳游客；三是引入种植更多品种的梅花，丰富农村景观特色。这样一来，就把过去封闭式的公园，变成开敞式的休闲园地，城里人到那里休闲，吃农家菜、住农家院，享受农家乐，农民也有了一个创收的途径。

采访者　　把农民看成发展建设主体，这是一个重要转变。

李兵弟　　城乡规划要扭转的观念就是这个。既然要拿农民的地，就要让他能够参与城镇化进程，共享改革发展成果，千万不能走要地不要人的老路。

我们在规划设计中，要多设计一些能够让农民直接参与城市发展的模式。成都的"五朵金花"只是一种模式，未必可以完全复制。能不能再想其他办法？创出其他路子？我们的规划师是可以大有作为的。

小城镇建设，攻克难关

要改变把小城镇发展作为追求完整城镇体系的单纯想法，从更好地解决农村发展问题的角度来思考小城镇发展。

小城镇发展如能取得成功，将会是中国城镇化的成功。

采访者　　建设社会主义新农村和发展健康的城镇化相辅相成。您认为小城镇应如何发挥作用？

李兵弟　　在新农村建设和健康城镇化发展双轮驱动战略中，小城镇是极其重要的一环。这些年我们国家的大中城市发展蓬蓬勃勃，但小城镇发展并不理想。最主要的问题是发展的空间缺失、动力缺失、政策缺失、资金缺失，极大地影响了小城镇的发展。

采访者　　在改革开放之初的小城镇发展曾经辉煌。费孝通先生有过"小城镇，大文章"的重要论断。

李兵弟　　改革开放之初的小城镇发展，主要依靠农村集中释放的自发性发展动力。但是在市场经济条件下，一些主要的生产要素、市场要素向城市集中，对小城镇发展造成了一些影响。当然，这种集中是正确的。但是作为整个国家的发展战略来讲，小城镇发展活力不解决，会直接影响城镇化进程和社会和谐发展。中国相当数量的农民必然要转移出来，不可能全部留在农村，若全部进入城市，城市的压力又太大。因此，小城镇是一个重要的"蓄水池"。小城镇的这一重要作用目前发挥得不太理想。

采访者　　怎么造成这种局面的呢？

李兵弟　　小城镇发展是一个"政策洼地"。新农村建设的各项政策是直接到农户，小城镇无法享受；城市有资源优势，包括聚集优势、地缘优势，绝大多数小城镇难以分享。所以，成了一个发展的"洼地"。

采访者　　怎么改变这种局面呢？

李兵弟　　首先还是转变观念、调整思路，要改变把小城镇发展作为追求完整的城镇体系的单纯想法，从更好地解决农村发展问题的角度来思考小城镇发展。
　　　　　其次，中央一直强调的是有重点地发展建制镇。对于重点镇，应该怎么支持？我的想法是，重点支持发展小城镇的基础设施、特色产业和环境建设。
　　　　　再则，要找出小城镇发展的路子来。云南是一个成功的范例，他们没有过多追求大城市发展，而是通过旅游带动小城镇发展，解决农村产业的延伸服务，把各方面的资源充分地挖掘利用起来。我觉得这是一条很好的路子。

小城镇发展目前还处在比较困难的时期，需要更多的关心和关注。中国的小城镇发展如果能够取得成功，将会是中国城镇化的成功；如果不到位，城镇化会在相当程度上受到拖累，农民向市民转移的任务会更艰巨。

采访后记　中国农村需要我们大家共同关心

接受我们采访的时候，时任村镇建设司司长的李兵弟刚从甘肃农村调研回来。在他平静似水的脸上，我们看到了几分凝重、几分疲倦。谈起他刚刚走访过的甘肃部分经济落后地区的农村，说到那里一些农民的艰辛生活，他的声音有些哽咽，虽极力掩饰，我们还是看到了他眼睛里闪着的泪光。

回顾几十年村镇规划建设事业的发展，李兵弟司长深有感慨："讲我们自己的经验，就是我们在任何时候、任何情况下，都不能放弃农村；我们在任何时候、任何情况下，都不能割裂城乡；我们在任何时候、任何情况下，都不能把城乡绝对化，搞成一样化的发展。中国不能没有农村，中国不会没有农民，但是中国的农民、中国的农村，的确还需要我们大家来关心，需要我们各级政府来帮助。特别是在现阶段，需要城市、工业对农村的反哺和支持。"

言之耿耿，情深意切。

城乡一体化就是强调城乡经济社会发展水平的一体化，城乡特色必须各自保留。

张　泉 1954.6~

江苏兴化人。1984年南京工学院建筑系硕士研究生毕业。1972年参加工作，曾任兴化县城建办施工员，江苏省城乡规划设计研究院建筑师，江苏省建委城市规划处处长，江苏省古典建筑园林建设公司总经理，江苏省住房和城乡建设厅副厅长、巡视员。现任中国城市规划学会副理事长，南京大学兼职教授，江苏省城市规划学会理事长。

张泉先生长期从事城市总体规划、城市交通规划、历史文化遗产保护、低碳生态规划领域的学术研究，主持的规划项目多次获得优秀规划设计等国家级奖励。主要著作：《城乡统筹下的乡村重构》、《村庄规划》、《低碳生态与城乡规划》等。

大约在30多年前，改革开放伊始，江苏创造了大力发展乡镇企业、全面振兴农村经济的"苏南模式"，曾经引起国内外业界的广泛关注。在新的历史时期，如何实现城乡统筹，让城市与乡村良性互动？

中国城市规划学会副理事长张泉在接受采访时提出：要重新反思"离土不离乡"的城镇化模式，通过镇村布局规划实现乡村空间重构，避免城乡一体化认识的误区。

重新反思"离土不离乡"的城镇化模式

没有哪一种模式是可以永远不变地维持其生命力的，当时，以发展乡镇企业为主要特征的"苏南模式"是好的。但发展到今天，这种模式已经不适应现实的需要了。

采访者 20世纪80年代，"苏南模式"产生深远影响。今天回过头来反思，您如何评价这种"离土不离乡"、"离乡不背井"的发展模式？

张 泉 "苏南模式"，通常是指江苏省苏州、无锡和常州（有时也包括南京和镇江）等地区通过发展乡镇企业实现非农化发展的方式。其主要特征是：农民依靠自己的力量发展乡镇企业；乡镇企业的所有制结构以集体经济为主；乡镇政府主导乡镇企业的发展。

我国的改革开放首先从农村开始，农村生产关系的深层次调整以及农村生产力的不断解放，使乡镇首先获得发展壮大的持续动力。1978年党的十一届三中全会之后，我国乡镇企业异军突起，迅猛发展，取得了世人瞩目的成就，并成为农村经济的主体和国民经济的重要组成部分。

在当时的历史条件下，因为乡镇企业的机制活、成本低，在计划经济或者说计划经济痕迹影响比较重的情况下，在商品短缺的情况之下，应该说还是很有生命力和竞争力的。乡镇企业做出了历史性的贡献，对促进国民经济增长和支持农业发展，对增加农民收入和吸纳农村剩余劳动力，对壮大农村经济实力和支持农村社会事业，发挥了不可替代的重要作用。

但是，没有哪一种模式是可以永远不变地维持其生命力的，当时，以发展乡镇企业为主要特征的"苏南模式"是好的。但发展到今天，这种模式已经不适应现实的需要了。当然，我并不是说历史上乡镇企业这个模式就不好，只是说现在的发展背景、发展条件产生了变化。而乡镇企业又有着先天性的不足，比如它发展的低成本，就是以牺牲环境、管理粗放为代价的。客观上，苏南地区由于乡镇企业的发展，也带来了用地粗放、环境污染等后遗症。

采访者　随着国家经济体制改革的逐步深入，市场经济的不断深化，乡镇企业优势已难再现。

张　泉　实际上在我国发展到改革开放20年的时候，商品经济就已经从短缺变为供大于求。当然，这是一种低水平下的供大于求，不是说生产出来就卖得掉，而是要通过竞争。尤其是加入WTO以后，很多商品面临着世界上的竞争，很多层次不高的乡镇企业也就丧失了发展优势、竞争优势。

尤其是江苏这样的省份，人口密度每平方公里高达730人，土地资源非常紧缺，在这样一种省情下，乡镇企业的发展模式是需要更新的。

再加上还有推动社会进步、推进城镇化健康发展的需要。乡镇企业尽管成本低，但它们大量存在于镇以下的村庄，因此，其形成的长期从事非农产业的居民，仍大量居住在乡村。在此基础上，分散的工业导致许多小城镇规模很小，设施落后，二、三产业吸引就业能力不强，大批建制镇的居民虽然已经成为城镇居民，但是仍然没有脱离农业，生活条件和方式没有根本性的转变。从一定意义上说，他们仍然还是农民。

所以，很多方面必须统筹考虑。

采访者　也就是说，在新的发展时期，这种"离土不离乡"的城镇化模式，已经成了一种制约。

张　泉　从目前的情况来看，"离土不离乡"的存在，对以科学发展观为指导，进一步推进城镇化进程，存在许多制约因素。

首先，农村剩余劳动力难以真正向城市转移。相当一部分"离土不离乡"的进镇农民，由于小城镇的二三产业发展的不足，以及社会保障水平的低下，并没有完全摆脱对土地的依赖，农村土地在很长时期仍将作为他们的基本保障而存在。由于旧体制所遗留的在财产（集体所有制）、户籍、就业、社会保障等方面的城乡之间的制度性差异，在大中城市出现了大量的"离乡不离土"的民工。农民工"候鸟式"的城乡间流动，与正常的人口城镇相比，城乡居民和政府都付出了巨大的成本。

其次，乡镇企业形成的城镇化动力弱化，乡镇企业可持续发展能力遇到了空前挑战。

再则，城镇化发展滞后。分散布局的乡镇企业，不能有效地集中人口，是城镇化发展滞后的一个重要原因。

采访者　　这种"离土不离乡"的发展模式，对江苏的镇村空间布局产生了什么样的影响呢？

张　泉　　改革开放以来，"离土不离乡"的发展模式，带动了江苏小城镇的发展，作出了历史性的贡献。与此同时，它也带来了小城镇的过度发展，1997年，江苏省最高的时候达到了2000多个小城镇！

这种分散发展，带来的直接后果是发展建设环境污染，同时也不利于农业的机械化、产业化和现代化。像苏南地区，成片的农业空间基本上都没有了，被遍地开花的乡镇企业分割得支离破碎。2000多个小城镇，25万个自然村遍布全省。只有苏北地区，在乡镇企业发展不是很充分的情况之下，还保留着规模比较大的成片的农田。其他地区都是房子连着房子，居民点连着居民点，情况很不好。

采访者　　面对这种情况，江苏提出"离土也离乡"的发展模式。

张　泉　　当然不可能所有的农民都进城，但是从事二三产业，特别是从事有污染的制造业的企业必须集中到城镇，不能让它们散布在农村。污染集中才能够得到有效的治理，得到有效的监控，分散是没有办法得到有效治理的。

如果城镇不能有效集聚，也不利于培育第三产业。比如说江苏的制造业那么多，分量那么大，而服务业的比重那么低，其中很重要的一条就在于，乡镇企业分散建设，不能够培育合理的服务业份额，和这样的产业结构是密切相关的。

所以，我们现在一方面应该肯定乡镇企业这种模式的历史合理性和历史的贡献，同时也要根据新的发展条件，对发展模式进行反思和调整完善。特别是在中央提出科学发展观的情况之下，如何做到"五个统筹"？如何实现节能减排？如何保护自然生态？在江苏这样人口高密度的省份，对于乡镇企业的发展模式进行反思和完善，是非常必要的。

通过镇村布局规划实现乡村空间重构

通过合理的时段实施规划，可能是十几年，也可能是几十年，结合农民住房的改造、新建，是一个自然的过程，没有大拆大建，没有因为拆农民的房子而引起社会的不安定。

采访者　为解决零散村庄多、布局散乱的情况，2005年，江苏在全国率先启动镇村布局规划，被认为是"江苏农村发展史上最大规模的一次格局调整和变迁"。您能否介绍一下有关情况？

张　泉　从20世纪末我们在做全省城镇体系规划的时候，就对"离土不离乡"的发展模式进行了反思，并确定了一个基本原则：集聚发展，集约经营。江苏的城镇化发展方针，包括"大力推进特大城市和大城市建设，积极合理地发展中小城市"，"合理地进行村庄的集聚"。

在编制全省城镇体系规划时，江苏省有2000多个小城镇，在推进大城市、推进都市圈、推进城市带建设的前提之下，我们把全省的小城镇规划缩减到600多个，只保留了1/3。

2005年，我们为解决零散村庄多、布局散乱，村庄人均建设用地指标普遍较高，村庄建筑杂乱、总体环境差，部分地区村庄空心化现象严重、城中村现象严重，基础设施和公共设施的配套不完善等问题，加强村庄建设整治，逐步改变农村落后面貌，全省统一部署，各乡镇同步开展编制村庄布点规划——镇村布局规划。这是江苏省引导农民集中居住、设施集约配套、土地节约利用、村庄环境综合整治等建设社会主义新农村的基础性工作。

采访者　在编制镇村布局规划时，坚持了什么样的规划技术路线和规划理念？

张　泉　我们在编制镇村布局规划的时候，特别注重增强规划的理性和可实施性，走领导、专家、村民"自上而下"与"自下而上"相结合的编制道路。规划在县（市）域城镇体系规划指导下，结合乡镇总体规划，协调确定村庄布点，统筹安排各类基础设施和公共设施。同时又进一步通过县市汇总，对于各村庄布点进行城乡统筹和行政边界地区村庄布点和基础设施布局的协调。

规划总体原则是适度集聚，节约用地，有利农业生产，方便农民生活，保护地方特色和传统文化。通过适度集聚，形成规模合理村庄；有利于各项设施集约配套；有利于弘扬地方特色和保护历史文化；有利于形成新型的农村社区；有利于节约土地资源；有利于现代农业的机械化、规模化。

规划的主要内容是村庄布点，按照规划进行设施配套，同时工业用地要向工业集中区集中，乡镇域内的弱质生态空间要划定保护范围。

我们坚持的理念是：城乡统筹规模总控，离土离村，城乡分开，有利农业生产，适度集聚，以人为本，因地制宜，保护地方特色和历史文化遗存，村庄选址安全，建设"节能省地型住宅"。

采访者　您能否介绍一下镇村布局规划的成果？

张　泉　通过镇村布局规划，全省近25万个自然村将逐步集聚保留近5万个农村居民点，农村人口从4088万人减少到2471万人。规划实施后可节约建设用地数上百万亩。

规划后的村庄与现状相比，一是村庄集聚规模适度增加，村庄建设用地向集约转变，偏高的村庄人均建设用地得到了有效的引导；二是村庄的选址更为科学、安全，原来处于不安全地带的村庄将搬迁，或者规划提出防灾减灾措施；三是有利于集中配套改善生产生活条件，通过规划整合了资金和资源，有利于集中用力；四是历史文化遗存和特色村庄得到了有效的保护，通过本轮规划，探明了家底，明确了保护目标，为下一步开展村庄规划，做好历史文化和地方特色保护工作打下了坚实基础；五是基础设施城乡统筹配套完善，明确了镇到村的基础设施管线、设施布点；六是集约利用了土地资源，通过村庄的集聚、镇域现状基础设施的整理和清理，大力推进了土地的集约利用。

听大师讲规划

采访者　从制定到现在，镇村布局规划实施的情况怎样？

张　泉　　从镇村布局规划制定以来，各地都在按照规划实施。比如说各级财政对村庄的支持，现在全部是按照镇村布局规划确定的、规划保留的村庄进行基础设施配套和公共设施配套，规划不保留的村庄，就不再进行公共财政的投入。通过完善规划保留点各项设施，提高它们的性能。通过合理的时段实施规划，可能是十几年，也可能是几十年，结合农民住房的改造、新建，是一个自然的过程，没有大拆大建，没有因为拆农民的房子而引起社会的不安定。

避免"城乡一体化"认识误区

城市文明和乡村文明是不一样的，城市的特征和乡村的特征也是不一样的。我们觉得，城乡一体化就是强调城乡经济社会发展水平的一体化，而城乡特色必须各自保留。

采访者　　中央提出城乡统筹、城乡经济社会发展一体化。您认为应如何正确理解？

张　泉　　中央提出城乡统筹和城乡经济社会发展一体化，这个口号是非常准确的，也是一个比较完整的提法。

但现在有一种简化的提法：城乡一体化。在这个简化的口号指导下，前几年，有些人产生了误解，理解为城乡一样。那就大错特错了。因为城市文明和乡村文明是不一样的，城市的特征和乡村的特征也是不一样的。

我们觉得，城乡一体化就是强调城乡经济社会发展水平的一体化，而城乡特色必须各自保留。怎么贯彻"城乡经济社会发展一体化"这样一个方针？总体上是这样考虑的：

第一，应该强调城乡分开。首先是产业的城乡分开。一产放在农村，二产应该总体上集中到城镇，特别是有污染的二产更要集中到城镇，三产因地制宜。农村只能保留一些传统手工业或者没有污染的、没有大运量的第二产业，以及直接为农业服务的第二产业，第三产业中的很多传统服务业，特别是这几年兴起的乡村旅游，毫无疑问是农村发展的重要方面。

其次是空间的城乡分开。在城镇规划建设用地范围里的村庄就不应该再把它作为村庄了，以避免出现"城中村"。在基本农田地里的村庄则应该永远作为村庄。城市里高楼大厦多，人口密度大；村庄里讲究亲切、自然，人更好地和自然融为一体。因此，城乡空间包括尺度方面都是不一样的，应该各自具有鲜明的特点。

再则是环境的城乡分开。比如说绿化，城市绿化和乡村绿化是不一样的；道路，城市道路和乡间小道的特点也是不一样的；包括环境小品。总体上来说，乡村应该更加强调自然、生态、乡土。

所以我们觉得，首先要强调城乡分开，实际上就是要弄明白城市与乡村各自的特点是什么。

第二，要优先推进城镇化。现在总体上我们的城镇化水平还不高，城市的发展和社会主义新农村建设应当统筹考虑，优先促进长期稳定从事二三产业的人口进城、进镇居住，减少农民。减少农民才能致富农民，扩大城市才能增强对农村的"反哺作用"。

第三，在城乡经济社会发展一体化方面，要考虑做好城乡统筹规划。城乡统筹规划，要考虑好究竟是哪些方面一体化。比如说城乡基础设施方面，加强城市对乡村的服务，缩小城市基础设施和乡村基础设施水平的差距，当然还是各自有特点。城乡公共服务设施的统筹，一个是城市的公共服务设施，要加强对农村，特别是周边农村的服务；另外要提高农村公共服务设施的配置水平，当然也不可能一样，把医院、体育场、高校建在农村都是不符合客观规律的，应该根据城乡各自的特点，农村的公共服务设施主要是为农民、为村民日常生活服务，不是以市场经营为主，而城市的很多公共服务设施应该是市场经济的重要组成部分。

第四，城乡环境保护生态建设的一体化。不能以牺牲农村环境为代价来保障城市，城市的污染应该就地治理，不能转移到农村。不能像以前那样，污水排出去就算了，垃圾运出去就算了，影响周边的发展。

第五，城乡公共管理的一体化。主要是加强对村庄的服务，特别是加强城市科技力量对村庄的服务，提升村庄的建设水平和文明程度。

城乡统筹：把更多的关注点放在乡村

21世纪初，中国城市规划学会副理事长、江苏省建设厅副厅长张泉主持编制的江苏省都市圈规划（苏锡常都市圈规划、徐州都市圈规划、南京都市圈规划）曾经名噪一时，该项目获得了2003年度建设部部级城乡建设优秀勘察设计一等奖。

而此后几年，在城乡统筹理念的引领下，他的关注点似乎更多地集中在农村，并在江苏省开展了较为系统的工作，通过规划手段，合理配置农村基础设施，切实提高乡村人居环境质量，从而形成有利于城乡协调互动的空间结构。

2006年，他与王晖等人合著的《城乡统筹下的乡村重构》一书，结合这一时期的重大社会实践，在理论层面上进行思考与升华，力图在城乡统筹的话语体系下，为中国乡村经济、文化、生活等多重重构寻找最佳路径。2008年，他又推出《村庄规划》，成为国内第一部专门针对村庄规划进行系统研究与理论实践探索的学术专著。

我们认真解读，领会他在大量社会实践基础上对于城乡统筹的深刻、理性、系统思考，感受到他对于乡村问题的深切关注。

让城市与乡村良性互动

一个国家只把农民放到城市打工，不让农民孩子看到世界最高文明成果，是对国家现代文明历史进程不负责任。

吴志强 1960.8~

生于上海。同济大学建筑与城市规划学院前院长，同济大学副校长。2004年起任中国城市规划学会副理事长，2010年任上海世博会园区规划总规划师，世界规划院校大会国际指导委员会委员联席主席，国际建协建筑教育委员会终身委员。

吴志强先生主持了大量国内外城市规划设计项目，俄罗斯圣彼得堡波罗的海明珠规划、都江堰市灾后重建总体规划等产生较大影响力。在世博会园区规划中，他带领的规划团队，将整个园区作为未来可持续发展城区的实验和展示，同时保留了25万平方米的优秀近代工业建筑，是世博会史上第一次进行如此大规模的旧建筑再利用的实践。

上海世博会究竟会给中国带来什么？上海世博会开幕前夕，中国城市规划学会副理事长、2010上海世博会园区规划总规划师吴志强接受了我们的采访。

"我相信上海世博会是天赐良机给中国"

　　举办世博会，对一个国家的意义极其重大。

　　这次世博会是天赐良机给中国。这个影响也许现在还看不出来，但将来你一定能够看到。

采访者　　上海世博会已经进入倒计时，作为世博会的总规划师，您认为承办世博会的意义何在？

吴志强　　早在1984年，上海市市长汪道涵就嘱咐我搜集世博会的有关资料。那时他就希望能够在上海办世博会，而且越早越好。

　　举办世博会，对一个国家的意义极其重大。

　　首先，世博会给国民创造了一个看到全世界文化、科技、思想精华的机会。可以这样说，假如没有大阪的世博会，日本人对世界的把握绝对不会是这样的，大阪世博会的参会人数为6400万人，相当于一半日本国民参加了世博会，到今天为止，参观过世博会的老人，讲起当时的盛况仍非常激动。尤其是像我们这样一个刚刚从封闭走到开放的国家，并不是每个人都能遍游世界各国，举办世博会，239个国家和地区都来参展，对于我们去参观世博会的人来说，相当于在几天的时间里，看到了全世界最精华的内容。

　　其次，举办世博会，还会大大推进一个国家的创新。看过了全世界最好的东西，年轻一代就很容易有创新的动力和基础。举办世博会，能够促进一个国家的创新意识。过去主办世博会的国家都在这方面受益匪浅。

　　再则，能够加强中国与世界的沟通，让西方国家了解真实的中国。在今天来说，让更多的西方人接触到真实的中国，和中国的百姓充分沟通，比什么都重要。过去一些西方国家媒体对中国的介绍很片面，甚至有许多偏见和误解。只要他们了解到真实的中国，看到我们真正在努力探索城市的可持续发展，努力保护历史文化遗产，就一定能够消除偏见。

采访者　世博会的举办，对于促进经济发展，也有不少益处吧？

吴志强　我觉得经济上的直接收益不是最重要的。

　　当然，它会带动经济的发展。比如2000年的汉诺威世博会，带动了该地区经济2个百分点的增长。美国在1929年的经济危机中，通过举办芝加哥世博会，大规模刺激公共投资，率先走出了经济危机。在当前这样一个全球性经济危机的时候，中国通过世博会的举办，能够促进经济活力，大量带动公共投资。我相信上海世博会是天赐良机给中国，当初在申办世博会的时候，并没有预想到会有今天的经济危机。

　　我再说几个数字，美国到今天为止，共办了大大小小17次世博会，法国巴黎一个城市就办了5次。我们搞城市研究的人都清楚，当时美国的城镇化正好处在一个从起翘期到成熟期的快速城镇化发展阶段，举办世博会，助推了城镇化的成熟过程，一届一届，像多级火箭助推一样，把美国推到了一个现代化的强国。而目前我们也正好处在这个起翘后的快速城镇化阶段，举办世博会，同样也能助推我们城镇化的内涵成熟进程。

　　所以我说这次世博会是天赐良机给中国。这个影响也许现在还看不出来，但将来你一定能够看到。

规划创新：让世界看到中国是负责任的国家

> 我期望实现中华智慧的天人合一，通过世博会，让世界知道，中国是一个极其负责任的国家，我们不光对自己负责，更是对地球负责。

采访者　世博会的影响，不单纯是提高经济发展几个百分点的问题，而是一种质的提高。

吴志强　是的。比方说通过世博会，通过规划创新，我相信会提醒参观的市长和城市领导们的城市节能意识，带来环保意识、生态理念的提升。

　　很多城市在夏天的时候经常断电，这意味着什么？断电就意味着在太阳把能源送到我们家门口的时候，我们却需要更多的能源来抵抗太阳的能源，这显然不是一种聪明的做法，我们说自己是华夏文明智慧的子孙，说着"天人合一"，作为规划工作者，我觉得要重新学习中华智慧。

在上海世博园的方案中，我们对主导风向、降雨量、湿度、太阳能等进行了城区级别的大规模模拟。我们能够准确地计算出一个地方一天的太阳辐射，比如2010年7月1日下午2点钟的太阳有多少辐射在这个地方，每一天从早上9点到下午5点钟的太阳，一共有多少辐射过来。通过一些规划创新的手段，一方面减轻太阳辐射对地面的暴晒，另一方面，将其转化为我们的能源。通过规划设计的手段，实实在在地走向天人合一的城市。

采访者　在上海世博园里，有很多类似这样的创新。

吴志强　是的。我们通过风的模拟，不断调整城市规划设计，努力做到园区内每一栋建筑、每一个窗户进来的风都是恰到好处的风、让人感觉最舒适的风。在此基础上，我们认真地组织，按照上海夏日季风的东南风向的风力风频，在整个5.28平方公里世博园区组织城市街道穿堂风风道。

另外，我们还在上海世博园里的一些空调系统中，试验用太阳能直接管控，太阳越暴晒，工作越起劲。

我期望实现中华智慧的天人合一，这个古老的智慧需要我们通过自己的行为来证明，在今天的世界，对当下的世界性城市问题，它是可以作出重要贡献的。

采访者　这种做法，在国际上有没有先例呢？

吴志强　没有先例。西方绿色建筑研究了30多年，做到三、五栋建筑的风的模拟。而我们这次做到的是一个城区。这是中国城市规划界对世界的贡献。

采访者　这对我们传统的城市规划设计方法，是一个很大的冲击。

吴志强　我们应该怎么做城市规划设计？过去我们常常注重于漂亮不漂亮，而今天，我们强调的是怎样节能，怎样更舒适。通过城市的规划设计，让每个窗户都有风，炎炎夏日，整个城区可以大规模不用空调。通过风的模拟，太阳辐射的模拟，找到最佳的舒适度，以此来调整我们的规划布局，科学合理地安排绿化，让绿化变成风的导向片。

采访者　这种想法，在一个小区域的设计里可以实现，而要在整个城市实施，有相当的难度吧？

吴志强　在整个城市实施，还是有很多办法的。比如，树要怎么种？你是种12米的树还是种3米的树？种什么树种？为什么这里要控制建设？为什么这里的容积率要这么低？都有一定的科学道理，为规划提供了依据。

　　实际上，我们现在探索的是天人合一的城市发展模式。人和自然不应对立，通过这些模拟技术，通过这些新的规划设计的手段，直接导向我们城市的节能减排，建设真正走向低碳型的、不耗煤、不耗石油的城市。

采访者　最近几年，中国常常受到能耗大国的责难。而这些创新如果成功，是中国对世界的巨大贡献。

吴志强　为什么这些年我们中国的用电量直线上升？我们的出口量很大，而出口的产品都是用电耗处理的，虽是中国生产，却并不是中国消费。以光伏电板为例，中国是世界上最大的生产国，而实际上最大的销售、使用者是德国。大家知道，光伏电板的主要作用是发电，每一块可以使用20年。这就相当于，中国人充了20年的电，拿到德国去发了20年的电。到底是谁在耗电，谁在用电？就像你到饭店吃了一顿饭，吃完以后说很好吃，然后到厨房去打了厨师两耳光，说他耗电了。到底谁耗了电？是你吃了饭，不是厨师吃了饭，厨师是为你耗了电。

　　我深知中国北方城市的空气污染与烧煤紧密相关，所以，抓住了节煤、节石油，就抓住了节能减排的两头。所以，我们要继续往下突破，全力以赴，做出第一个能够不耗煤、不耗石油的城市。我们在上海世博会园区做的最重要的事情，就是节能减排的实验城区。我正在参加攻关，我想通过世博会，和下一步的几个试验城市，让世界知道，中国是一个极其负责任的国家，我们不光对自己负责，更是对地球负责。

保护历史文化遗产，让百姓成为受益者

在中国世博会园区中的现状建筑墙上，按照我们的规划，出现了大量圆圈，写的都是"留"字，而不是这些年大家看惯了的"拆"字。

采访者　如您所说，上海世博会园区让我们看到一个未来的、负责任的城市。但一个未来的城市，同样也应该是一个尊重历史的城市。在这方面是怎么做的呢？

吴志强　从调查阶段起，我们就紧紧抓住了可持续发展中的历史文化遗产保护，上海世博会园区内一共保留了25万平方米的建筑。历届世博会的一贯做法是"推平头"，拆了老建筑，新建世博园。但在我们中国世博会园区中的现状建筑墙上，按照我们的规划，出现了大量圆圈，写的都是"留"字，而不是这些年大家看惯了的"拆"字。我坐在世博大楼办公室里，从窗边看到这么多、一片片的"留"字，想象中像个老母鸡，看了几十年小鸡们任人宰割，终于今天护住了几只病小鸡，还说要请医生治病，不宰了。治得好不好，最后还要请同行们有点宽容心，否则我们大家的小鸡病了，就无法摆脱被宰掉的命运了。

采访者　保留老建筑的形态，赋予其新的生命。

吴志强　据我所知，上海世博会是世界上保护建筑最多的单个项目，加上园区外围，一共保留了38万平方米的老建筑。当时连世博会国际展览局都觉得很奇怪：怎么留了那么多老建筑？我们就是要留下这些老建筑，让大家知道这个城市的历史。在世博园建设中，我们大规模使用老建筑，保护了大量老厂房。比如原来的特钢工厂，现在变成上钢大舞台了。我想这是我们中国人对世博园建设模式的一个新贡献。

采访者　对这些老建筑，怎么使用，让它们焕发新的活力？

吴志强　我们全部进行调查，调查以后，再按照规划布局，将各种建筑转换成不同的功能。

另外，我们还保留了大量住宅区，涉及一万多户人家。假如是"推平头"的做法，这些人家肯定要面临拆迁，但是我们让他们留下来，成为上海世博会园区最核心区域的住户，成为最大的、也是第一批受益者。

采访者　一个大型事件，不一定非得把旧房子全拆掉、让老百姓都搬走。

吴志强　可以用整治外部环境、完善管理措施的做法。老建筑保留下来，同样可以做得很漂亮，可以赋予其新的生命，这才是可持续发展的历史。我们要尽量避免大拆大建，尽最大可能保护老百姓的利益，减少城市发展的成本。

城市长远发展：埋下更多伏笔

在上海世博会园区建设中，我们在很多项目中都埋下了伏笔，为世博会之后上海的长远发展战略做好准备。

采访者　世博会毕竟只是一个阶段性的盛会。那么，世博会之后呢？世博园怎么办？如何再利用？

吴志强　在上海世博会园区建设中，我们在很多项目中都埋下了伏笔，为世博会之后上海的长远发展战略做好准备。世博会结束以后，规划的智慧就会显示出来。比方说这个地方，一看就知道：一个会场，一个主体馆，中间是一个快餐广场。实际上我们在规划、建设的时候，就已经把地下也考虑进去了，等世博会一结束，快餐广场拆掉，这两栋建筑合拢，就成为一个会展中心，可以举办20万人次的会展，正好是上海最缺少的20万人展馆。

规划人就得这样，不能光看到眼前，还要看好以后的两步、三步怎么走。既保留历史，又考虑长远，这才是可持续发展。要把长远的发展战略和近期的临时性建设紧密地结合起来，减少大规模临时建筑、临时投入，以此来体现规划的社会价值。

中国城市规划师：守土有责

上海世博会园区里面，几乎所有的项目都是国际招标，但又全是以中国人为主导，老外辅助。这一点我觉得中国规划界可以很自豪。

采访者　　能承担上海世博园的规划设计，和取得世博会的主办权一样，竞争激烈。2004年，上海获得2010年世博会的举办权。您联合同济大学多学科专家，组织了多专业协同的规划团队进行世博园规划设计，在10家国际方案多轮竞争中胜出。您个人也被任命为中国2010年上海世博会园区规划总规划师。您和您的团队是如何胜出的呢？

吴志强　　首先，我们这代人很想为中国的规划事业争气。正如许多前辈强烈批评的那样，2004年前后，我们中国很多重要的项目都是被外国的规划设计师拿下当"试验品"的，包括大大小小的奥运会场馆，CCTV新大楼，国家大剧院，无一例外。中国规划师守土有责，各有其用，要打好中国城市规划设计领域的本土守卫战。

其次，我们提出了"和谐城市"的理念，这实际上是我1997年起草的《21世纪城市规划师宣言》的核心内容。别的方案大都说的是具体技术问题，比如交通如何组织、展示功能如何安排等。只有我们的方案，强调的是让这个"城市，让生活更美好"主题的规划演绎，并不仅仅是说为了世博会而建世博园，而是把6.68平方公里规划范围作为未来的城市，去思考、规划、设计。

再则，和长期的学术积累与准备有关。我们有长期城市研究的积累，可以明确城市的未来走向。园区内的河流也可以说是未来的河流，通过园区内的植物，越流越干净，净化之后，再流回黄浦江。园区内有一条路，是把废旧轮胎打碎，变成颗粒、做成塑胶，铺在路面上。这样的路面，是可以呼吸的，渗水的功能很好，踩下去也很舒适、很柔软。

采访者　　从某种意义上来讲，世博会对将来的城市发展具有示范性。

吴志强　　对，这样就比较有意思了。

另外还有很重要的一点，我们是一个团结协作的巨大团队。同济大学每位建筑教授，带着一个团队负责一栋建筑的创作，每位规划教授负责一个规划系统，发挥各自的专业优势。全院几乎所有的副教授、讲师、博士生、研究生都主动积极参加讨论，发表自己的观点。

此外，我们还邀请了上海市城市规划设计院共同参与，他们掌握着上海城市发展的大量基础资料。我们还收编了之前就出局的德国ASP公司和日本日建规划，前者正是2000年汉诺威世博园规划设计的实际操作公司，后者是1970年创造6400万参观者记录的大阪世博园的规划设计公司。

采访者　集众人之智，走创新之路。

吴志强　什么是自主创新？不是关起门来创新，也不是独立创新，所谓"自主"，就是你作为主人，把各方好的资源吸引过来，以你为主导创造好的经验。

中国规划的自主创新很重要，但创新并不是把主导权给别人，也不是要闭门造车。上海世博会园区里面，几乎所有的项目都是国际招标，但又全是以中国人为主导，老外辅助。这一点我觉得中国规划界可以很自豪。

齐心协力，找回我们的民族自信

我有一个梦想，今后几年，在中国的土地上，规划设计建设一个系列的节能实验城市，提高我们中国城市规划在世界上的地位，对整个世界的城市发展作出重要贡献。

采访者　在这个过程中，您有没有特别难忘的经历？感觉最难的是什么？

吴志强　最难的就是在参加国际竞标的时候，17个评委，一大半是外国人，压力很大。

采访者　为什么会出现这样的状况？在自己的本土内，却不是以中国人为主导？

吴志强　这样的事情这些年在中国土地上发生得太多了。什么叫"国际竞标"？有的城市不让中国自己的队伍参加，全部都是邀请国外的公司。这就叫"国际竞标"？干脆就叫"国外竞标"算了！其实国外的公司并不都是优秀的公司，有些在其本国内充其量也就是二、三流的企业，找不到活干，跑到中国来寻找市场，一些疯狂的设计、淫秽的形象，也拿到中国来实现。

采访者　把中国当成了一个免费的实验场。CCTV新大楼就是一个例证，它是一个很怪异的建筑。

吴志强　　这样不入流的方案居然被选上并付诸实施，我觉得很荒唐，也是一个耻辱。建筑师可能有权利拿业主的钱，通过一个形象设计，将业主比作妓女以羞辱之。如果是公共建筑，特别是国家形象建筑，建筑师还有这样的权利吗？整个人类建筑史上鲜见，将来一定会贻笑天下。

采访者　　这种状况的形成，和我们缺乏民族自信、有些领导盲目崇外有关。

吴志强　　所以我们在做上海世博会园区的规划设计的时候，不管做什么，不管多困难，都要尽可能让中国人来主导。要重新找回我们的民族自信心。我们这个团队的每一个人也都在贡献自己的力量，不辞劳苦，不计报酬，无怨无悔。我们大家有一个共同的信念：做好上海世博会园区规划设计，中国规划师守土有责。

采访者　　担任上海世博会园区规划总规划师的这段经历，会给您今后的规划师的生涯带来什么影响呢？

吴志强　　通过上海世博会的规划设计，我认识了这么多的前辈和相关领域专家，我们共同探索，同时也是个共同学习的过程，我从他们那里学到了许多东西，非常快乐。今后我还会和他们保持合作，齐心协力，做更多利国利民的事情。我的信心比过去更加坚定了：探索城市未来的可持续发展，中国可以走在世界前列。

　　　　　我还有一个梦想，今后几年，在中国的土地上，规划设计建设一个系列的节能实验城市，提高我们中国城市规划在世界上的地位，对整个世界的城市发展作出重要贡献。

采访后记 "我有一个梦想"

　　　　　采访吴志强教授，是在一个风雨交加的夜晚，借吴教授到北京出差的短暂时间。是夜暴雨如注，飞机晚点。采访结束，已是子夜时分，雨后都市，无限清朗。

　　　　　而访谈所带来的"冲击波"，却并未散去。

　　　　　有些话语，时至今日，仍常在脑海浮起。

正如吴教授所说：他有一个梦想，今后几年，在中国的土地上，规划设计建设一个系列的节能城市。要提高我们中国城市规划在世界上的地位。要让世界知道，我们中国是极其负责任的一个国家。要齐心协力，重新找回我们的民族自信。

当然，这不仅仅是他一个人的梦想。而是我们大家的梦想。

或者，它早已不再仅仅停留于梦想。

实现梦想，我们在路上。

听大师讲规划

从城市规划未来的发展方向看，它的民主化进程所带来的好处，要远远高于所谓的科学化。

尹　稚 1963.2~

生于北京。1992年毕业于清华大学建筑学院，此后多年在清华大学建筑学院、建筑与城市研究所、清华大学城市规划设计研究院执教并从事教学、科研、生产工作，曾任清华大学建筑学院副院长，北京清华城市规划设计研究院院长，中国城市规划学会副理事长。

尹稚先生参与并主持大量城市规划设计工作，主持的大部分项目均有多学科交融、多专业合作的特点，形成一套组织大型研究队伍专门处理综合性、政策性极强的挑战性规划设计项目的方法。他是国内开创概念性规划的发起人之一，对概念性规划的内容、方法和程序的研究为国内首创。

多年参与并主持大量城市规划设计工作，对于新中国改革开放以来城市规划设计行业的发展颇多体验，尹稚认为：广泛共识推动城市发展，规划师最重要的职业精神是沟通。

广泛共识推动城市发展

市场经济条件下，城市规划要在政府、市场和公众三者之间架起桥梁，通过达成广泛共识，形成决策，推动城市建设发展。

采访者　市场经济条件下，规划师面对的矛盾冲突相比计划经济更加复杂尖锐。您参加并主持大量城市规划设计工作，对此有何深刻体会呢？

尹　稚　我觉得规划行业的定位，应该是一个咨询服务业。我们这一代规划师和老一代规划师最大的不同，就是我们没有经历过那种各级政府相对比较强势和强权的时代，自上而下，把城市规划更多地看作是一种政府权力。

我1980年进入清华大学建筑学院学习，从1984年开始做规划。可以说，我在城市规划行业的成长，伴随着中国经济和政治体制的改革。在这个宏观背景下，规划作为咨询服务业应该具有什么特点？在计划经济时期，我们的老一代可能更看重城市有没有一个总规划师、一个能说了算的专家；而在市场经济条件下，城市规划更多的是在政府、市场和公众之间架起桥梁，通过达成广泛共识，形成决策，推动城市建设发展。

城市规划的公共政策属性是怎么形成的？它是通过一系列的说服、解释、论证、激励等，在尽可能广的范围内达成利益相关人的一致，这才叫公共政策。如果你既不征求老百姓意见，又不征求市场意见，甚至连跨部门意见都不征求，就自行出台一个政策，说"我代表公共政策"，这个有点不靠谱。

规划师最重要的职业精神是沟通

规划师必须具备与不同层面、不同学科、不同视角专家沟通的能力，与城市建设中各种利益相关者之间进行沟通的能力，与各种类型的社会团体、非政府组织沟通的能力。

采访者　　如您所说，城市规划要在政府、市场和公众之间架起桥梁。这需要规划师具有什么样的职业精神？

尹　稚　　作为规划师，最重要的职业精神应该是沟通。

　　　　　从窄处说，城市规划涉及的技术背景日益复杂，涉及社会、经济、人文的方方面面，规划师必须具备与不同层面、不同学科、不同视角的各类专家沟通的能力，要有足够宽广的知识面。

　　　　　从宽处说，要具备与城市建设中各种利益相关者进行沟通的能力。政府毫无疑问是利益相关者之一，包括不同的政府部门，你的沟通能力怎么样？有时一个规划做下来，要和三四十个政府部门打交道，不只是规划局一家。不同层级政府的利益取向也不一样，从中央到地方，各自的利益取向是什么？面对各种类型的市场势力的代言人，你怎么理解其行业、价值取向，理解在每一块空间利益分配中他所关心的东西？任何一个判断错误可能压制城市发展，也可能导致城市恶性发展。还有就是跟一般老百姓的沟通，他们是最终生活在这个城市里面的人。同时，你还要具备和各种类型的社会团体、非政府组织沟通的能力。

　　　　　这个沟通过程，从一定意义上说，是一个说服的过程、诱导的过程、激励的过程，有时还是强制性规范的过程。

好的规划方案是在最大范围内达成一致

　　　　越来越多的人已经认识到：其实不存在什么技术上最优或者最好的工作方案，一个好的规划方案，永远是在最大的范围内达成一致。

采访者　　在快速城镇化进程期，城市发展和建设往往会比较着急，这给规划师的沟通也增加了一定难度吧？

尹　稚　　在城镇化比较成熟的时期，可以慢慢来。而现在往往都是急茬的事儿，这给规划师带来考验。你有没有吃苦耐劳的态度和精神？即便是在这种短周期、高强度的工作状态下，也能尽最大可能追求一个项目的完整性。清华精神里有一条就是"追求完美"，无论做什么事，都要有这么一种精神在里面。

采访者　追求完美，会不会遇到社会现实的冲突？

尹　稚　这种完美不是纯粹的理想主义的完美，它还是跟现实结合的完美。吴良镛先生有一个重要观点，他说，城市规划是以理想主义为导向起源的，但是在现实中，规划师又是以解决实际问题为核心的。你的理想一定是最终把现实问题解决掉，而不仅仅是一个空想社会主义或者一个幻想。你在沟通、协商、达成一致的过程中，必然面对着妥协、让步、磨合，最终的方案一定是一个解决现实问题的方案，而未必是理论上十全十美或者理论上十分优秀的方案。

越来越多的人已经认识到：其实不存在什么技术上最优或者最好的工作方案，一个好的规划方案，永远是在最大的范围内达成一致。

采访者　这样的规划方案，也一定是最易实施的方案。

尹　稚　对，因为你推进发展，是依赖于全社会的最大限度共识，如果没有共识，各说各话，怎么可能一起做好一件事呢？

在理想与现实冲突的问题上，我没有太强烈的感觉，不像有些理论家描述得那么尖锐。

在市场经济条件下与计划经济时期最大的不同，在于它是一个多元化的进程，投资体系多元化、利益关系多元化，你的沟通面不断扩大，知识面也不断扩大，你需要理解的人群的分异程度越来越大，你的服务也得细化，如何把握这些差异性，针对不同的服务对象采取不同的服务方式，这是规划师必须思考的问题。

深入调研，而非"走马观花"

现在很多规划师不愿意做这个环节，调研时间越来越短，甚至有一些连现场都不去，规划也做出来了。这是非常糟糕的。

采访者　好的规划方案需要在深入实际中产生，而不仅仅是坐在房间里画图。

尹　稚　当年我刚开始做城市规划的时候，每接一个地方项目，通常驻场时间几个月，若干次去现场，初期可能有两个月到四个月的调查，回来做一段工作，可能补充调研又是一两个月。

现在很多规划师不愿意做这个环节，调研时间越来越短，就像领导干部似的，到当地简单听听汇报，甚至有一些连现场都不去，看看图，听听领导干部座谈会，就算结束了，规划也做出来了。这是非常糟糕的。

假如你要做一个城市的总体规划，那么至少全市域不同类型的地方基本上都要跑到，镇以上居民点都要看过，如果你不能每个村都跑到，但至少几种不同类型的，比如说工业型的、资源型的、旅游型的、农业型的，你都要看到。

采访者　　为了做好汶川重建规划，听说您在震后几天就到汶川，连续两个多月，冒着生命危险，几乎跑遍灾区？

尹　稚　　基本上汶川灾区所有的地方我都去了，跑遍了汶川各个能去的乡镇。危险的情况我们遇到过很多次，经常遇到大规模的山体垮塌，有时候，离我们的车也就是10米、8米的距离，甚至更近。

看到处于混乱状态的灾区、受灾群众，你一天到晚想的就是怎么赶快把他们安顿下来，你不会去想你遇到的危险，也顾不上想。当时感觉压力最大的就是选址问题，不管是建板房还是搭帐篷，你都要给老百姓选对地方，不能因为选址错误再给他们带来生命的威胁。在当时非常着急的情况下，我们冒着危险尽可能地深入实地，没有作出错误的判断。

技术为人民服务

说到底，要回到根本——为人服务，其中最核心的就是尊重人的基本生存权利，安全与健康是人类发展最本底的基本权利。

采访者　　在汶川两个多月，您体会最深的是什么呢？

尹　稚　　我写过一篇文章：《自然科学当中的不确定性究竟挑战了什么东西》。我们很多人，特别是工科出身的人，会迷信科学，但实际上，到目前为止，我们自然科学的发展程度不可能给现实生活的所有问题都有一个百分之百的精确答案，很多答案是模糊的，甚至是不稳定的，带有很强烈的不确定性。那么在这种情况下，搞自然科学的人需要具备什么样的基本素质？首先是价值观优先，你得明确为谁服务，是为技术服务，追求一种科学狂想还是为了别的什么？说到底，要回到根本——为人服务，而为人服务中，最核心的就是尊重人的基本生存权利，安全与健康是人类发展最本底的基本权利。

采访者 就灾区重建而言，如何体现"为人服务"？

尹　稚 灾后重建，更多的是鼓励当地群众恢复信心、生产自救，让他们觉得自己还能重新站起来。不仅为他们重建房子，还要考虑这个地区将来产业如何发展，塑造什么样的空间环境。要给他们展现一个更加美好的生活前景，而且是他们通过自身参与可以做到的。

采访者 为人民服务，同时也倡导自助参与。

尹　稚 我们在后期经常强调自救，就是如何自我振奋、重建家园。后来我到灾区去看很多试点工程，经常会问援建方有没有当地老百姓参加。比如你盖一个学校，学校盖成什么样，如果连未来使用这个学校的校长都一无所知，这就很滑稽，变成了简单完成救灾的政绩工程。学校盖完以后可能很豪华，但未必适合当地使用，将来有可能出现巨大的浪费。

采访者 在灾区做规划，也会有不同的诉求。作为专家，您认为规划到底是为谁而做？

尹　稚 当然是为受灾群众来做。支撑我们在那儿做下去最大的动力，就是关心这批老百姓。我们要把受灾群众安置好，穷尽我们所能使用的、最现实的手段。

广泛交流达共识

我们和政府高度配合，与开发商高度合作，开发商有什么意图，在不损害公共利益的情况下，尽可能帮助实现。

采访者 在规划设计行业这么多年，您做了很多项目，自己最满意的是哪一个呢？

尹　稚　　如果从实施性项目来讲，中关村西区，现在来讲是比较满意的。我们2000年完成规划，当时提出的目标是8～10年建成，你从Google看现在中关村西区的投影图，跟当初的规划图基本没有区别。也就是说，规划控制得很得力、很成功，实现了所谓"六线"控制的真实落地。

当时我们做过大量的各式分析，不是简单的摆一个块、画一个漂亮房子就完了，包括地上红线怎么控制，地下红线怎么控制，地下那么复杂的空间基本格局怎么利用，包括中央广场绿带等，我们也做了七八轮方案，一点一点磨合出来。

这是一个比较典型的、通过高强度讨论和广泛交流意见达成共识的项目，反映了非常好的政府、开发商和设计团队彼此信任的高强度结合。包括地下空间项目、地下综合网络体系的开发等，我们不停地协调，在一年多的时间里，前前后后召开的各种协调会有150多次！

我们和政府高度配合，与开发商高度合作，开发商有什么意图，在不损害公共利益的情况下，尽可能帮助实现。

城市规划不需要太强的个人色彩

城市规划一定要将广泛认同放在首位。
你做规划方案，并不是单纯为某一个政府部门负责，或者单纯为某一个人负责，而是要对这个城市负责。

采访者　　沟通了各种利益群体，用一些科学的方法，这样的规划能够顺利实施。

尹　稚　　城市规划和建筑创作不一样，建筑创作是允许有一些高度个性化的东西，而城市规划一定要将广泛认同放在首位。你的所谓个性化、个人化、艺术性的理解，往往会退在第二位、第三位，永远不会是第一位。一个规划师不能自认为自己的作品多么牛，必须实施，打一点折扣就是不尊重规划，其实凡是持这种态度的人，本身不懂城市规划是干什么的。

采访者　　规划不需要很强的个人色彩、个人理想，而是要突出其公共属性。

尹　稚　　规划是社会大众实现公共理想的技术工具。你在这里起到一个信息的传播者、沟通者、协调者的作用，不能走向另外一个极端。

我们老说市长、书记乱拍板，拍脑袋决策，其实这种说法是不对的，他有他的政治价值取向，有他的权衡。当然，如果他做得比较极端、过分，那就意味着他是把个人意志强加于集体意志、公众意识之上。

那么技术专家呢？一言不合就拍桌子、砸茶杯，跟拍脑袋的市长、书记又有什么区别？把自己的技术理想强加于公众之上，自认为比所有人都聪明，这不是规划师应持的基本态度。

规划师是一个要广交朋友的职业，要广泛沟通和广泛理解。城市规划不是个人作品，也不是个体创作，不应以个人价值为主体。

采访者　规划师在一定意义上也是社会理想的载体.

尹　稚　对，规划师应该是一个综合的社会理想的载体，而不是一个个人主义膨胀的家伙。

规划一开始就是一个倾听的过程，先听，弄明白对方想干什么，然后根据自己掌握的技术知识，根据社会科学和自然科学的双重背景来做判断，编制思路、框架，以及具体的技术解决方案，然后还要沟通，这些方案能不能被你的甲方所认可。

现在我们的甲方比较复杂，同一个项目，你可能是跟当地规划局签的协议，但他其实只是你的甲方的一个代言人而已，你真正的甲方是这个城市的市民、企业，为这个城市建设创造很多价值的人都是甲方。因此，你做规划方案，并不是单纯为某一个政府部门负责，或者单纯为某一个人负责，而是要对这个城市负责，从小一点来说，对这个社区的未来发展负责。

采访者　所以说，规划师具有沟通能力很重要。您大部分时候都能通过沟通获得认可吗？

尹　稚　短暂的挫折肯定也是有的。有些项目，我们做到一半，发现完全无法沟通。一开始双方谈得还可以，但随着项目的逐步深入，一些比较极端的不良利益开始表达出来，希望通过我们来实现其不良目的，这种甲方有，而且有的还是政府。

采访者　碰到这样的情况，如何处置呢？

尹　稚　首先还是沟通，试图解释说明，最后发现做不下去，如果按照我们的思路，对方肯定不会满意；但如果实现对方的要求，就可能涉及违规违法的问题，不符合基本的职业底线，我们当然不能做。碰到这种情况，我们一般会给对方发一个正式的函，宣布退出，已收费用全额返还。

采访者　大部分时候可以说服对方？

尹　稚　一般可以说服，哪怕把这种不良损害降低到尽可能可控的程度也可以。

　　但是也有些人，就是利令智昏。我们有个别官员，也是很霸道的，明明按政府各级规定，这块地不能干这个，但他偏要干这个，而且还希望能借清华这块牌子把事情做成。

　　另外也碰到过比较极端的开发商，明知道这种开发强度、建筑高度是不可能实现的，做出来会有大量硬伤，连基本的日照、间距都不可能满足，对左邻右舍也会有恶性影响，但他就是要干，想通过清华的名气去突破这些管理体制。

　　我们对这种类似项目的防御能力比较强，接项目很"挑"，并不是看到大价钱项目就接，一般先和甲方谈一段时间，看看基本价值观能否达成一致。

民主协商的机制会比较好

　　城市规划实际是在不断调整和变化中的。
　　从城市规划未来的发展方向看，民主化进程所带来的好处，要远远高于所谓的科学化。

采访者　让城市规划走向完全的法制化，是不是就可以杜绝这些不良"业主"呢？

尹　稚　当前中国正处于一个高速发展的时期，在这一阶段城市规划走向完全的法制化，是一个两难选择。从技术方案角度来讲，城市规划实际是在不断调整和变化中的，假如所有规划都能达到立法程度，那么，依法最核心的理论就是立法内容能够长期稳定，不能朝令夕改。而实际上，现在我们的规划很难做到中长期稳定。

因此，我认为更应该强调城市规划民主决策机制的走向，而不是盲目强调"科学算命"的走向。其中当然有一些指标是必保的，跟公共安全、基本生存条件有关的，可以做强制性处理，但是跟经济利益有关的，实际上很难做到完全强制，还是民主协商的决策过程比较好。

城市规划是一个审时度势、因地制宜的东西，同样一种类型的问题在不同地段、不同时代会有全然不一样的解决方案。所以，它的决策过程不是强调一个经营性的科学团队怎么拼命加大它的科学性，而是一个覆盖面更广的团队怎么能够协调更广泛的利益关系。从一定意义上说，城市规划也是一个讨价还价的交易过程，通过协商、谈判达成共识，大家共同遵守。

从城市规划未来的发展方向看，民主化进程所带来的好处，要远远高于所谓的科学化。规划唯一的前景就是把规划变成全民的规划，而不是把规划变成某一部分技术人的规划，或者某一个部、委、局的规划，那肯定是死路一条。

采访后记

侠肝义胆走"江湖"

从一定意义上说，尹稚更像是一个"游侠"，而不是一个只是坐在书斋里做学问的文弱书生。

当然，这绝不是说尹稚的学问做得不好。而是在学问做得出类拔萃的同时，他以自己的"侠肝义胆"，行走规划"江湖"。这就是尹稚带给我们的生动印象。

在他的办公室里，除了琳琅满目的各类书籍，还堆放着一些大小不一、形态各异的旅行箱，粗略数数，足有八九个；还有一些摄影器材。尹稚坦陈：自己是个"驴友"，具有户外开车的经验；爱好摄影。他的衣着，休闲随意；他的体魄，看上去也是健壮的。——怎么看，也不像来自高等学府的大专家。

或许，也正是这个"不像"，造就了这个颇有些传奇色彩的尹稚，从一定意义上说，也是"侠肝义胆"的尹稚。

面对不良甲方，沟通不成，坚决说不，绝不做任何有损于公共利益的事情，一年推掉一个亿的设计费也在所不惜。

在做西藏旅游总体规划的时候，他几乎踏遍了西藏的每一寸土地，很多时候，就是自己驾车，也曾经有过藏区深山迷路、险些"殉职"的传奇经历。

在汶川灾区两个多月，他坚持自己深入实际得出的科学结论，想灾区人民之所想，急灾区人民之所急。

或许，在汶川灾区群众的眼里、心目中，这个尹稚，更像是一个自家哥们儿，正直、仗义。

在我们的眼中，有时候透过历史与现实的波光倒影，透过规划设计的端庄华美外衣，我们——看到一个侠者。

社会责任和公平正义是作为规划师这个职业的精神支柱。假如没有这个支柱，你成不了一个好的规划师。

李晓江 1955.12~

1984年同济大学硕士研究生毕业，曾任中国城市规划设计研究院院长，中国城市规划学会副理事长。现任中国城市规划学会常务理事、国外城市规划学术委员会主任委员，享受国务院政府特殊津贴专家。

李晓江先生率先提出"国家中心城市"理论，2007年写入中国住房和城乡建设部发布的《全国城镇体系规划（2006~2020年）》。他先后主持了珠三角、海峡西岸城镇群和北京、上海、天津、重庆、广州等多个城市的发展战略研究或总体规划。参与并主持我国若干重大城市规划项目，获得建设部、全国优秀规划设计、全国优秀工程设计等大奖，并在多次国际合作项目中代表中方负责专家组工作。

从2008年5月到2009年7月接受采访，在短短一年多的时间里，据粗略统计，时任中国城市规划学会副理事长、中国城市规划设计研究院（以下简称"中规院"）院长的李晓江去了四川灾区近40次。

谈起四川抗震救灾和灾后重建，他充满情感："中规院参加抗震救灾是一种本能的冲动。""作为规划师，应该始终把社会责任、国家责任放在第一位。"

抗震救灾：从本能的冲动说起

这是规划师的安身立命之本。一定要把国家、民族、社会的利益放在第一位，你才能成为一名称职的规划师。这也是中国城市规划行业的良好传统。

采访者　汶川地震发生后，中规院迅速行动，立刻投入到抗震救灾和灾后重建中，并受到国家有关部门的表彰。

李晓江　当时的住房和城乡建设部副部长仇保兴说了一句话，我觉得很贴切，他说：中规院积极参与抗震救灾，这是一种本能的冲动。

采访者　本能的冲动？

李晓江　对，是一种本能的冲动，用不着谁去动员、下命令，从院到所，到每一个专业人员，本能地就会去做。

院里有一种多年以前就已经形成的风气：遇到重大的自然灾害、突发事件，当国家、社会需要的时候，总会冲在第一线，不管是救灾、扶贫、抗击"非典"，还是援藏、援疆、援青，大家都很积极，始终坚持把对社会的责任、对国家的责任放在第一位。

采访者　延伸了来看，这也是城市规划行业的整体风气。

李晓江　　确实，这也是我们城市规划行业的一种良好风气。

记得2008年6月10日，我从四川灾区回到北京，向部领导汇报灾后重建城镇体系规划。6月13日上午，我向中规院的老院长、两院院士、原建设部副部长周干峙和中国工程院院士邹德慈等汇报灾区工作和北川新县城选址等有关情况，周部长当时说了几句话，我印象极为深刻。

记得当时我对周部长说："很抱歉，那么大的事情，由于一直在一线，没有机会回来给你们汇报。"周部长回答说："这个时候你不在一线谁在一线？"他认为这是天经地义的事情，作为中规院的主要领导，责无旁贷地必须在第一线。

然后他又说，中国的城市规划之所以有今天的地位，与三件事有重要关系：第一件事是"一五"期间，一批新兴工业城市的规划和重大建设项目的选址；第二件事是1976年的唐山大地震以及唐山、天津等城市的灾后重建，重建工作应该怎么做？到底要花多少钱？当时大家都拿不出一个准确的说法，建设系统规划人员拿出来了，这主要是规划师的功劳；第三件事就是以深圳为代表，改革开放以后沿海开放城市的科学规划。

这三件事情周部长都是亲历者，他又说到，汶川大地震可能是第四件，大地震再次给了城市规划行业显示其重要性的机会。18个省（直辖市）对口援建，几百个规划院、上万名甚至数万名规划师，同一时间集中在50多万平方公里的灾区，整个行业一起为灾后建设而并肩战斗。

采访者　　而且好多是规划界的精英人士。

李晓江　　都是精兵强将。整个城市规划行业在竭尽全力为国家、为社会、为灾区做贡献。中规院是其中一员。

采访者　　这体现了规划师的职业精神、社会责任。

李晓江　　是的。规划师应该把社会责任放在第一位。城市规划教育一代宗师金经昌先生有一句名言："城市规划是为人民服务的。"我非常认同这句话，一直以此来鞭策自己坚守规划师的价值观和职业操守。

甚至可以这样说，全世界的规划师都认为自己是社会主义者、理想主义者。社会责任和公平正义是作为规划师这个职业的精神支柱，假如没有这个支柱，你成不了一个好的规划师。

采访者　为人民服务，这是规划师的安身立命之本。

李晓江　我认为这是规划师的安身立命之本。一定要把国家、民族、社会的利益放在第一位，你才能成为一名称职的规划师。这也是中国城市规划行业的良好传统，在国家碰到重大事件、重大灾难的时候，这支队伍一次次得到检验、得到锻炼。

面对应急事件，规划师可以有所作为

一方面，政府要发现、组织他们；另一方面，作为规划行业自身也应该有相应的技术储备。

采访者　中国城市规划设计研究院在第一时间进入汶川地震灾区时，还做了非常专业的准备。

李晓江　我们当时对到灾区工作的困难估计得相对比较充分，事前做了很认真的准备。

记得事隔半年之后，四川省绵阳市规划局办公室主任汪涛跟我说："中规院有两件事让我很感动：第一，我们接待了那么多各地的救灾人员，传真给我们的名单上，每个人都有家属联系电话、个人血型这些完整资料的，中国城市规划设计研究院是第一个，你真是很职业、很认真地在做事情；第二，帮你们搬东西的时候，一不小心，有一个箱子散了，散落的全是压缩饼干，当时我的眼泪就下来了。你们这群人真是来给我们帮忙的。"

我们给每位同志都配备了帐篷、防寒服等户外生存装备，做好了最坏的打算。当然，更重要的是我们在资料和图纸方面事先做了充分准备，打印了可能获得的所有地形图，还分别为清华院、同济院准备了成都、阿坝地区的地图，名城所还整理了关于羌族历史文化的专题材料。

采访者　在重大灾害面前，规划师要提前做好充分的准备，就可以有所作为。

李晓江　是的。在应对应急事件的时候，规划师是可以有所作为的，或者说是大有可为的。一方面，政府要发现、组织他们；另一方面，作为规划行业自身，也应该有相应的技术储备。

另外，我认为还需要建立一套规划师应对灾难的应急机制，这是在汶川大地震以后规划行业应该认真思考和总结的事情。

采访者 通过这一年多的实践，您认为应该建立一套怎样的规划师应对灾难的应急机制呢？

李晓江 值得庆幸的是，我国有一个较完整的分层次的规划院的体系，从国家到省、市、县，每一个都有自己特定的服务对象，这是从规划层面做好防灾和应急的一大优势。各个规划院把自己的事办好，有充分的准备，当灾害突然降临时，就可以在第一时间启动应对措施。

各级规划部门和规划院有针对性地把我们国家、省、市的灾害类型和易发地区进行系统梳理，各级规划院承担起系统梳理本辖区内灾害类型分析和灾损评估的责任，做好基础信息、地图资料等应急准备。例如，江苏省的规划院可以就沿海、淮河流域、苏南城镇密集地区分别做好应对台风、潮汐、洪水和疫情等不同灾害与突发事件的准备；四川省的规划院可以对龙门山、鲜水河、安宁河等流域的地震高发地区做好相应的准备。

中规院2007年前就酝酿建立了城市公共安全研究中心，开始收集城镇不同类型灾害与突发公共安全事件案例，分析这些灾害类型的空间分布，从中探索规律。这样，在哪类灾害或事件发生的时候，就可以迅速汇集信息、图纸和数据，确定派什么样的专业队伍去完成应急工作。一直积累下去，就会逐渐形成一套较完备的应急体系与应急机制。

此外，在编制国家级、省级和市级城镇体系规划的时候，也应该特别重视安全、防灾和应急，这次汶川地震反映出一些地区道路交通保障条件很差，城乡生命线工程非常脆弱。

合理布局，可以防患于未然

如何从历史的尺度，对宏观层次去思考灾害频发地区和资源生态脆弱地区的发展与布局，是规划师面对的重大课题。

采访者　目前我们在编制城镇体系规划的时候，对防御灾害虽然也有涉及，但缺乏整体、系统的考虑。

李晓江　是的。我们的城镇体系规划对灾害和安全问题研究明显不够充分。体系规划应该分析哪些地区是高危险性地区，并提出规划对策。

　　　　　对于灾害频发地区，通过规划合理地调整人口、工业和城镇布局，是一个必须关注的问题。

采访者　最近几年，重大自然灾害频频发生。必须充分发挥规划的引导作用，做到防患于未然？

李晓江　是的。最近几年重大灾害频频发生，造成的生命和财产损失越来越大。作为规划师，必须认真思考如何应用规划去引导我们人口、工业和城镇的布局。过去我国经济基础非常薄弱，城镇化进程缓慢，工业化水平低，发生重大灾害后的重建能力低，无暇从布局角度考虑调整，也不具备调整布局的条件。但是现在不同了，我们完全有能力也有必要考虑以长期安全为前提的布局调整问题。

采访者　汶川地震发生后，有专家提出，这个地区本来就不适宜大量的人口和产业集聚。

李晓江　龙门山地区地处我国地理环境的第一台阶和第二台阶的过渡地带。这一地带集中了我国大量的水电和矿产、林产资源，大量的风景旅游资源，大量的少数民族和大量的贫困人口。同时，也是我国自然灾害高度频发的地区。

　　　　　龙门山断裂带地区承载了那么多人口，这是历史造成的，贫困造成的，无可奈何。但在今天城镇化、工业化快速推进的过程中，应当在人口、产业和城镇布局方面有所作为。吴良镛先生曾对我说：重大灾害的重建规划一定要研究历史，而不仅仅是工程技术问题。如何从历史的尺度，对宏观层次去思考灾害频发地区和资源生态脆弱地区的发展与布局，是规划师面对的重大课题。

规划师要有独立精神，实现社会理想

规划师应当承担着改良社会、推进社会公平正义的责任。规划师的激情来源于理想，而规划师的职业理想应该是与公众的理想一致的。

采访者　有些问题是出在宏观认识的层面，原因何在？

李晓江　我们规划师在宏观层面的问题上恰恰是可以有所作为的。但是我们对宏观问题关心很不够。

原因可能在于规划师独立的职业精神越来越缺少了。虽然在抗震救灾这方面规划师做得很好，但在一些重大、复杂、深层次问题面前，已经没有当年梁思成、陈占祥先生的勇气了，不能发出独立的声音。是没有底气说话？还是不屑于说话？可能都有。

采访者　这可能牵涉一个问题，规划师为谁做规划？这可能决定了说话的"底气"。

李晓江　我觉得现在规划师越来越多的是在为"富人"做规划，富人有两类：一是作为个人和企业的"富人"；二是作为发达地区政府的"富人"。

采访者　也就是说，是在为强势群体做规划。

李晓江　是的，在为强势群体做规划。

关注沿海发达地区的更加合理、更加科学的发展，这并没有错。但我担心规划师的视线忽略社会公平正义，忽略社会底层。

20多年前我在英国进修时就形成了一种认识：全世界的规划师都认为自己是社会主义者，至少是理想主义者。规划师的行为影响着社会，规划师应当承担着改良社会、推进社会公平正义的责任。规划师的激情来源于理想，而规划师的职业理想应该是与公众的理想一致的。规划师通过自身的努力去实现公众的理想，同时也是实现自己的职业理想。曾经热播的电视剧《人间正道是沧桑》提出了一个很好的问题：我们的前辈通过自己的奋斗与献身去实现社会理想，而不只是通过自己的努力去实现个人理想。

采访者　热衷于实现个人理想、技术理想，而不是真正服务大众的社会理想。

李晓江　你这个归纳得很好。作为规划师，你究竟是实现自己的技术理想，还是社会层面的公众理想？这个问题很重要。一个好的规划师，应该是把自己的职业生涯和职业理想结合起来，仅有职业生涯的设计是远远不够的；应该把职业理想、社会理想和个人发展有机结合，在实现社会理想的过程中体现个人价值。

规划师的社会责任，"道"在平常

衡量一个规划机构或者一个规划师的职业精神和社会责任感，其实更多的还是在看起来比较平常的事情。

采访者　规划既然是公共政策，规划师就应该把维护社会公平，为弱势群众服务作为自己的主要责任。

李晓江　是的。规划师应该把社会利益放在第一位。既然从事这个职业，就一定相信，通过规划师的努力，可以让社会变得更好。这种社会责任不仅仅体现在抗震救灾中，因为这个事件太重大了，任何一个社会群体用一般人的标准都会去做。但要在平常每日的工作中持续地做下去，就需要职业精神了。衡量一个规划机构或者一个规划师的职业精神和社会责任感，其实更多的还是在看起来比较平常的事情。

就目前规划行业而言，规划师对效率问题的关心，远远超过对公平问题的关心；对发展问题的关心，远远超过对弱势群体的关心。这是件非常可悲的事。

采访者　要改变这种状况，必须呼唤规划师社会责任的回归。

李晓江　从知识、研究能力来说，规划师不欠缺，但欠缺关注，欠缺态度。我注意到一些较高层次有关这些社会问题的争论，几乎没有规划师参加，其实，恰恰规划师有很多触角去了解和关注这些问题。

采访者　很多重大的社会问题都和规划师有直接关联。

李晓江 是有直接关联，如农民工进城、低收入人群住房、交通与公交、城乡土地问题等。经济学家对社会公平的问题关心越来越多，社会学家更是如此，但规划师在这方面声音相对较弱。

现在的规划师，在工作方式上更倾向于一个工程师，而不是一个有职业理想的规划师。即使一个很有社会责任心的规划师，也可能更愿意去做一些很具体的规划设计，而不愿意在更大的范围之内，去主动承担更多的社会责任。

我觉得规划师的责任，一方面体现在一些具体的事物中，我们敢于承担、勇于承担，这一点我们做得很好；另一方面，我们要把规划师的社会责任感，扩大到更大的范围，去发出更多的声音，这一点我们的能动性、主动性很不理想。

采访者 很多规划师埋头具体项目，忽略了社会责任的思考。

李晓江 当然，做好规划设计是规划师的本职，没有这个基础，即使有再大的热情，再强的责任心也难以作为。

当你拥有了这些基本条件以后，是甘于平庸，满足于物质利益，只是最低限度地履行一些社会义务？还是把自己放到一个真正有理想的规划师、规划机构这样一种位置上去？这是完全不一样的。在现实生活中，我们可以看到这样的差别，一个有理想、有社会责任的规划师或机构，他的精神风貌、工作状态和成果品质都是不同的。

多听百姓声音，关注落后地区

在规划设计中尽可能考虑弱势群体需求，坚持执行国家有关政策。此外，遵纪守法，严于自律，提高服务意识和服务质量，合理收费，也是规划院承担社会责任的一个方面。

采访者 您前面说过，作为规划师，要主动地为改变社会而做事。在日常工作中，如何努力？有哪些可以作为的空间呢？

李晓江 中规院特别关注落后贫困地区的发展和规划问题，一直在做援藏、援疆、援青的项目，对西部贫困地区也在项目安排、收费上给予大力度的倾斜、扶持。除了住房和城乡建设部安排的任务，院里也在主动扩大支援范围和规模，尽力帮助新疆、西藏、青海等地区做好规划。另外，中规院在科研、规划设计中比较关注社会公平问题的研究，用自筹经费支持社会问题的基础性研究，在规划设计中尽可能考虑弱势群体需求，坚持执行国家有关政策。此外，遵纪守法，严于自律，提高服务意识和服务质量，合理收费，也是规划院承担社会责任的一个方面。

采访者　做援助规划，会影响经济效益吧？

李晓江　谈不上经济效益。不仅无偿为当地编制规划，有时还要安排测绘经费，安排地方配合工作的经费。

我们认为，这些援助规划不能随便对付。一定要深入实地、精心制作，保证规划成果的质量。这些地区发展条件特殊，发展基础较差，必须花更多的心思和精力才能做好规划。

另外，绝对不能套用东部沿海地区编制规划的方法，面对这些民族地区、贫困地区、边远地区，规划的方法、理念也必须有所改变。要花大力气去深入研究，真正为当地解决一些实际的问题。

中规院承担救灾扶贫援助项目不是奉献，而是回馈社会。多年来，中规院因为得到各级政府的信任、许多甲方的支持和兄弟单位的帮助，才有今天的发展。实际上，中规院在承担这些无偿援助项目的过程中收获大于付出，得到的是更为重要的精神上的升华、经验的积累和声誉的提高。

采访后记　细节中的"大"院长

与李晓江院长的采访约在一个工作日的下午，但真正开始访谈却在晚上七点以后——他太忙了。

在经过下午几个小时的等待之后，我们如约来到他的办公室里。看得出，他刚刚忙完，略显疲惫。

当然也没有时间晚餐。为了给自己提神，他倒了一杯咖啡，并且拿出一些饼干之类的零食给我们吃。看起来，就像到四川灾区准备了充足的压缩饼干一样，李晓江院长在自己的办公室里，也准备了一定的"给养"——经常加班，顾不上吃饭，也应该是常有的事。

或者这只是细节。他回避我们所说的关于"五一劳动奖章"的话题，说那是全院的共同努力，是大家的功劳。他再三强调的观点是规划为人民服务，这让我想起在电视台专题片《铭记》中，他在灾区接受采访时的动情。

当然，这可能也是细节。但在这细节中，我们看到的是一个"大"字。

　　希望能有一个专门的水系统规划，把原本相互分割的水资源规划、供水规划、排水规划、防洪规划等，有机整合起来。

邵益生　1958.1～

　　浙江江山人。1983年毕业于北京大学，中国城市规划设计研究院党委书记兼副院长、中国城市规划学会常务理事、工程规划学术委员会主任、中国城镇供水排水协会副会长兼秘书长、住房和城乡建设部科技委委员、国家"水体污染控制与治理"重大科技专项技术副总工程师。国家有突出贡献的中青年专家，享受国务院政府特殊津贴。

　　邵益生先生长期从事水资源、水环境、水安全与城市发展研究，先后发表论文50多篇，出版专著6部，获国家及省部级奖励6项。参与主持编写了《中国城市发展报告（2005）》。

说起城市缺水问题，中国城市规划学会工程规划学术委员会主任委员、中国城市规划设计研究院党委书记邵益生指出：对于城市缺水问题需要审慎客观地看待，当前的最大问题是水环境污染和水源水质恶化。系统规划，有助于破解城市水"难"。

客观看待城市缺水问题

就我国的基本水情而言，水始终是制约我国城市发展的重要因素，但要客观地、动态地看待城市缺水问题。

采访者　据资料介绍：中国是一个缺水严重的国家。人均淡水资源只有2200立方米，为世界平均水平的1/4、美国的1/5，在世界上名列121位。据水利部统计，全国669座城市中有400座供水不足，110座严重缺水。水，是不是已经成为中国未来城市发展的最大制约？

邵益生　就我国的基本水情而言，水始终是制约我国城市发展的重要因素，但要客观地、动态地看待城市缺水问题。

早在1995年前后，建设部曾组织过一次比较系统的城市缺水问题研究，把导致城市缺水的主要原因大致分为三类：

第一类是供水设施不足。相对于快速的城镇化进程，供水设施能力不能满足城市发展的需要。在被调查的548个城市中，高峰日负荷率达不到标准的有260个；供水设施能力短缺1507.9立方米/日，约占当年实际供水量的四分之一。最近十几年，城市供水设施得到快速发展，2008年655个城市的供水能力达到266亿立方米/日，若满负荷运行一年可供970亿立方米水，而实际供水量仅为500.1亿立方米。总体上讲，设施不足的缺水问题已经解决，有些城市的设施建设已过度超前。

第二类是水源短缺。我国北方干旱和半干旱地区，特别是海河和西北内陆河地区，地表水资源比较匮乏，地下水超采严重，出现了"资源型"缺水现象，一些城市被迫实施了远距离、跨流域调水，如大连的引碧（流河）工程、青岛的引黄（河）工程、天津的引滦（河）工程等，"远水"解了近渴，在一定程度上缓解了这些城市水源不足的矛盾。现在值得引起注意的问题是跨流域调水工程有数量过多、距离过远、规模过大、成本过高的倾向，有的工程已难以为继。

第三类是水源污染。在当时调查的全国570个城市中，有98个城市的供水水源受到污染，约有50%的重点城镇水源不符合饮用水源标准。水污染不仅加重缺水，而且危害人体健康。15年过去了，这一问题不仅没有解决，反而有日益加重的趋势，这是当前我们城市面临的最大挑战。

采访者　你对我国未来的需水增长趋势怎么看？

邵益生　一个国家、一个地区或一个城市的用水增长都是有规律可循的，大体都会经历一个由缓慢增长、快速增长到零增长或负增长的过程，但要准确预测什么时候有多少需水量并不容易，关键是处于什么发展阶段不好把握，当然还有其他许多复杂的原因。因此，过去做的一些重要预测基本上都是不准的，而且实践一再证明，官方的预测几乎没有例外的都是偏大，甚至是明显偏大。

最近，中国科学院在《2050年科技发展的路线图》中预测，2030年是我国的用水高峰期，全国总的用水量将达到6500亿立方米，但此后又会回落，预计到2050年，全国用水量大约为5500亿立方米，和目前的用水量大体相当。我比较看好这个预测结果，但要实现预测目标并不容易，需要采取很多措施，付出很大努力。

必须控制用水需求增长

需水量预测过大的直接后果是导致供水设施建设的过度超前，甚至是重大工程的决策失误，进而使政府背上沉重的财政负担，消费者被迫承受过高的水价。

采访者　看来缺水的问题还真是比较复杂，那么，对于缺水严重的城市有什么好的解决途径吗？

邵益生　其实，缺水是相对于需求而言的，解决的途径无非有两条：一是增加有效供给；二是控制用水需求，特别要遏制那些低效，甚至是无效的用水需求，减少浪费。

北京在这方面是有经验教训的。众所周知，北京是个缺水城市，而且曾经是个严重缺水的城市，以至于在20世纪末还议论过因为缺水是否需要迁都的事。客观地讲，当时北京的用水是比较粗放的，你难以想象的是在这么缺水的地方，居然还在大规模种植水稻等高耗水作物。2000年北京的总用水量高达45亿立方米，当时预测到2010年，北京的用水量将增加到59亿立方米。为了满足不断增长的用水需求，填补这个不断扩大的缺口，增加水源供给便成为当时的优先选择，于是，就有了南水北调中线工程和2010年要调水12亿立方米进京的规划。但令人始料未及的是，由于后来采取了一系列节水和控制用水需求的措施，10年来北京的用水量不但没有增加，反而出现了持续下降的趋势，最近几年一直保持在35亿立方米左右，比10年前少了10亿立方米，而这其中还包含了6亿立方米的再生水，也就是说，目前北京每年实际取用的新鲜水还不到30亿立方米。这是在控制用水需求方面取得的了不起的成绩。

北京是如此，天津也是如此，河北的情况也很类似。实践表明，需求是有弹性的，缺水是相对的，用水需求必须加以控制，而且也是能够控制的，尤其是在干旱和半干旱的缺水地区，更应如此。

采访者　随着现代化进程的加快、城镇化的推进，我们由粗放型向集约型发展，城市的用水量会随之下降，而不一定是相应提高。

邵益生　是这样。认为发展工业、推进城镇化，必然会大量增加城市用水，这是一个误区，不符合客观实际。关于这一点，著名水利专家钱正英院士在《中国水利的战略选择：转变发展方式》的报告中做了很精辟的阐述。

钱正英院士说，我们在有关需水管理方面，存在一些误区，其中包括：误以为随着经济发展，用水量必然不断增加；误以为发展工业必然大量增加用水；误以为城镇化必然要大量增加城市用水。而事实不是这样的。随着生产力发展和科技水平的提高，农业社会向工业社会转变，经济结构中二、三产业的比重相应提升，农业由粗放型转向现代化，以及相应文明水平的提高，环保意识的增强，循环经济的发展，许多发达国家的用水总量已从快速增长转为微增长、零增长以至负增长。就我们中国的情况来看，自1997年以来，也已进入微增长时期。

采访者　近些年，有些地方在做规划的时候，往往对水的预测是较高的正增长，

听大师讲规划

而不是微增长、零增长或者负增长。

邵益生　　这是比较普遍的现象，也是必然的结果。因为目前我国正处在快速城镇化时期，多数城市的用水需求还没有到零增长或负增长的阶段，但微增长是可以期待的。值得注意的问题是有些地方预测的需水量实在是过大了。

　　　　　我们曾经到西北地区调研，看到某地新编的规划发展中，预测到2030年将增加40亿立方米的工业用水。简直让人难以置信！你知道40亿立方米的工业用水是个什么概念吗？相当于目前北京、天津、上海（不含电力）三个直辖市工业用水总量之和的二倍。类似的情况在西南某地也出现过，只是程度不同而已。

　　　　　需水量预测过大的直接后果是导致供水设施建设的过度超前，甚至是重大工程的决策失误，进而使政府背上沉重的财政负担，消费者被迫承受过高的水价。

水污染是我们真正的危机

　　　　　如果只顾调水而忽视了治污，那么调水越多，用水越多，产生的废污水也就越多，带来的问题会更加严重，到最后就可能陷入大调水、大浪费、大污染的恶性循环。

采访者　　说到调水工程，从技术角度讲，是否调水线路越长，污染问题也就越多？

邵益生　　应该是的，但问题不仅仅是这些。如果只顾调水而忽视了治污，那么调水越多，用水越多，产生的废污水也就越多，带来的问题会更加严重，到最后就可能陷入大调水、大浪费、大污染的恶性循环。所以，朱镕基总理在当年南水北调工程决策前，提出了"三先三后"的要求，即先节水，后调水；先治污，后通水；先环保，后用水。这是非常正确的。但不无遗憾的是，实际执行的情况并不是很好。

采访者　　世界银行在《应对中国的缺水》报告中分析认为，中国因水质污染而加重了缺水。由于水质不达标，将近250亿立方米的水被排除在用水范围以外，470亿立方米质量不合格的水仍用于工业、农业和生活，并带来造成危害的代价。您怎么看？

邵益生 由于不清楚世行报告的数据来源，因此无法对数据的可靠性作出判断，但"中国因水质污染而加重了缺水"的判断是客观的，我完全赞同这样的表述。水源水质污染不仅加重缺水危机，还给饮用水的安全保障增加了难度。据有关调查结果分析，为了达到新的《生活饮用水卫生标准》的要求，我国城镇供水设施需要改造的任务非常繁重。

采访者 这个问题至今仍没得到很好的解决。

邵益生 尽管这几年国家大力提倡节能减排，建设节水防污型社会，各地也开展了大量工作，特别是污水处理厂建设已经取得了巨大进展，但污水收集系统的建设还相对滞后，水源水质的恶化趋势尚未得到有效遏制，一些地方对水质问题的重视程度还显得很不够。

我们曾经到西北某县城自来水厂调研，该厂水源取自河水，设施非常简陋，仅有一个砂滤池，化验室里见到的唯一"设备"是摆在桌面上的两个烧杯，一个化验员在做水质检测，一个烧杯里装矿泉水，另一个烧杯装自来水，通过目测对比，确定水体是混浊还是清澈，并做了记录。

采访者 这样的工作条件确实太简陋了。

邵益生 是啊，看完以后，令人感慨。21世纪了，我们的水厂职工居然还用这么原始的方法，仅靠肉眼观察水质，还做得那么认真。相比之下，这个只有2万多人的县城，却建了一个规模巨大的广场，道路、绿化、照明等景观设施都比较现代。如此反差，深感忧虑。

更令人忧虑的是，类似的无处理、无消毒、无检测的"三无"水厂，在西部地区并不是个别现象。

系统规划可解城市水"难"

水系统规划解决的是全局问题，而工程只能解决局部的问题，管理虽然也能起到一定作用，但不能从根本上解决问题。

采访者　　一方面，是水质污染带来日益加重的城市缺水，另一方面，许多城市普遍存在城里"内涝"、"水淹街"的问题。一场暴雨之后，街面立刻积水很深，而且迟迟不能退去。对这种现象，您怎么看呢？

邵益生　　这种现象确实存在，并且有一定的普遍性。随着城市化进程的加速，这个问题越来越突显，说明许多城市的供排水系统已不适应快速城市化的需要。

　　　　我觉得造成这种情况的原因可能有两个方面：一是在城镇化过程中，人类的活动改变了下垫面，破坏了原来的水循环系统，并在一定程度上影响了当地的小气候，进而加剧了局部地区的缺水和内涝程度；二是城市供排水系统的规划、建设和管理还有待加强，涉水规划不系统、厂网建设不配套、运行管理不协调等现象有待克服。

采访者　　有没有什么办法改变这种状况呢？

邵益生　　这个问题需要用系统的方法解决。现在很多人都在讲水系统，做水系统规划方面的研究，但在规划与工程中付诸实施的却并不多。

　　　　在城市供水方面，过去以供水量的能力建设为核心，供水设施的规划建设目标，主要是保证供水量能够满足需求，而对水质的问题考虑不够，当然，早期的水源水质较好，矛盾并不那么突出。随着水源污染的加重，水质的矛盾就突显了，最近住房和城乡建设部组织做城镇供水设施改造规划，就是要重点解决水质问题。

　　　　在城市排水方面，过去重点是解决防洪排涝的问题，现在大家已经认识到城市污水不但要排、要处理，还要考虑处理之后的回用问题。对于雨水没处理之前，也可以先把它留住，储存起来，这样既可以防止内涝，减少地表径流，也能对缓解城市缺水发挥一定的作用。城市里面的道路、广场、草坪等，要尽可能的让它有利于透水，这对城市规划而言是非常重要的。

　　　　对于城市的水系，早期也重视不够，许多城市把原有的湖、沟、河等，有的填埋，有的挤掉。现在重视了，却又可能走向另一个极端：过度地人造水景观。有些北方缺水城市，不顾当地的气候条件，也争相造水景，造"西湖"，甚至造的比西湖大得多，既浪费宝贵的水资源，又给水体的水质保持带来了困难。

采访者　　而实际上，通过水系统规划，可以解决很多问题。

邵益生　　解决这些问题，最重要的、最有效的就是规划。水系统规划解决的是全局问题，而工程只能解决局部的问题，管理虽然也能起到一定作用，但不能从根本上解决问题。所以，规划的作用应该是最大的。

　　　　　通过水系统规划，可以将原来分散、相互割裂的城市水系、供水、排水、污水处理和回用等子系统综合起来，统筹考虑，合理安排，有助于协调解决城市供水、排水和内涝问题；有利于促进一水多用、重复利用、合理利用，提高水的利用效率，缓解城市缺水矛盾。

采访者　　目前在城市规划的系列里面，有交通系统规划、绿地系统规划等，好像还没有专门的水系统规划。

邵益生　　希望能有一个专门的水系统规划，把原本相互分割的水资源规划、供水规划、排水规划、防洪规划等，有机地整合起来。尤其在城市总体规划层面上，没有必要分得那么细，应该从宏观上把握一些大的原则，解决全局性和综合性的问题。

　　　　　但是现在这项工作推行起来比较困难，需要制定水系统规划的技术规范，并对规划编制的相关政策加以调整。

采访者　　对此，相关政府部门应该承担什么责任？规划师又应该做些什么？

邵益生　　政府及有关部门是技术规范的制定者，作为主管部门，应在建立技术规范方面起主导作用。规划师是技术规范的编制者和执行者，在执行既有规范的同时，也要积极探索、大胆创新、勇于实践。

　　　　　技术规范不是凭空编造出来的，只有通过实践、探索、创新，在逐步积累经验的基础上才有可能完成，从这个意义上讲，规划师是可以大有作为的。

"我把希望寄托于你们"

采访行将结束之时，我们问邵益生先生："对于未来的水系统规划，您有什么预期呢？"

"希望就寄托在你们两位身上了。"邵先生立刻回答。

虽然心里明白，这话多半有些调侃，有点开玩笑的意思，不能完全当真。但它还是像一块巨石，在瞬间带给我们巨大的压力。

非常遗憾，非常惭愧，虽然尽了努力，我们的这篇文章，还是与邵益生先生的期望可以说是相去甚远。

但是，我们愿意为此继续努力，持续努力。

成长中的我们，与也许高山仰止的你们，逐渐认同的他们，我们大家，一起。

系统规划有助于破解城市水「难」

图书在版编目（CIP）数据

听大师讲规划／曲长虹，李兆汝著.—北京：中国建筑工业
出版社，2016.9
ISBN 978-7-112-13405-2

Ⅰ.①听… Ⅱ.①曲… ②李… Ⅲ.①城市规划－建筑师－访问
记－中国 Ⅳ.①K826.16

中国版本图书馆CIP数据核字（2011）第151461号

知古可以鉴今，深入地了解昨天，有助于我们更好地着眼今天、面对明天。籍着中
国城市规划学会成立50年、新中国成立60年的"东风"，我们先后采访了国内43位德高
望重的规划前辈，他们以当事人的亲历以及不同的身份和理解，对我国城乡规划工作进
行回顾，多视角地阐释和展现了自国家"一五"计划实施以来，新中国城市规划建设事
业的蓬勃发展、跌宕起伏。历史的道路不平坦，而我们今天所面临的同样也不是那么简
单，希望本书能为城市规划科学研究提供真实可信的史料。

责任编辑：戚琳琳　率　琦
书籍设计：锋尚制版
责任校对：李美娜　姜小莲

听大师讲规划

曲长虹　李兆汝　著

*

中国建筑工业出版社出版、发行（北京海淀三里河路9号）
各地新华书店、建筑书店经销
北京锋尚制版有限公司制版
北京顺诚彩色印刷有限公司印刷

*

开本：787×1092毫米　1/16　印张：23½　字数：467千字
2017年4月第一版　2017年12月第二次印刷
定价：138.00元
ISBN 978 – 7 – 112 – 13405 – 2
　　　（20849）